MANFRED REITZ

DAS LEBEN AUF DER BURG

MANFRED REITZ

DAS LEBEN AUF DER BURG

Alltag, Fehden und Turniere

JAN THORBECKE VERLAG

IMPRESSUM

Bildnachweis

S. 10 Bibliothek des Vatikan – S. 14, 18 oben und unten: Verlagsarchiv – S. 25: Verlagsarchiv – S. 30: München, Bayerische Staatsbibliothek – S. 35 Chroniques du Hainaut, Brussel, Bibl. Royale Albert I. ms. K. B. R. 9242, fol. 274 v. – S. 41: Verlagsarchiv – S. 42 oben: BNF, Paris ms. fr. 126, fol. 7 – S. 42 unten: Archiv – S. 47, 50, 55: Verlagsarchiv – S. 58: Britisch Library, ms. royal 2 A XXII, fol. 220 – S. 63: Chantilly, Musée Condé, ms. 645–647, 315–317 – S. 66: BNF, Paris, ms. franc. 782, fol. 161. – S. 66: unten Landesamt für Demkmalpflege und Archäologisches Landesmuseum Brandenburg – S. 67: Weltchronik des Rudolf von Ems. Nach einem Faksimile des Faksimile-Verlags Luzern – S. 70: BNF, Paris, ms. fr. 2692 – S. 71: Burgerbibliothek Bern, Cod. 120 II fol. 145r – S. 82.: Verlagsarchiv – S. 86: Österreichische Nationalbibliothek Wien – S. 87: Weltchronik des Rudolf von Ems, nach einem Faksimile des Faksimile-Verlags Luzern. – S. 90: BNF, Paris, ms. fr. 19093 fol 9v. – S. 95, 103: Burgerbibliothek Bern, Cod. 120, fol. 113r und fol. 96r. S. 107: Bibliothèque Inguimbertine, Carpentras – S. 110: Verlagsarchiv – S. 113: BNF – S. 120: Ville de Bayeux – S. 123: Verlagsarchiv – S. 124, 125, 129: Verlagsarchiv –S. 131: UB Leipzig, ms. rep. I 11b – S. 134, 138, 139: Verlagsarchiv – S. 142: BNF ms. fr. 616, fol. 93r – S. 146, 147: Verlagsarchiv – S. 150: British Library, Royal ms. 16 f. ii. f.188. – S. 151: Württembergische Landesbibliothek Stuttgart – S. 159: Bodleian Library Oxford ms bodley 264 fol 47 – S. 159: Madrid, Biblioteca del Escorial S. 163 Österreichische Nationalbibliothek Wien, Cod. 2537, fol. 302 r – S. 165, 166: Verlagarchiv – S. 175: Burgerbibliothek Bern, Cod. 120 II, fol. 119r – S. 176: Verona Biblioteca communale, ms. 1853 fol. 27 v – S. 182: Verlagsarchiv – S. 183: Österreichische Nationalbibliothek Wien, Cod. 2537, fol. 48r – S. 186, 187, 190: Verlagsarchiv – S. 191: Bibliothèque Royale Albert I,. Brüssel, ms. IV 111 m, fol 39r – S. 195: Staats- und Universitätsbibliothek Göttingen – S. 195 unten: Weltchronik des Rudolf von Ems, nach einem Faksimile des Faksimile-Verlags Luzern – S. 199: Burgerbibliothek Bern, Cod. 120 II, fol. 117r.

Bibliografische Information
der Deutschen Bibliothek
Die Deutsche Bibliothek verzeichnet diese Publikation in der Deutschen Nationalbibliografie; detaillierte bibliografische Daten sind im Internet über http://dnb.ddb.de abrufbar.

www.thorbecke.de · info@thorbecke.de

Dieses Buch ist aus alterungsbeständigem Papier nach DIN-ISO 9706 hergestellt.
Gestaltung: Finken & Bumiller, Stuttgart
Gesamtherstellung: Jan Thorbecke Verlag, Ostfildern
ISBN 3-7995-0141-X

INHALT

VORWORT

Seit der Aufklärung reden viele Menschen von einem finsteren Mittelalter. Sie beschreiben damit eine Zeit, in der die Freiheit der Gedanken eingeschränkt war und in der sich Menschen bei Problemen im Diesseits einfach auf das Jenseits freuten. Dennoch übt des Mittelalter auf viele Zeitgenossen eine starke Anziehungskraft aus, denn sie finden dort Themen und Stoffe, die ihnen die Gegenwart nicht mehr bieten kann. Mittelalterfeste werden gerne besucht, und mancher sieht sich gar als Ritter, der für die Armen und Schwachen kämpft. Themen aus dem Mittelalter werden in der Literatur und im Film zu Bestsellern. Sieht man im Mittelalter die Zeit zwischen dem Ende der Völkerwanderung und dem Beginn der Renaissance, so war diese Zeit keinesfalls einheitlich oder gleichmäßig dunkel. Sie war bunt und voller Umbrüche, Widersprüche und Übergänge. Heute bietet die Vielfalt des Mittelalters für jeden etwas, so daß diese Epoche die Menschen unserer Zeit letztlich wieder beeindruckt und anregt. In seinem Wesen bleibt der Mensch gleich, unabhängig davon, ob er in der Antike, dem Mittelalter oder der Neuzeit lebt. Die gebildeten Bürger der Renaissance und der Aufklärung irrten, als sie das Mittelalter verdammten. Vielleicht waren sie wie viele Menschen der Gegenwart in ihrer Sicht der Vergangenheit nicht gebildet, sondern nur eingebildet.

Burgen stellen noch heute ein zentrales Symbol für das Leben im Mittelalter dar. Noch als Ruinen können sie die Phantasie anregen und über vergangene Zeiten berichten. Zu diesen Burgen gehören auch Ritter, und schon ist der Stoff für Abenteuergeschichten perfekt. Das Leben der Ritter war zwar tatsächlich meist abenteuerlich, aber es kannte auch einen Alltag. Mit dem Leben auf einer Burg beschäftigt sich das vorliegende Buch. Es beleuchtet den Alltag, aber auch die Festlichkeiten, das Leben im Verlauf der Jahreszeiten und das Leben in dramatischen Situationen wie etwa in Kriegen oder bei Belagerungen. Für die Bewohner einer Burg war das Leben wie in jeder Generation mit Höhen und Tiefen verbunden. Im Vergleich zu unserer Zeit brachte es sogar erhebliche Nachteile mit sich, denn ein bequemes und gesichertes Leben war es nicht. Dafür war es aber spannend und hielt manche Überraschung bereit. Abenteuer waren zum Greifen nahe, und viele Menschen der Gegenwart träumen deshalb davon, einmal auf einer Burg zu leben.

In welchem nüchternen Haus unserer Zeit gibt es noch Gespenster? Reihenhaussagen oder Bürolegenden sind unbekannt, Burgensagen jedoch füllen ganze Bände. Die schöne Edeljungfrau Podica von Schaumberg lebte einmal auf einer Burg im Fränkischen. Sie war verliebt in den edlen Ritter Kunemund und gab ihm, bevor er in eine Schlacht ritt, ein Paar Handschuhe für alle Fälle mit. Ritter Kunemund schwor ihr, die Handschuhe als Zeichen seiner Treue auf jeden Fall zurückzubringen, sei es als Lebender oder als Toter. Der Ritter fiel in der Schlacht, und die Edeljungfrau wurde so sehr von ihrem Kummer überwältigt, daß sie starb. Noch heute können Fremde beim Betreten der Burgruine mit dem Säuseln des Windes hören, wie die Edeljungfrau klagt: »Komm doch heim, mein Kunemund.« Nur ein Sterblicher kann das edle Fräulein Podica erlösen. Er muß dann antworten: »Dein Kunemund ist tot. Er ist gefallen in der Schlacht bei Scheßlitz.« Die Sage berichtet, daß schon viele Sterbliche das Klagen des edlen Fräuleins gehört haben. Doch niemals fielen ihnen alle Namen ein, entweder vergaßen sie Kunemund oder Scheßlitz.

Die zahlreichen Alltagsgeschichten und Anekdoten, die in diesem Buch erwähnt werden, stammen aus Chroniken und alten Dokumenten, meist nicht von Augenzeugen. Die Chronisten erzählten sie aus ihrer Sicht und mit ihren eigenen Absichten. Daher müssen nicht alle Geschichten völlig den historischen Tatsachen entsprechen, sie geben aber ein lebendiges Bild dessen, was man sich zur Zeit der Ritter erzählte und für möglich hielt.

Zum Gelingen des Buches haben zahlreiche Mitarbeiter beigetragen, insbesondere bedanke ich mich bei Dr. Uta Korzeniewski und Dr. Jörn Laakmann vom Jan Thorbecke Verlag.

Dr. Manfred Reitz

> Angriff auf eine Burg *Kriegsknechte reißen die Zugbrücke ein.*

DIE BURG IM ZEICHEN DER MACHT

DAS LEBEN AUF DER BURG

Über das Leben auf der Burg berichtet uns ein Augenzeuge aus dem späten Mittelalter: »Gleichgültig, ob die Burg auf dem Berg oder in der Ebene liegt, sie ist nicht zur Behaglichkeit, sondern als Festung gebaut. Sie ist von Mauern und Gräben umgeben, innen von bedrückender Enge, vollgestopft mit Stallungen für Vieh und Pferde. Daneben liegen dunkle Kammern, vollgepfropft mit Geschützen, Pech, Schwefel und sonstigem Zubehör für Waffen und Kriegsgerät. Überall stinkt es nach Schießpulver; und dann die Hunde und ihr Dreck, auch das ist kein lieblicher Duft! Reiter kommen und gehen, darunter Räuber, Diebe und Wegelagerer. Denn fast für alle stehen unsere Häuser offen, weil wir nicht jeden einzelnen kennen, oder uns nicht groß um ihn kümmern. Man hört Schafe blöken, Rinder brüllen, Hunde bellen, auf dem Feld schreien die Arbeiter, Fuhrwerke und Karren knarren und rattern; ja sogar das Heulen der Wölfe hört man in unserem Haus, weil es nahe am Wald liegt.

Jeder Tag bringt Sorge und Plage, ständige Unruhe und dauernden Betrieb. Äcker müssen gepflügt und umgegraben werden, Weinberge müssen bearbeitet, Bäume gepflanzt, Wiesen bewässert werden; man muß eggen, säen, düngen, ernten und dreschen; jetzt steht die Ernte bevor, dann wieder die Weinlese. Wenn dann einmal ein schlechtes Erntejahr kommt, wie in dieser unfruchtbaren Gegend meistens, dann haben wir fürchterliche Not und Armut.«

Ulrich von Hutten (1488–1523) gehörte zu einem Rittergeschlecht, war aber zugleich ein gebildeter Humanist. Er kannte das Leben auf der Burg, das er hier seinem Freund Willibald Pirkheimer in einem Brief beschreibt. Über das Leben als Ritter schreibt er im selben Brief:

»Die Leute, von denen wir unseren Unterhalt beziehen, sind ganz arme Bauern, denen wir unsere Äcker, Weinberge, Wiesen und Felder verpachten. Der Ertrag daraus ist im Verhältnis zu den darauf verwandten Mühen sehr gering, aber man muß sich anstrengen, daß er recht groß werde. Denn wir müssen sparsam wirtschaften. Wir dienen dann auch einem Fürsten, von dem wir Schutz erhoffen; tue ich das nicht, so glaubt jeder, er dürfe sich alles mögliche gegen mich erlauben. Aber auch die Sicherheit im Dienst des Fürsten ist jeden Tag mit Gefahr und

Furcht verbunden. Denn so wie ich aus dem Haus trete, droht Gefahr, daß ich auf Leute treffe, mit denen der Fürst eine Fehde hat und die mich angreifen und gefangennehmen. ... Wir halten uns deshalb Pferde und kaufen uns Waffen, umgeben uns auch mit zahlreicher Gefolgschaft, was alles sehr viel Geld kostet.«

In den Augen der Zeitgenossen hatte also das Leben auf der Burg und als Ritter nicht nur Vorteile. Dennoch war der Ritter das Idealbild seiner Epoche, und Burgen gab es im Mittelalter so zahlreich, daß sie geradezu zum Symbol ihrer Zeit geworden sind. Burgen prägen noch heute die Kulturlandschaft des Abendlandes. In den deutschsprachigen Ländern gab es vermutlich einmal rund 19 000 Burgen. Deutschland selbst gehört zu den burgenreichsten Gebieten in Europa. Etwa 6500 Burgen können in unserer Zeit noch in unterschiedlichen Zustandsformen nachgewiesen werden. Gut erhaltene Anlagen im Originalzustand sind relativ selten, es überwiegen Ruinen oder kümmerliche Baureste. Rund 6000 Burgen wurden nach dem Mittelalter völlig umgebaut und gelten heute als Schlösser. Der Rest von etwa 6000 Burgen ist dagegen völlig verschwunden und kann nur noch durch Dokumente oder alte Aufzeichnungen identifiziert werden. Für Frankreich werden noch weit höhere Zahlen von ehemaligen Burganlagen als in Deutschland geschätzt, die Vermutungen reichen bis zu rund 40 000 mittelalterlichen Burgen. Sie sind heute bis auf etwa 1000 Anlagen alle verschwunden oder umgebaut. In England und Schottland können gegenwärtig noch 600 Burgen gezählt werden, und im Heiligen Land wurden einst durch Kreuzfahrer über 100 Burgen errichtet.

In Deutschland wird der Ursprung des Begriffes »Burg« mit »Berg« und »bergen« in Verbindung gebracht. Die altdeutsche Sprache stellt die Bezeichnung Berg und Burg sogar fast gleichwertig gegenüber. Denn eine Burg ließ sich ebenso wie eine Bergspitze gut verteidigen. Sie gewährte Schutz und konnte Menschen bergen und behüten. Noch heute werden auf Bergen Reste von frühen Verteidigungsanlagen gefunden, die lange vor den später so typischen Burgen errichtet worden sind. Im engeren Sinn beschreibt die Definition der Burg den befestigten und gesicherten Sitz eines mittelalterlichen Grund- und Feudalherren. In seiner Burg drückte der Besitzer seine Macht aus, und je mächtiger er war, um so fester und größer mußte seine Burg angelegt sein. Sie sollte ihn, seine Familie und sein Gefolge sowohl gegen innere als auch gegen äußere Feinde schützen und auch für die Bewohner der Nachbarschaft einen Schutzraum bieten. Im ostfränkischen Reich fielen zum Beispiel zeitweise regelmäßig Ungarn, Slawen oder Wikinger zu Raubzügen ein – da konnte eine Fluchtburg lebensnotwendig sein. Dennoch ist die Burg mehr als nur eine Festung. Sie ist die repräsentative Bauform des mittelalterlichen Adels und war stets multifunktionell, was sich insbesondere in ihrer Architektur ausdrückt. Die große Zeit des Burgenbaus wird von zwei bedeutenden Kaisern eingegrenzt: von Karl dem Großen (8.–9. Jahrhundert) und Karl V. (16. Jahrhundert). Während der Blüte des Rittertums erreichte der Burgenbau seinen Höhepunkt.

Das Wort »Burg« hat einen indoeuropäischen Ursprung und ist in Abweichungen bei allen modernen indoeuropäischen Sprachen anzutreffen. Damit ist es durch Sprachen wie Englisch oder Spanisch weltweit verbreitet. In der altindischen Gelehrtensprache Sanskrit heißt Burg »pura« und in der modernen indischen Version »pur«. Bei zahlreichen indischen Städten endet der Name mit -pur. In Deutschland gibt es eine entsprechende Namensgebung, viele Städtenamen enden mit -burg. Da fast alle europäischen Sprachen einen indoeuropäischen Ursprung haben, schließen auch in ihren Sprachgebieten viele Städtenamen mit der jeweils für die Sprache typischen Bezeichnung für Burg ab; englisch: -borough, französisch: -bourg, spanisch: -burgo oder im nicht mehr gebräuchlichen Provenzalisch: -borc. Alle diese Städte wurden mit einer Burg gegründet. Somit belegen bereits Städtenamen, daß die Bedeutung von Burgen wesentlich größer war, als die heutigen Ruinen anzeigen. Zahlreiche Entwicklungen gingen von Burgen aus, die häufig Keimzellen der Wirtschaft und der Kultur waren. Menschen siedelten in ihrem Umfeld und legten die Grundlage für eine Stadt.

GESCHICHTE DER BURGEN

In allen feudalen Systemen wurden als Herrensitze und Herrschaftszeichen Burgen gebaut. Eine Geschichte der Burgen gibt es somit nicht nur in Europa, sondern auch im Orient, in Indien, China oder Japan. In Mitteleuropa begann die Geschichte der Burgen mit den Wehrbauten zum Schutz von Menschen, Vieh und Sachwerten in Kriegszeiten. Ihr Bau reicht bis in die Bronzezeit zurück. Sie waren als Fluchtburgen konzipiert. Meist handelte es sich bei ihnen um Ringwälle aus aufgeschütteter Erde und geschichteten Steinen mit Abstützungen aus Holz oder Flechtwerk. Sie lagen auf Bergkuppen und waren gut zu verteidigen. Auf dem Odilienberg im Elsaß ist noch heute eine Steinmauer aus der Zeit der Fluchtburgen erhalten. Sie wird »Heidenmauer« genannt und ist rund 10 Kilometer lang, wahrscheinlich wurden erste Teile davon zwischen 300 und 100 v. Chr. errichtet. Erste große Festungsbauten aus Stein stammen in Mitteleuropa von den Römern, die mit dem Limes sogar einen massiven Grenzwall schufen. »Burgus« ist der lateinische Name für einen befestigten Turm und »Castellum« der Name für eine Festung mit Militärlager. Im Kastell *(Castellum)* von Mainz waren zur römischen Zeit manchmal drei Legionen mit insgesamt fast 20 000 Mann stationiert. Im Verhältnis dazu waren mittelalterliche Burgen klein. Die römische Militärarchitektur wurde später zum Vorbild der Burgen und die Palastarchitektur zum Vorbild der Residenzen.

> Eine Südtiroler Burg *auf einer Zeichnung von Albrecht Dürer.*

ENTWICKLUNG DES MITTELALTERLICHEN BURGENBAUS

Nach dem Ende des Römischen Reiches waren die Burganlagen der germanischen Völker im Vergleich zu den römischen Festungen recht einfach gebaut und lange nicht so raffiniert konstruiert wie ein mächtiges Kastell. Nach Möglichkeit wurden römische Architekturreste verarbeitet, was allerdings nur links des Rheins in einem größeren Rahmen überhaupt möglich war. Dort gab es auch Handwerker, die die Techniken der römischen Steinbauten noch beherrschten. In der Burg von Egisheim im Elsaß hatte sich beispielsweise ein merowingischer Fürst ein römisches Bauwerk direkt in eine Burganlage umbauen lassen. In den von den Römern nicht besetzten germanischen Gebieten fehlten dagegen die Handwerker, die große Steinbauten errichten konnten. Dort wurde überwiegend mit Holz gebaut. Die Burganlage eines germanischen Herzogs bestand im frühen Mittelalter in der Regel aus einem mächtigen Turm, der manchmal mit Steinen gemauert war. Vor dem Turm waren Häuser mit Wohnungen errichtet, die durch einen weit gezogenen Graben, einem Erdwall und einer Wand aus Holzpfählen geschützt wurden. Die gesamte Anlage war kreisförmig um den Turm in der Mitte angeordnet. Hauptsächlich boten gestaffelte Palisadenzäune Schutz. Außerdem konnten sich die Bewohner bei Gefahren zur besseren Verteidigung in den Turm zurückziehen.

Erst langsam lernten die germanischen Völker die Techniken der römischen Baukunst mit Steinen und entwickelten sie weiter. Dennoch konnte von einer Festungsbaukunst keine Rede sein. Steinbauten wurden nach »römischer Art« oft von Wanderarbeitern aus dem ehemaligen Gallien errichtet. Die Pfalzen der Karolinger glichen deshalb lange Zeit mehr ummauerten römischen Landgütern als massiven Burgen. Großes wurde allerdings nach römisch-byzantinischen Vorbild in der Kirchenarchitektur geleistet, und man nimmt an, daß während des frühen Mittelalters rund 300 Kathedralen und etwa 1200 Klöster errichtet wurden. Zahlreiche Klosterbibliotheken besaßen damals die »Zehn Bücher über die Architektur« des römischen Baufachmannes Vitruv, die auch studiert und kopiert wurden. Die Mönche allerdings hatten wenig Interesse, den Bau von Burgen aus Stein voranzutreiben. Verteidigungsanlagen bestanden für Jahrhunderte überwiegend aus aufgeschütteten Erdwällen und Holzbauten. Nur langsam setzten sich in der Zeit zwischen dem 9. und 10. Jahrhundert Burgen aus Stein durch.

Im 11. und noch stärker im 12. und 13. Jahrhundert begann der Bau von massiven Steinburgen immer fortschrittlicher und effektiver zu werden. Diese Burgen unterschieden sich deutlich von den alten Wallanlagen und waren zur besseren Verteidigung oft sehr phantasievoll konstruiert. Stets wurden natürliche Landschaftselemente mit in die Verteidigung einbezogen und bereits der Anmarsch für einen Angreifer erschwert. Vor der Erfindung des Schießpulvers waren manche Burgen aufgrund ihrer Lage praktisch nicht einnehmbar.

BURGEN IN DER DEUTSCHEN GESCHICHTE

Im Frankenreich förderten noch unter dem Königsgeschlecht der Merowinger der Einfall der Araber im Süden und Südwesten sowie die Wikingerüberfälle an den Küsten die Gründung und den Bau von Burgen, die der Bevölkerung Schutz boten. Insbesondere die Wikinger waren nicht zu kontrollieren und praktisch überall eine Gefahr für die Menschen. Sie raubten und plünderten an allen Küsten des Atlantiks und drangen über die großen Flüsse sogar bis nach Paris, Köln und Mainz vor. Ihre Schiffe tauchten wie aus dem Nichts auf und waren ebenso schnell wieder verschwunden, so daß ihnen militärisch zunächst nicht beizukommen war. Nur Wehrbauten wie Burgen boten den Menschen eine Zuflucht. Als Antwort auf diesen zahlreichen Bedrohungen ließen bereits Karl der Große und später seine Nachfolger, die Karolinger, die ersten befestigten Anlagen – meist noch aus Holz – als Zufluchtsorte anlegen.

Während die Wikinger christianisiert wurden und eigene Reiche gründeten, erschien die nächste Bedrohung am Horizont. Diesmal war das östliche Frankenreich betroffen. Von dem heutigen Ungarn aus schickte das Volk der Maygaren seine schnellen Reitertruppen auf Raubzüge nach Europa. Kaiser Heinrich I. und sein Nachfolger Otto der Große ließen deshalb ebenfalls Fluchtburgen zur Sicherung ihres Reichsgebietes anlegen.

Die Dynastie der Salier förderte den Burgenbau mehr aus innenpolitischen Gründen, denn die Kaiser wollten die eigenen Fürsten besser als vorher kontrollieren. Hauptsächlich die Sachsen unterwarfen sich nicht der kaiserlichen Gewalt. Sie folgten ihren eigenen Fürsten und nicht den Repräsentanten des Kaisers. Um das Land besser zu kontrollieren, ließen die Salierkaiser besonders im Harz zahlreiche Burgen anlegen. Hier wohnten ihre Verwalter, die Ministerialen, kontrollierten die Bevölkerung und trieben Abgaben ein.

Neben den Motten, befestigten und meist hölzernen Wohntürmen auf einem Hügel, wurden nun erstmals Wohntürme aus Stein gebaut. Sie waren massiver und brannten im Kriegsfall nicht so schnell ab. Aus ihnen entwickelte sich nach und nach die typische deutsche Burg. Die große Zeit des Burgenbaus fiel jedoch in die Zeit der Staufer, die das 12. und besonders das 13. Jahrhundert beherrschten. Es wird angenommen, daß weit über die Hälfte aller mittelalterlichen Burgen in der Zeit der Stauferherrschaft erbaut wurden, im deutschen Reich etwa 15 000 Burgen. Die Kaiser hatten für Burgen ein regelrechtes Bauprogramm aufgelegt. Sie wollten damit die Grenzen des Reiches schützen, aber auch eigene Herrschaftsansprüche demonstrieren. Von nun an wollte auch jeder Adelige seine eigene Burg besitzen. Er wollte wie der Kaiser seine Macht über ein Gebiet zeigen, seine Eigenständigkeit unterstreichen und sich auch bei kriegerischen Auseinandersetzungen vor seinen Feinden schützen. Während der Kreuzzüge, an denen auch Stauferkaiser wie Friedrich I. Barbarossa teilnahmen, erhielt der Burgenbau neue Anregungen, und seine Architektur wurde immer ausgefeilter.

Nach dem Ende der Stauferzeit gab es nicht mehr so viele Burgenbauten wie vorher, sondern die vorhandene Burgen wurden häufig weiter ausgebaut. Im 15. Jahrhundert war schließlich die große Zeit der Burgen zuende. Die Erfindung des Schießpulvers brachte der Entwicklung der Artillerie entscheidende Impulse, so daß Burgen von nun an keine Sicherheit vor Angriffen mehr bieten konnten. Jetzt wurden aufwendige Festungen mit gewaltigen Wallanlagen gebaut.

BURGENBAU IN DEUTSCHLAND

Die ersten Burgen aus Stein bestanden aus einem mächtigen Turmhaus, das groß und hoch sein mußte, denn der Adel wollte mit solchen Turmhäusern seine Position verdeutlichen und auch Wehrhaftigkeit demonstrieren. Die Wohntürme konnten bereits im frühen Mittelalter durch Kamine beheizt werden, was sich deutlich am vermutlich im 8. Jahrhundert gebauten Granusturm in Aachen nachweisen läßt. Die frühe Turmburg stand mit ihren Verteidigungsanlagen meist auf einem Hügel und setzte ein Landschaftszeichen. Nach außen hin präsentierte sie einen mächtigen Steinbau, während die Innenkonstruktionen meist aus Holz waren. In Frankreich blieb der Herrenturm oder »Donjon« lange das Zentrum der Burgarchitektur und wurde immer mächtiger ausgebaut, manche hatten sogar eine Höhe von über 50 Meter. Bei der deutschen Burg dagegen behielt der Wohnturm nicht seine zentrale Bedeutung. Bildete er noch während der Herrschaft der Sachsen und Saliern den Kern einer Burganlage, so wurden die zentralen Wohnräume des Burgherrn seit der Stauferzeit in den Palas verlegt. Der ehemalige Wohnturm wurde nun zum Bergfried, der nur im Verteidigungsfall zum Wohnort werden konnte. Der Adel der Stauferzeit liebte die Repräsentation und gliederte die Burg architektonisch in Wohn und Wehranlagen auf. Deutsche Burgen begannen sich nun immer stärker von den französischen Burgen zu unterscheiden, die sich weiterhin um einen zentralen Donjon gruppierten. Den größten Donjon-Bau ließ Herzog Enguerrand III. in Coucy in Nordfrankreich errichten. Er wurde 1230 fertiggestellt und war 54 Meter hoch.

AUFGABEN DER BURGEN

Der Bau von Burgen war im Heiligen Römischen Reich Deutscher Nation zunächst ein Vorrecht (Burgenregal) der Könige und Kaiser. Sie ließen zur Kontrolle des Reiches Burgen bauen und stationierte dort ihnen ergebene Besatzungen. Insbesondere in Deutschland gab es zwischen dem Herrscher und seinen Landesfürsten immer wieder Spannungen, so daß der Kaiser über Burgen seine Präsenz zeigen konnte. Burgen waren sichtbare Zeichen der Macht und des Anspruchs von Herrschaft; sie ragten drohend in das Land und demonstrierten Stärke. Standen Burgen an wichtigen Handelsstraßen oder Flüssen, ließ sich mit ihrer Hilfe rasch der Handelsverkehr unterbrechen. Die Kirche ließ als eine religiöse Macht gewaltige Kathedralen errichten und der Kaiser als eine weltliche Macht imposante Burgen.

Da der deutsche Kaiser außerdem über keine echte Hauptstadt verfügte, waren seine Machtzentren nicht an einen einzigen Regierungssitz gebunden, sondern im Reich verteilt.

> Burg Sterrenberg *am Mittelrhein bei Kamp-Bornhofen.*

> Das römische Palatium *war Vorbild für die Kaiserpfalz.*

Er war deshalb, um den Landesfürsten seine herausragende Stellung zu verdeutlichen, regelmäßig mit großem Gefolge unterwegs und benötigte Quartiere. Bei Schwierigkeiten mit den Landesfürsten reiste der Kaiser an. Für längere Aufenthalte zog er sich in eine seiner befestigten Kaiserpfalzen oder in eine seiner Reichsburgen zurück, die als »kleine Hauptstädte« überall im Reich errichtet worden waren. Die Kaiserpfalz war eine besonders repräsentative Burganlage, die jedoch mehr gebaut wurde, um zu residieren als zu kämpfen. Diese Repräsentationsaufgabe verbirgt sich bereits im Namen, denn »Pfalz« läßt sich aus dem lateinischen Wort für Palast, *»palatium«* ableiten. Bei jedem Aufenthalt in einer seiner Pfalzen machte der Kaiser Politik, hielt Hof und empfing Würdenträger. Wichtige Dokumente waren zu unterzeichnen, Streitigkeiten zu schlichten, aber auch manche Intrige zu spinnen. Es wird geschätzt, daß etwa tausend Menschen ständig unterwegs waren, um die Reiseregierung des Kaisers zu ermöglichen.

BURGEN ALS ZEICHEN DER MACHT

Neben dem Kaiser besaßen auch die Landesfürsten ihre Burgen und unterhielten sogar eigene Pfalzen, denn auch sie wollten Herrschaftsansprüche unterstreichen. Den Bau ihrer Burgen hatten sie sich trotz des Burgenregals durch den Kaiser nicht verbieten lassen. Unter dem Stauferkaiser Friedrich I. Barbarossa erhielten sie schließlich im 12. Jahrhundert offiziell das Recht, eigene Verteidigungsanlagen zu bauen. Herzog Friedrich II. von Schwaben (1090–1147) markierte seine Besitzansprüche geradezu mit Burgen, um zu zeigen, wer im Land das Sagen hatte. Es wurde der Ausspruch geprägt, daß der Herzog am Schwanz seines Pferdes stets eine Burg mitführe. Die sogenannten »allodialen« Burgen (Burgen aus dem »Eigengut«) gehörten dem Hochadel, dessen Angehörige es sich aus Rivalität zum Kaiser nicht verkneifen konnten, immer wieder beachtliche Bauprogramme aufzulegen. Ministeriale Burgen (meist sogenannte »Motten«) waren Sitz des Dienstadels und bildeten ein Gegengewicht zu den Landesfürsten. Ihre Herren standen dem Kaiser näher als die konkurrierenden Herren auf den allodialen Burgen. Insbesondere die Staufer sicherten ihre Herrschaftsburgen großräumig mit einem Kranz aus Ministerialenburgen. Mit Landes- oder Territorialburgen wurde in bestimmten Gebieten Macht ausgeübt. Es waren häufig kleinere Burgen mit dem Wohnsitz des durch ein Lehen gebundenen Kleinadels. Schwierigkeiten bekamen diese Adeligen, wenn beispielsweise der Lehnsherr eine Burg verpfändete und plötzlich ein anderer das Sagen hatte. In den sogenannten »Ganerbenburgen« hatten schließlich mehrere Söhne eine Burg geerbt, das heißt, mehrere Familien teilten sich eine gemeinsame Burg. Bei geplanten Bauaktivitäten mußten sie sich irgendwie einigen, was etwa bei der heute noch intakt erhaltenen Burg Eltz an der Mosel gut gelungen ist.

Daneben wollten auch geistliche Herren mit ihren Kirchen- und Klosterburgen dem Kaiser nicht nachstehen und geistliche Macht demonstrieren. Manche Herren des hohen Klerus verstanden das Schwert besser zu führen als die Bibel und waren beim weltlichen Adel und der Bevölkerung nicht immer beliebt. Von Ordensburgen aus wurden hauptsächlich im Osten des Reiches neue Gebiete erschlossen. Sie wurden von einem Ritterorden geführt und waren meist, wie etwa die Marienburg im ehemaligen Ostpreußen, mächtig ausgebaut und gesichert. Während der Kreuzzüge wurden auch im Heiligen Land große Burgen errichtet, um militärisch präsent zu sein und Macht zu zeigen. Die berühmte Burg Krak-des-Chevaliers in Syrien soll im frühen 13. Jahrhundert angeblich sogar etwa 2000 Mann Besatzung gehabt haben.

Die große Mehrheit der Burgen konnte zu den Stadt-, Dorf- oder Gutsburgen gezählt werden. Es waren oft kleinere, unbedeutende Burgen, die teils Wohnsitz und teils Militärstation mit Verwaltungszentrum waren. Für Städte erfüllten eigene Burganlagen überwiegend militärische Funktionen und boten den Stadtbürgern Sicherheit. In den ländlichen Gebieten dagegen waren Burgen meist mit dem Wohnsitz von Rittern verbunden, so daß auf ihnen Wohnbereiche, militärische Bereiche und auch Lagerbereiche eng beieinander lagen. Ihre Einrichtungen waren selten spektakulär, denn so etwas wie einen aufwendigen Hof konnte sich kaum ein Vertreter des niederen Adels leisten. Einfache Ritter schauten deshalb immer häufiger neidisch auf die reichen Handelsherren, die in den Städten erfolgreicher als sie ihr Vermögen mehrten.

Die Erlaubnis zum Bau einer Burg kam direkt vom Lehnsherrn, dennoch wurden gerade unter den kleineren Burgen viele im heutigen Sinn »schwarz« gebaut. Der Ritter wollte auch einmal eigenständig sein und schuf einfach Tatsachen. Raubritter holten sich wohl selten zum Bau ihrer Burgen eine herrschaftliche Zustimmung. Bei ihnen war der Neid auf die reichen Handelsherren so groß, daß sie sich unbedingt Teile von deren Vermögen mit Gewalt sichern wollten.

BURGEN ALS WOHNSITZ

Wie bereits erwähnt, konnten Burgen zahlreiche Funktionen gleichzeitig erfüllen. Für die hohen Herren waren sie Repräsentationssitz, Ort der Hofhaltung, luxuriöser Wohnsitz und Zentrum der Verwaltung mit Gerichtssitz. Die niederen Herren dagegen mußten zufrieden sein, wenn sie in ihrer Burg einen soliden Wohnsitz fanden, den sie noch gut verteidigen konnten. Im 11. und 12. Jahrhundert übernahm der niedere Adel den Namen der eigenen Burg als Familiennamen. Andere Burgen hatten wieder eine rein militärische oder wirtschaftliche Bedeutung, sie schützten die Grenzen oder waren wie etwa an Flüssen reine Zollstationen. Zu den kleineren Burgen zählten auch Fluchtburgen, die nur zeitweise bewohnt waren und an besonders unzugänglichen Orten lagen.

Oft war die äußere Wirkung einer Burg imposanter als die Kampfkraft ihrer Besatzung. Die Burg Tirol bei Meran hatte eine überregionale Bedeutung, bot allerdings nach dem Jahr 1290 nur 118 Personen einen Wohnsitz, davon waren lediglich 27 Kriegsknechte. Auf der Grafenburg Sulzbach in Neuböhmen residierte immerhin ein Statthalter des Kaisers, dennoch gab es dort um das Jahr 1360 nur 36 Mann Besatzung, und auf der ihr untergeordneten Bug Lichtenegg lediglich 9 Mann Besatzung mit gerade einmal zwei Pferden.

DIE BURG UND IHR UMFELD

UNRUHIGE ZEITEN

Im Mittelalter hatten es zentrale ordnende Kräfte schwer. Insbesondere im deutschen Sprachraum gab es ein ständiges Gerangel zwischen der zentralen Gewalt des Königs und Kaisers sowie der regionalen Gewalt der Fürsten. Jeder verteidigte zäh seine Privilegien, und im Endergebnis war in schwierigen Zeiten niemand so richtig zuständig, um Probleme zu lösen. Dritte konnten dann ihre Vorteile ziehen. Die Annalen der Stadt Xanten berichten von einem Wikingerangriff im Jahr 864 und der Unfähigkeit des örtlichen Fürsten, etwas gegen die Angreifer zu unternehmen: »Bei der ungeheuren Anschwellung der Gewässer kamen die schon oft genannten Heiden, überall die Kirchen zerstörend, das Bett des Rheinflusses herauf bis Sancten und plünderten den so berühmten Ort. Und zum übergroßen Schmerz aller die es hörten und sahen, verbrannten sie die Kirche des heiligen Victor …; alles, was sie innerhalb und außerhalb des Heiligthums fanden, raubten sie. Doch der Klerus und fast das ganze Volk entkam. Die Räuber nun suchten nach vollbrachter Schandthat nicht weit von dem Kloster eine kleine Insel auf, bauten eine Befestigung und wohnten daselbst eine Zeit lang. Aber ein Teil von ihnen stieg das Flußbette hinauf, verbrannte einen großen königlichen Hof, und es wurden dabei aus ihnen ungefähr hundert Menschen niedergehauen, so daß eins ihrer Schiffe daselbst leer zurückblieb. Die Übrigen nun bestiegen alsbald die Schiffe und kehrten bestürzt zu den Ihrigen zurück. Nun rüstete Lothar Schiffe und gedachte sie anzugreifen; aber die Seinigen stimmten ihm nicht bei.«

Im Mittelalter sind Berichte über Kleinkriege allgegenwärtig. Irgendwo herrschte immer Streit, denn jeder versuchte, seine Vorteile durchzusetzen. Einmal wurden Dörfer überfallen und Menschen getötet, ein anderes Mal wurden Kaufmannszüge ausgeraubt und zuletzt vielleicht eine Stadt niedergebrannt. Eine ordnende Kraft gab es nur im Verband der eigenen Sippe oder bei der Oberschicht im jenen Gemeinschaften, die sich durch Treueverpflichtungen untereinander gebunden fühlten. In diesen Gemeinschaften und Verbindungen waren Gesetze durchsetzbar. Außerhalb solcher Gemeinschaften hatte stets der Stärkere Recht. Gelang es verurteilten Verbrechern zu fliehen, waren sie außerhalb des Machtbereiches des Gerichts in Sicherheit. Es gab keine landesweiten Haftbefehle, und eine landesweite Verbrechersuche nur auf eigene Faust. Ritter Eppelein von Geilingen war ein schneidiger Mann mit eisernen Nerven und gleichzeitig ein schlimmer Finger. Der Ethos des Ritters kümmerte ihn nicht, denn er war Raubritter. Mit Vorliebe überfiel er die Warentransporte der Nürnberger Kaufleute. Eines Tages fingen ihn die Kriegsknechte der Stadt Nürnberg, und Ritter Eppelein sollte umgehend auf der Stadtmauer aufgehängt werden. Der Raubritter erbat sich einen letzten Wunsch und wollte noch einmal sein Pferd sehen. Als das Streitroß herbeigeführt wurde, riß sich Ritter Eppelein los, sprang auf sein Pferd und gab ihm die Sporen. Das Tier sprang über die Stadtmauer, und beide stürzten rund 16 Meter tief in einen Wassergraben. Der Raubritter und sein Streitroß überlebten und flohen. Danach wurde kein landesweiter Haftbefehl ausgestellt, sondern die Bevölkerung meinte nur voller Hohn: »Die Nürnberger hängen keinen, sie hätten ihn denn.« Heute hat der Staat das Gewaltmonopol und schickt die Polizei, um Verbrecher zu verhaften. Im Mittelalter hätten die Polizisten bei einem sehr mächtigen Verbrecher die Verhaftung nicht überlebt. Um einen mächtigen Verbrecher zu verhaften, mußte schon ein Heer anrükken. Zuletzt hatte jedoch nur der Recht, der gewonnen hatte. Burgen wurden gebaut, um in dem Gebiet des Burgherrn Recht und Ordnung zu schaffen. Außerhalb des Gebietes bestimmte wieder ein anderer, was Recht und Ordnung ist, und in den freien Reichsstädten hatten Ritter nichts zu melden.

DIE BEVÖLKERUNG IM MITTELALTER

Nach dem Ende der Römerzeit ging es insbesondere in Mittel- und Westeuropa auf zahlreichen Ebenen zunächst bergab. Die Ursachen waren sicherlich vielfältig. Der hohe Organisationsgrad und der technische Standard des Römischen Reiches waren verlorengegangen und hatten eine Lücke hinterlassen. Dazu kamen noch ständige kriegerische Auseinandersetzungen, ein schlechter medizinischer Wissenstand und ein Nachlassen der Wirtschaftskraft. In Europa sank die Bevölkerungszahl kontinuierlich ab. Lebten während der Spätantike unter den Verhältnissen des Römischen Reiches in Europa noch geschätzte 60 Millionen Menschen, so war in der Zeit um 600 n. Chr. ein Tiefpunkt erreicht. Es wird angenommen, daß während dieser Zeit nur noch rund 30 Millionen Menschen in Europa lebten. Große Städte gab es nicht mehr. Das einst prächtige Rom, in der Antike immerhin eine Millionenstadt, stand praktisch leer und zählte weit weniger als 100 000 Einwohner. Die Menschen wohnten zwischen grandiosen Ruinen. Der Raum, der heute Deutschland entspricht, war äußerst dünn besiedelt, im 6. Jahrhundert kamen vermutlich nur 3 Menschen auf einen Quadratkilometer.

Zwischen den menschlichen Siedlungen dehnte sich die Wildnis aus, Zuflucht für wilde Tiere und Räuber – ein Grund, warum das Mittelalter eine unsichere Zeit war. Es konnte lange dauern, einen Nachbarn zur Hilfe zu rufen, ganz zu schweigen von einer bewaffneten Truppe. Die wenigen Menschen konnten zunächst weder ein gutes Straßennetz noch eine aufwendige Verwaltung und Militärorganisation für ein großes Reich unterhalten und finanzieren.

Nach dem 7. Jahrhundert ging es wieder aufwärts, und die Bevölkerungszahlen nahmen zu. Nach der Jahrtausendwende lebten nach Schätzungen in Europa rund 45 Millionen Menschen und im 13. Jahrhundert etwa 70 Millionen. Im deutschsprachigen Raum war der Anstieg noch extremer. Zwischen dem 11. und der Mitte des 13. Jahrhunderts verdoppelte sich dort die Zahl der Einwohner von etwa 5 Millionen auf rund 12 Millionen. Pro Quadratkilometer gab es nun etwa 7 Einwohner und in den Ballungszentren sogar 25. Danach brachen im 14. Jahrhundert die Bevölkerungszahlen wieder dramatisch ein. Die Pest raste durch Europa und ließ die Menschen an das Ende der Welt glauben. In Florenz lebten nach dem Abklingen des »Schwarzen Todes« von ehemals rund 130 000 Menschen noch etwa 25 000. In Rußland überlebten in der Stadt Smolensk von ursprünglich etwa 35 000 Einwohner angeblich nur 5 die Pest. Wegen seiner wenigen großen Städte und der relativ dünnen Besiedlung hatte Deutschland während der Pestjahre sogar noch Glück gehabt. Dennoch verstarben mehr als 25 Prozent der Bevölkerung. In der Stadt Straßburg starben sogar innerhalb kürzester Zeit über 16 000 Menschen.

Der große Durchbruch im Bevölkerungswachstum ging hauptsächlich auf Verbesserungen in Landwirtschaft und Technik zurück. Von Vorteil war auch, daß das Leben auf dem Land weitgehend dem Schutz der Ritter unterstand. Der Ritter erhielt zwar sein Lehen mit den dazugehörenden Bauern zu seiner freien Verfügung, aber er hatte allen Bewohnern Schutz zu garantieren. Mit Mördern, Dieben und Räubern wurde deshalb kurzer Prozeß gemacht. Sie wurden umgehend aufgehängt. Die Landwirtschaft konnte sich ungestört entwickeln, während in den wachsenden Städten die Technik neue Entwicklungsimpulse lieferte. Handwerker sorgten für technischen Fortschritt, und der Handel garantierte zusätzlichen Gewinn.

LANDWIRTSCHAFT UND TECHNIK

Im Römischen Reich war Nordafrika die zentrale Kornkammer, und über gute Verkehrswege konnten nahezu alle Gebiete des Imperiums mit Getreide versorgt werden. In Mitteleuropa waren die Voraussetzungen nicht so günstig. Es ist einer Revolution in der Landwirtschaft zu verdanken, daß im Mittelalter die Böden in

Mitteleuropa immer mehr Menschen ernähren konnten. Das Prinzip des Pfluges ist schon seit Jahrtausenden bekannt, mit dem Pflug wird der Boden aufgelockert und danach das Getreide ausgesät. Etwa Ende des 9. Jahrhunderts setzte sich in Europa ein Pflug durch, der nicht wie vorher den Boden nur aufkratzte, sondern tatsächlich auch umpflügen konnte. Es handelte sich nicht um den alten Hakenpflug, sondern um einen Wendepflug mit Rädern, dessen Pflugschar tief in den Boden ging und die Erde umdrehte. Die Nährstoffe tief

> *Zum technischen Fortschritt gehörte der* RÄDERPFLUG.

im Boden kamen nun nach oben und waren dem Saatgut leichter zugänglich. Um einem solchen Pflug zu ziehen, ist ein großer Kraftaufwand nötig, den unter den Haustieren am besten das Pferd erbringen konnte. Eine zweite geniale Erfindung machte es nun möglich, das Pferd besser als vorher in der Landwirtschaft einzusetzen. Das Kummet, ein gepolsterter Brustring mit seitlichen Zugsträngen, gestattet dem Pferd, seine ganze Kraft einzusetzen, ohne sich, wie bei dem alten Geschirr, zu strangulieren. Von nun an konnte der schwere Räderpflug gut gezogen werden. Den Rittern garantierte die neue Methode eine ertragreiche Landwirtschaft. Viele von ihnen waren Landwirtschaftsspezialisten, die neben dem neuartigen Pflug auch Geräte wie Egge, Rechen oder Spaten einführten und den Bau von Wassermühlen förderten.

Eine dritte Erfindung machte schließlich das Rittertum in seiner klassischen Form erst möglich. In der Antike gab es noch keinen Steigbügel, so daß der Reiter recht unsicher im Sattel saß und nur schwer vom Pferd aus kämpfen konnte. Die Stärke der römischen Armee lag deshalb bei den Fußtruppen und nicht in der Reiterei. Aus dem Orient kam über Byzanz der Steigbügel nach Europa und bot sofort enorme militärische Vorteile. Um das Jahr 730 führte Karl Martell den Steigbügel erstmals bei den Reitertruppen der Franken ein und hatte sofort durchschlagenden Erfolg. Der Reiter saß nun fest in einem ebenfalls verbesserten Sattel und konnte sogar eine Lanze führen.

MACHTVERHÄLTNISSE IM MITTELALTER

Zur Frage, wann das Mittelalter begann, werden unterschiedliche Meinungen vertreten. Am Anfang stand auf jeden Fall kein abruptes Ereignis, sondern ein phasenartiger Übergang. Manche sehen seinen Anfang bereits in der staatlich verordneten Einführung des Christentums im Römischen Reich unter Kaiser Konstantin, andere wiederum beim Ausbruch der Völkerwanderung durch den Sturm der Hunnen auf die Grenzen Roms. Die große Mehrheit der Historiker vertritt allerdings die Meinung, daß das Mittelalter in Europa endgültig mit der Eroberung Roms beginnt. Der Frankenherrscher Karl der Große gilt als der Begründer des »mittelalterlichen Abendlandes«, und zwei bedeutende europäische Nationen, Deutschland und Frankreich, führen ihren Ursprung auf sein Reich zurück.

Die Idee, ein Weltreich zu beherrschen, faszinierte nach den Römern auch die germanischen Herrscher, und sie kopierten genau jenes römische Imperium, das sie in der Völkerwanderung bekämpft hatten. Sie versuchten ebenfalls, ihre Macht zu erweitern, führten gegeneinander Kriege und steckten ihre Territorien ab.

Schnell bildete sich ein zerbrechlicher Flickenteppich von kleinen Königreichen und Stammesstaaten, der das Dominanzstreben von ehrgeizigen Herrschern herausforderte. Zuletzt setzten sich die Volksstämme der Franken durch und beherrschten unter den Merowingern sowie später den Karolingern große Teile des ehemaligen weströmischen Reiches. Ihre Herrscher wählten sogar die römischen Imperatoren als Vorbild. Der fränkische König Karl der Große sah sich als direkter Nachfolger der römischen Kaiser an und ließ sich auch in Rom zum Kaiser krönen. Er versuchte wie diese, ein einheitliches Reich zu schaffen und die unterschiedlichen Volksstämme seines Herrschaftsgebietes von Südfrankreich bis Sachsen und Thüringen zu vereinen. Doch Erfolge stellten sich nur vorübergehend ein, und der von ihm geplante Einheitsstaat ließ sich nicht dauerhaft verwirklichen. Die Interessen und die Her-

Vor dem Mittelalter – das römische Reich

Das Römische Reich beherrschte einst nicht nur große Teile der damals bekannten Welt, sondern prägte auch die ihm nachfolgenden Staaten. Seine Sprache blieb über Jahrhunderte die Sprache der Gelehrten und der Geistlichkeit. Bedeutende Herrscher, die etwas auf sich hielten, wählten den römischen Kaiser als Vorbild. Für diese Vorbildstellung hatte das Imperium lange kämpfen müssen, denn aus kleinen Anfängen hatte es sich zu einem der einflußreichsten Staaten der Weltgeschichte zu entwickeln. Doch das stetige Wachsen hatte Probleme zur Folge. Allein die Größe eines Reiches konnte bereits seine Kontrolle erschweren, und genau mit diesen Schwierigkeiten hatten die Kaiser in Rom zu kämpfen. Trotz einer straffen inneren Organisation und eines mächtigen militärischen Apparates gab es im Römischen Reich immer wieder die Tendenz eines inneren Zerfalls, dem starke Herrscher gut und schwache Herrscher schlecht widerstehen konnten. Viele Probleme waren hausgemacht, denn alle Entscheidungen drehten sich zuerst um den Erhalt und das Wohlergehen von Rom, dem Zentrum des Reiches. Aber diese Bevorzugung wirkte bald wie eine

Zentrifuge und entfaltete Gegenkräfte. Zahlreiche Provinzherrscher ließen keine Gelegenheit aus, um gegenüber Rom die Grenzen der eigenen Macht auszuloten. Kaiser kämpften häufig mit ihren Gegenkaisern, und sogar am kaiserlichen Hof selbst herrschte nicht immer Einigkeit. Zur besseren Kontrolle und zur Abwehr von weiteren Zerfallserscheinungen wurde schließlich das Reich in das Oströmische und das Weströmische Reich aufgeteilt, deren Hauptstädte in Byzanz (dem heutigen Istanbul) und in Rom lagen. Jetzt gab es zwar zwei offizielle Kaiser, doch die Neuordnung brachte nur vorübergehende Erfolge. Als schließlich während der Völkerwanderung immer mehr fremde Völker gegen die Grenzen des Reiches anrannten, war es endgültig um die Stabilität des Staates geschehen. Immer öfter durchbrachen germanische Stämme den Limes, die Grenze zum römischen Reich, zunächst für einzelne Raubzüge, dann, um sich fest anzusiedeln. Das Weströmische Reich zerfiel und ging zuletzt unter. Auf seinem Gebiet dominierten von nun an die eingedrungenen germanischen Völkerstämme, die sich eigene Reiche schufen und mißtrauisch die Grenzen hüteten.

kunft der Bewohner seines Reiches waren zu verschieden. Die Idee, einen Einheitsstaat nach römischem Vorbild zu gründen, fand bei den germanischen Stämmen wenig Gegenliebe. Kleine lokale Herrscher blieben unbeeindruckt ihren alten Traditionen verpflichtet und dachten nicht daran, Teile ihrer Macht auf Dauer an einen Kaiser abzugeben. Für sie waren bei Entscheidungen allein gegenseitige Treueverpflichtungen maßgebend, und die galten dem eigenen Volksstamm. Das Reich der Franken entwickelte außerdem noch nicht einmal im Ansatz die straffe Organisation und den Militärapparat des Römisches Reiches. Das Frankenreich konnte sich in dieser Ausdehnung nicht halten und löste sich noch in der Anfangsphase in drei und später zwei Teile auf. Es zerfiel in ein Ostfränkisches und ein Westfränkisches Reich.

Das ehemals Ostfränkische Reich entsprach in etwa dem damaligen deutschen Sprachgebiet. Im Gegensatz zum Westfränkischen Reich blieben in ihm germanische Sprachen bis heute erhalten. Dieses Reich dominierte das mittelalterliche Europa, denn allein seinen Herrschern stand die römische Kaiserwürde zu. Es vergrößerte sich während des Mittelalters stetig nach Osten hin und bezog außerdem Teile Burgunds und Italiens mit ein. Bald wurde es zum »Heiligen Römischen Reich Deutscher Nation«.

DAS HEILIGE RÖMISCHE REICH DEUTSCHER NATION: RÖMISCHE TRADITION, GERMANISCHE GEFOLGSCHAFT UND CHRISTLICHE KULTUR

Die Herrscher der Franken führten Traditionen ein, die während des gesamten Mittelalters Gültigkeit hatten. Ein erstes wichtiges Fundament zum Zusammenhalt des Reiches bildete das alte germanische Element der Treue und der Verpflichtung gegenüber einem Herrn und Vorgesetzten. Doch diese Treue wurde nicht von einem Herrscher einseitig diktiert, sondern war das Ergebnis von wechselseitigen Zugeständnissen und Verbindlichkeiten. Diesen germanischen Hintergrund verknüpfte Karl symbolisch mit der Macht der römischen Kaiser und definierte sich auch als deren Erbe. Als Territorium existierte das Weströmische Reich zu seiner Zeit zwar schon lange nicht mehr, doch die

Idee eines römischen Kaisers, der über alle anderen Herrscher des Abendlandes dominierte und dem diese aus der germanischen Tradition heraus zur Treue verpflichtet waren, beeindruckte ihn. Die Idee war prägend, denn auch nach dem Auseinanderbrechen seines fränkischen Reiches strebten die Herrscher der ostfränkischen Gebiete nach dem Titel eines Römischen Kaisers. Der Titel hatte zwar Prestige, verlieh aber seinem Träger kaum eine echte Macht. Verweigerten sich die Gefolgsleute, war der Machtanspruch nicht durchsetzbar.

Als eine weitere Klammer hielt neben dem alten germanischen Element der Treue noch die neue Religion des Christentums das Heilige Römische Reich Deutscher Nation zusammen. Das Christentum war nicht nur eine Glaubenssache, es war auch wichtig für Herrschaft und Kultur: Als die Germanen römisches Gebiet eroberten, waren die meisten Senatoren, Präfekten, Schreiber und Soldaten entweder tot oder geflohen. In den Wirren der Völkerwanderung waren aber die christlichen Bischöfe geblieben, sie regelten die Belange der Menschen, oft von der Armenfürsorge bis zum Schulunterricht, und sie kannten die römische Kultur. Die Franken merkten schnell, daß sie viel von ihnen lernen konnten, und bezogen sie auch deswegen in die Organisation ihres Reiches ein.

Treueverpflichtungen und das Christentum, die beide eigentlich keine echten Machtfaktoren darstellten, wurden zur entscheidenden Stütze der mittelalterlichen Reiche. Alle Menschen, auch der König selbst, waren davon überzeugt, daß er seine Herrschaft von Gott erhalten hatte und damit in gewissem Sinne heilig oder unantastbar war. Krönungsbilder zeigen oft einen König, der von Christus selbst die Krone empfängt Völker konnten im abendländischen Mittelalter untereinander noch so sehr zerstritten sein, das Christentum bewährte sich als eine gemeinsame Grundlage und förderte die geistige Vereinigung. Die Menschen waren tief gläubig und stellten Aussagen der Religion nicht in Frage. Durch die Religion konnten Zwistigkeiten verdrängt werden. Auch wenn es keine dauerhafte weltliche Einheit gab, im geistigen Bereich waren sich die Völker einig. Die Sprache der Gebildeten war Latein, und mit ihrer Hilfe konnten sie sich über jede Grenze hinweg verständigen. Urkunden und Bücher wurden fast das ganze Mittelalter hindurch vor allem auf Latein abgefaßt.

Durch die enge Verknüpfung von Christentum und weltlicher Macht gewann die Kirche einen Einfluß, der politischer Natur war und weit über die Religion hinausging. Sie wurde bei wichtigen politischen Entscheidungen zu einem Zünglein an der Waage. Hatte es ein Herrscher endlich geschafft, von den weltlichen Führern und Landesfürsten des Reiches als König anerkannt zu werden, dann konnte er sich noch lange nicht als römischer Kaiser bezeichnen. Diese Entscheidung fiel dem Papst in Rom zu. Rom, das fernab vom deutschen Sprachraum, aber im Reichsgebiet lag, wurde zum begehrten Schiedsrichter. Erst der Papst krönte den deutschen König zum Kaiser und führte damit das Kaisertum in eine religiöse Dimension. Die Kaiserkrönung reihte den neuen Kaiser in die Tradition der römischen Imperatoren ein.

DREI MÄCHTIGE PARTEIEN: KAISER – FÜRSTEN – PAPST

Die politische Situation des Mittelalters blieb unter solchen Voraussetzungen stets kompliziert und vor allen Dingen unruhig. Lange Phasen der Sicherheit gab es selten, denn der Kaiser war oft unterwegs und mußte Interessen sowohl im Reich als auch in Rom vertreten. Kriegszüge durch gewalttätige Stammesfürsten gehörten in seiner Abwesenheit fast zum Normalzustand. Außerdem fielen immer wieder Wikinger oder Ungarn zu Raubzügen in das Reichsgebiet ein. Selbst die kleinsten Herrscher lagen untereinander in Fehden. Die Kämpfe ließen die Sitten der Menschen verrohen und förderten Verarmung und Chaos. Ordnung mußte anschließend nicht selten mit eiserner Hand wiederhergestellt werden.

Mindestens drei Parteien mischten im Mittelalter bei grundlegenden politischen Entscheidungen immer wieder die Karten: Zunächst gab es den König, der sich nach heftigem Ringen bei seinen Gefolgsleuten endlich durchgesetzt hatte und der nun als die zentrale Macht anerkannt werden wollte. Dennoch durfte er bei allem Gerangel seine Gefolgsleute niemals abschrecken. Bei kriegerischen Auseinandersetzungen war er mangels ausreichender eigener Truppen auf ihre militärische Unterstützung angewiesen.

Doch auch die Gefolgsleute verfolgten eigene Machtinteressen und pflegten altüberkommene Rivalitäten. Sie vertraten zuerst ihre Volksstämme und verteidigten zäh ihre Privilegien. Die wichtigsten Gefolgsleute eines Königs und späteren Kaisers waren stets die Herzöge und Stammesfürsten aus den Volksgruppen der Bayern, der Sachsen, der Franken, der Schwaben und schließlich aus dem Herzogtum Lothringen mit einer mehr gemischten Bevölkerung.

Die dritte Partei dagegen agierte mehr im Hintergrund. Es waren die Vertreter der Kirche, vor allem Bischöfe und Äbte, unter der strengen Dominanz des Papstes. Dieser residierte zwar im fernen Rom, aber die Könige waren bei ihrem Streben nach der Kaiserwürde von ihm abhängig. Geschickt spielte er immer wieder seine Position als Zünglein an der Waage zu seinem eigenen Vorteil aus.

Die Bedeutung dieser drei Parteien wechselte ständig. Mal setzte sich für einige Zeit der König durch und versuchte, seine zentrale Königsgewalt zu zementieren. Mal rannten zu anderen Zeiten die Stammesfürsten erfolgreich gegen diese zentrale Macht an, so daß ein ständiges Hin und Her von vornherein festgelegt war. Echten Fortschritt erbrachten meist jene bedeutenden Herrscherpersönlichkeiten, die erfolgreich bemüht waren, zum Machterhalt eine eigene Dynastie zu gründen. Nicht allen Königen gelang es, die Herrschaft in der eigenen Familie weiterzugeben: Im Deutschen Reich herrschten nacheinander die Karolinger, die Sachsen (Ottonen), die Salier und die Staufer. Im Spätmittelalter

> König Heinrich II. *empfängt von Christus selbst die Krone.*

wählten die deutschen Fürsten ihre Könige aus verschiedenen Herrschergeschlechtern, damit die Macht einer einzelnen Familie nicht zu groß wurde. König und Adel versuchten zwar, den Einfluß der Kirche und es Papstes einzuschränken, waren aber wegen der Dominanz von religiös-politischen Ideen nicht immer erfolgreich und wurden gegeneinander ausgespielt. Es gab Zeiten, in denen der Papst die Uneinigkeiten der beiden weltlichen Parteien ausnutzen konnte und entscheidende Richtungen der Politik bestimmte. Kaiser weilten oft in Italien und mußten dadurch ihre Interessen in Deutschland vernachlässigen, was die Stammesfürsten meist zu nutzen wußten. Es gab Kaiser, die Päpste ab- und ihnen genehmere Kandidaten einsetzten, andererseits auch Päpste, die den Kaiser exkommunizierten und ihm damit seine Machtgrundlage entzogen. Zeitweise gab es auch gleichzeitig einen König und einen Gegenkönig bzw. einen Papst und einen Gegenpapst. Dabei verfügte der Papst nicht nur über eine geistige und religiöse Macht. Er regierte sogar in Mittelitalien mit dem Zentrum Rom einen eigenen Kirchenstaat, der ihm im Jahr 756 von dem Frankenherrscher Pippin geschenkt worden war.

STELLUNG DER KIRCHE

Das gesamte Mittelalter war eine sehr religiöse Zeit, und die Interessen der Menschen waren nicht selten stärker auf das Jenseits als auf das Diesseits gerichtet. Drohungen mit dem Höllenfeuer schüchterten die Bevölkerung ein. Mit dem Kirchenbann wurde Politik gemacht. Belegte der Papst den König mit einem solchen Bann, fanden seine Gefolgsleute einen guten Grund, um abtrünnig zu werden. Der Kirchenbann konnte jedoch auch zum Schutz des Friedens verwandt werden: Er traf den, der etwa einen Waffenstillstand mißachtete.

Bei ihrer im tiefen Sinn wenig religiösen Interessenspolitik schreckten manche Päpste sogar vor Dokumentenfälschungen nicht zurück. In der »Konstantinischen Schenkung« wird zum Beispiel behauptet, daß der römische Kaiser Konstantin dem Papst das Recht zuerkannt hatte, alle zukünftigen römischen Kaiser zu krönen. Päpstliche Privilegien wurden dadurch zementiert. Im 15. Jahrhundert wurde dieses Dokument allerdings als Fälschung identifiziert. In den Jahrhunderten vorher hatten Päpste damit ihre Ansprüche belegt.

Die Kirche hatte im Reich das Bildungsmonopol, und die dünne Schicht der Menschen, die schreiben und lesen konnten, war durch die Schule von Kirchenmännern gegangen. Es gab Kloster-, Dom-, Stifts- und Pfarrschulen, an denen hauptsächlich zukünftige Geistliche oder die Kinder der Adeligen ausgebildet wurden. Unterrichtssprache war Latein, so daß die Gebildeten bereits in ihrer Sprache von den Unwissenden, die sich ausschließlich auf deutsch verständigen konnten, abgegrenzt wurden und unter sich blieben. Auf eine breite Volksbildung wurde kein Wert gelegt. Wissenschaften und Künste hatten sich dem Vorrang der Religion unterzuordnen. Bücher wurden in von Kirchen und Klöstern getragenen Schreibschulen kunstvoll mit der Hand geschrieben, so daß die Kirche nicht nur das Bildungsmonopol innehatte, sondern durch die Verbreitung und Überlieferung der Bücher auch über den Bildungsinhalt bestimmen konnte. In der Geisteswelt blühte die Scholastik mit einer absoluten Dominanz des geschriebenen Wortes und seiner Autorität. Sogar wenn die Lebenserfahrung andere Aussagen belegte, das geschriebene Wort war entscheidend.

HERRSCHER UND RITTER

Das Mittelalter war auf völlig anderen gesellschaftlichen Strukturen als die Gegenwart aufgebaut. Der Begriff der Demokratie ist zwar schon eine Erfindung der griechischen Antike, doch im Mittelalter waren die demokratischen Ideale in Vergessenheit geraten. Moderne Staaten berufen sich auf die Gleichheit aller Menschen. Im Mittelalter dagegen dominierte die Ungleichheit. Einfache Menschen waren gegenüber der Obrigkeit alles andere als gleichwertig und auch vor dem Gesetz keineswegs gleich.

Der Mensch des Mittelalters orientierte seine Lebensgestaltung in einem großen Umfang am Jenseits, das Diesseits war für ihn oft ein Jammertal, das durchschritten werden mußte. Mißstände wurden bei einem solchen Fatalismus meist hingenommen, sie waren gottgegeben. Auch wenn es einem Menschen auf Erden schlecht erging, wartete trotzdem das Paradies auf ihn. Der durchschnittliche mittelalterliche Mensch fand sich mit seinem Schicksal ab und akzeptierte auch Ungerechtigkeiten, etwa manche mit den Zufälligkeiten der Geburt verbundenen Vorteile oder Privilegien. Gehörten etwa die Eltern zum Adel, garantierte das ihren Kindern große Vorteile im Leben, während bei leibeigenen Eltern den Kindern Nachteile sicher waren. Trotz der Belastungen ihres Schicksals waren auch »unfreie« Menschen gottergeben und rebellierten kaum, denn Versuche, die eigenen Lage zu ändern, waren meist von vornherein vergeblich. Bei großem Kummer und Leid hofften sie trotzdem auf das Jenseits und erwarteten das Paradies. Der Tod war deshalb nicht immer mit Schrecken verbunden

FÜRSTEN, RITTER, BAUERN UND LEIBEIGENE

Während der kriegerischen Völkerwanderungszeit und den damit verbundenen Auseinandersetzungen mit dem Römischen Reich mußten die germanischen Volksstämme enger zusammenstehen als in Friedenszeiten. Außerdem gab es in den ehemals römischen Gebieten westlich von Rhein und Limes Streitigkeiten mit der ursprünglichen Bevölkerung, wenn dieser das Land weggenommen wurde. In diesen unruhigen Zeiten waren deshalb Anführer mit Durchsetzungskraft gefragt. Der germanische Herzog des alten Stils zog noch vor dem Heer her und verfolgte in Friedenszeiten meist eigene Interessen. Die neuen Anführer am Beginn des Mittelalters jedoch waren auch außerhalb von kriegerischen Auseinandersetzungen gefragt. Ihre Territorien waren im Vergleich zu den ursprünglichen Siedlungsgebieten der einzelnen Volksstämme recht groß geworden und ließen sich nicht nach den alten germanischen Methoden unter Kontrolle halten. Es reichte nicht mehr aus, daß sich die Gemeinfreien für bestimmte Entscheidungen zur Abstimmung trafen, sondern ausgewählte Personen mußten sich dauerhaft mit der Führung des Landes beschäftigen. Die Oberschicht der Volksstämme führte deshalb die Wahl eines Königs ein, dessen Hauptaufgabe es war, sich um das Wohl des Landes zu kümmern, und der während der Regierungszeit seine Eigeninteressen zurückstellen mußte. Da diese Aufgaben den Herrscher als Einzelperson überforderten, stellte er sich bald ergebene Beamte zur Seite. Neben dem alten germanischen Adel entwickelte sich auf diese Weise noch ein Dienstadel, der am Hof des Königs diente und dem er vertraute, die Ministerialen. Es waren Leute, die er selbst ausgesucht hatte, und sogar Unfreie, die sich als vertrauenswürdig erwiesen, konnten Karriere machen. Sie alle nahmen dem Herrscher wichtige Aufgaben ab und entlasteten ihn. Der König erhielt von nun an ein Gefolge, das aufgrund von Treueverpflichtungen seine Interessen vertrat. Mit diesem Gefolge wurden die Grundlagen für die spätere Entwicklung der Ritter, der Profikrieger des Herrschers, gelegt.

Da nicht alle Gemeinfreien oder Freien in den Dienstadel aufgenommen werden konnten, entwickelten sich bald neben den oft wohlhabenden Freien die sogenannten armen Freien. Es waren freie Bauern, deren Grundbesitz jedoch so gering war, daß sie keine Leibeigenen für sich beschäftigen konnten. Sie mußten ausschließlich für sich selbst und ihre Familie sorgen und fanden keine Zeit für politische Aktivitäten und Ränkespiele. Teilweise waren Freie sogar verarmt, weil sie durch ihre Treueverpflichtungen immer wieder in den Krieg ziehen mußten und deshalb ihren eigenen Hof vernachlässigt hatten. Freie mußten für den Kriegsdienst ihre Ausrüstung selbst finanzieren und erhielten keinen Sold. Jeder Feldzug bedeutete deshalb einen Verdienstausfall. Großgrundbesitzer waren von diesen Ausfällen weniger stark betroffen als kleine freie Bauern, denn die Großen besaßen für die Feldarbeit Leibeigene. Im Durchschnitt besaß ein freier Bauer etwa 30 bis 60 Hektar Land, von dem er im Normalfall gut leben konnte. Die Grundherren und ihre Vögte belegten ihn jedoch häufig mit ruinösen Abgaben, so daß er nicht selten gezwungen war, immer mehr Anteile seines Besitzes zu verkaufen, um den Ansprüchen der Obrigkeit zu genügen. Zuletzt konnte sein Land schließlich die Familie nicht mehr ernähren. Durch solche große Not konnten Freie zu Unfreien werden, so daß sich mit der Zeit der Anteil der Unfreien in der Bevölkerung erhöhte. Es gibt zahlreiche Berichte über arme Freie, die beispielsweise nach Mißernten kein Land mehr gegen Lebensmittel abtreten konnten und deshalb ihren Status als Freie verpfändeten. Um die Familie nicht verhungern zu lassen, traten sie als Unfreie und Leibeigene in den Dienst von Freien oder eines wohlhabenden Herrn.

Zwischen Unfreien und Sklaven gab es in den unteren Gesellschaftsschichten fließende Übergänge. Der Status des Sklaven ging noch auf die Antike zurück und hatte im

Frankenland römische Wurzeln. Ein Sklave war eine Sache und konnte von seinem Herrn auf Märkten verkauft werden. Es war sogar gestattet, einen Sklaven von seiner Ehefrau zu trennen und zu veräußern. Ein Sklave wurde im frühen Mittelalter überwiegend als Sklave geboren und war somit ein Kind von Sklaven. Nur ein glückliches Schicksal konnte ihn von diesem Los befreien. Zu Sklaven gemacht wurden meist männliche oder weibliche Kriegsgefangene sowie von Kriminellen entführte Personen. Ein Unfreier dagegen konnte, wie oben erwähnt, durchaus als Freier geboren worden sein. In den untersten sozialen Schichten unterschied sich der Lebensstil von Sklaven, Unfreien oder Freien oft nur geringfügig. Sklaven und Unfreie mußten sich widerstandslos von ihren Herrn verprügeln lassen und waren deren Willkür ausgesetzt. Tötete ein Herr einen Leibeigenen eines anderen Herrn, mußte er an diesen eine Strafe von etwa fünf Schafen zahlen.

Bekannt waren die Sklavenmärkte von Verdun und Prag. Die Republik Venedig verbot ihren Bürgern den lukrativen Sklavenhandel und machte ihn zu einem Staatsmonopol. In Verdun kauften arabische Händler aus dem Kalifat von Cordoba im heutigen Spanien gerne blonde Sklavinnen für ihre wohlhabenden Herren. Junge blonde Männer waren ebenfalls gefragt und wurden nach dem Kauf kastriert, damit sie in den Gemächern der Frauen von Cordoba als Diener eingesetzt werden konnten. Vom Sklavenmarkt im Prag berichtete ein arabischer Händler, daß dort die »Ware« klein und unansehnlich wäre. Kaiser Otto der Große brachte einmal von einem Feldzug im Osten eine ausgesucht hübsche Sklavin mit und legte sie seinem 15jährigen Sohn ins Bett, damit sie ihn zum Manne machen sollte. Später wurde die Sklavin sogar von dem Sohn schwanger und brachte einen Jungen zur Welt. Der mächtige Großvater akzeptierte das Kind und ernannte es zum Bischof.

Die große Mehrheit der mittelalterlichen Bevölkerung waren Unfreie mit Übergängen zu den Sklaven. Unfreie oder auch Leibeigene besaßen kein Grundeigentum, sondern bewirtschafteten den Besitz ihres Herrn, an den sie Abgaben zu

Germanische Wurzeln der Gesellschaftsordnung

Die mittelalterlichen Gesellschaften Europas wurden noch stark von ihren germanischen Wurzeln geprägt. Bereits in diesem Fundament gab es uralte und festgeschriebene Hierarchien, die auch später nicht in Frage gestellt wurden. An der Spitze der germanischen Gesellschaft stand der Adel, danach folgten die Gemeinfreien, die Minderfreien und zuletzt die Unfreien. Adelige ragten aus der Masse der Gemeinfreien heraus und hatten das Privileg, aus ihrem Kreis den König oder Herzog, aber auch andere herausragende Personen wie etwa Richter zu wählen. Es gab einen Geburtsadel, dessen Angehörige dank ihrer Geburt privilegiert waren, sowie einen Kriegsadel, der besonders tapferen Kämpfern offenstand und dem Gemeinfreien den Weg nach oben öffnen konnte. Die Gemeinfreien waren zahlenmäßig dem Adel weit überlegen und trugen die Hauptlasten der Gesellschaft. Sie versammelten sich regelmäßig zur Beratung, dem »Thing«, um gemeinsam abgestimmte Entscheidungen zu treffen. Nur mit ihrer Zustimmung konnte beispielsweise über Krieg und Frieden entschieden werden. Die Gemeinfreien stellten im Krieg die Soldaten, die von den Adeligen angeführt wurden. Die Minderfreien hatten im Vergleich zu ihnen bereits Rechte verloren und waren in der Hierarchie auf dem Weg nach unten. Ihre Meinung war bei wichtigen Entscheidungen nicht mehr gefragt. Unfreie schließlich waren ganz unten angekommen. Es waren meist ehemalige Kriegsgefangene oder Gemeinfreie, die das Recht auf ihre Freiheit aus irgendwelchen Gründen verpfändet hatten. Der Name des Volksstamms der Franken, ein Zusammenschluß von verschiedenen Stämmen, bedeutete zum Beispiel »die Freien«.

Ein Gefühl für einen gemeinsamen Staat gab es unter den Germanen kaum. Sie sahen sich allein gegenüber einem von ihnen gewählten Führer verpflichtet und leisteten ihm Gefolgschaft. Diese persönliche Gefolgschaft verlangte von beiden Parteien eine wechselseitige Treue, die auf Gedeih und Verderb eingehalten werden mußte. Ein abstrakter Staat mit theoretischen Idealen hatte in ihrer Vorstellung keinen Platz. Von der Persönlichkeit des Führers hing es deshalb ab, ob so etwas wie ein Staat entstehen konnte.

leisten hatten. Sie waren an diesen Besitz gebunden und durften ihn ohne Zustimmung ihres Herrn nicht verlassen, sogar für eine Ehe benötigten sie seine Erlaubnis. Umstritten ist noch heute das berüchtigte »*Jus primae noctis*«, das Recht des Herrn auf die erste Nacht mit der frisch verheirateten Braut. Vermutlich wurde das Recht nur symbolisch wahrgenommen, und der Herr legte beispielsweise ein Bein in das Hochzeitsbett. Jungen unfreien Mädchen im heiratsfähigen Alter, die bereits einen Freund hatten, konnte es passieren, daß sie dem Herrn einen »Schürzenzins« zu entrichten hatten.

Unfreie besaßen außer ihrer Arbeitskraft meist nichts; wurden sie krank oder alt, waren sie vom Wohlwollen ihres Herrn, ihrer Angehörigen oder von kirchlichen Einrichtungen abhängig. Unfreie waren allerdings keine Sachen, sondern durften vor Gericht Klagen einreichen und als Zeugen auftreten. Im Kriegsfall mußten Unfreie

> Beim Frondienst *besserten Leibeigene z. B. Straßen aus.*

auch als Fußsoldaten Militärdienst leisten, was Sklaven verboten war. Tapfere Unfreie, die sich im Kampf bewährt hatten, konnten sogar zu Ministerialen ernannt werden und standen damit noch oberhalb der gewöhnlichen Freien. Über den königlichen Hof oder das Militär konnte es somit einem Unfreien gelingen, den Status eines Freien zu erreichen.

Der Grundbesitz eines Herrn war meist dreigeteilt und bestand erstens aus dem Herrenland, das Unfreie für ihn bearbeiteten, zweitens aus den zahlreichen Höfen, die er jeweils gegen Abgaben seinen Unfreien zur Verfügung stellte, und drittens aus gemeinsam von ihm und den Bauern genutzten Ländereien – Weideland, Fischteichen oder Wäldern – die ebenfalls sein Eigentum waren. Adelige vom Stand der Grafen besaßen Ländereien mit einer Größe von etwa 4000 Hektar oder sogar noch mehr und beschäftigten eine große Schar von Unfreien. Diese bestellten nicht nur die Felder, sondern waren auch in den Werkstätten ihrer Herrn tätig. Im Heer der Karolinger mußte ein Herr mindestens 12 Leibeigene besitzen, um zur prestigeträchtigen Reiterei zu gehören.

Für einen Freien waren Macht über viele Menschen und Grundbesitz ein Zeichen für den sozialen Statuts und Anerkennung in der Gemeinschaft. Außergewöhnlich reich waren oft Mitglieder des hohen Klerus wie etwa Bischöfe oder Äbte. Bei einer Synode, die im Jahre 816 in Aachen tagte, wurden die Kirchenherren in drei Gruppen unterteilt. Zur höchsten Gruppe gehörten Kirchenherren, die über 3000 bis 8000 Leibeigene verfügen konnten. Die kleineren Kirchenherren besaßen immerhin noch 200 bis 300 Leibeigene pro Person. Im Durchschnitt rechnete man für jeden leibeigenen Bauern mit etwa 10 Hektar Land, so daß die Oberschicht über gewaltige Ländereien herrschen konnte. Auf heutige Verhältnisse übertragen wären große Landkreise und ganze Städte mitsamt der Einwohner im Privatbesitz eines solchen Herrn gewesen.

LEHNSHERREN UND VASALLEN

Am Beginn des Mittelalters funktionierte die Wirtschaft noch nicht auf der Grundlage von Geld, sondern von Naturalien. Es herrschte ein reger Tauschhandel. Bezahlt wurden Leistungen mit landwirtschaftlichen oder handwerklichen Erzeugnissen oder mit der eigenen Arbeitskraft: ein Schaf gegen eine Axt, ein Tag Feldarbeit gegen zwei Strang Wolle, etc. Um seinen Dienstadel und andere verdiente Mitglieder seines Gefolges zu entlohnen und an sich zu binden, verteilte der König an die Leute seines Gefolges »Lehen«. Das Lehen entsprach einem Stück Land, das der Lehnsnehmer entweder selbst bestellen oder bestellen lassen konnte und dessen Erträge ihm zuflossen. Der Herrscher wurde zu einem Lehnsherrn, der seinen Leuten durch Verleihungen oder Übertragungen von Gütern den Lebensunterhalt sicherte. Eine regelmäßige Entlohnung durch Geld war nicht üblich, und höchstens Edelmetalle wurden gehortet. Die Erträge aus Landübertragungen garantierten deshalb ein regelmäßiges »Gehalt« und sicherten das Auskommen.

Die Verleihung eines Lehens war ein feierlicher Augenblick. Der Lehnsnehmer schwor kniend und unbewaffnet in die Hände des Lehnsherrn einen heiligen Eid, in dem er ihm Treue und Schutz versprach; er huldigte seinem Herrn. Als Zeugen wurden die Bibel und besonders verehrte Reliquien angerufen. Außerdem verpflichtete sich der Lehnsnehmer, seinem Lehnsherrn bei kriegerischen Auseinandersetzungen Kämpfer zu stellen. Symbolisch erhielt er zur Besiegelung des Lehens eine Handvoll Erde aus seinem neuen Besitz oder einen Zweig, daneben noch Zeichen der Herrschaft wie Schwert, Ring oder Hut. Bei einem Fahnenlehen wurde eine Fahne an einem Speer befestigt und damit sogar ein Fürstentum übergeben. Das Lehen war wechselseitig bindend; der Lehnsherr gewann einen treu ergebenen Vasallen, der ihm verpflichtet war, und der Lehnsnehmer Landbesitz mit allen damit verbundenen Rechten bis hin zum Prägen von Münzen und der Erlaubnis, Zoll zu erheben, was besonders im Spätmittelalter an Bedeutung gewann. Gegenstand eines Lehens konnte ein kleines Stück Land bis hin zu einem großen Herzogtum sein. Am Anfang war ein Lehen noch nicht erblich. Starb der Lehnsnehmer (Mannfall) oder starb der Lehnsherr (Herrenfall) mußte deshalb um eine Erneuerung des Lehens nachgesucht werden. Nicht jeder war würdig, ein Lehen zu erhalten. Aus dem Gefolge des Königs wurde deshalb eine strenge Auswahl getroffen, denn ein möglicher Lehnsnehmer mußte vor allen Dingen im Vollbesitz seiner Ehre sein. Geächtete waren absolut lehensunwürdig, ebenso Stadtbürger oder niedere Geistliche.

Mit der Zeit richteten sich die Lehnsnehmer und ihre Familien auf den Lehen häuslich ein, das Lehen wurde erblich und endete nicht mehr mit dem Tod des Lehnsherrn oder des Lehnsnehmers. Wegen dieser Erblichkeit konnte der Herr seinen Vasallen nicht mehr bestrafen und ihm das Lehen entziehen, was die Zentralgewalt des Reiches deutlich schwächte. Ein Lehen ging nach dem Tod des Lehnsnehmers zunächst nur auf die männlichen Nachkommen über, später allerdings auch auf Frauen oder Verwandten aus Seitenlinien. Das Lehen garantierte Prestige und die Zugehörigkeit zur Oberschicht. Jede Familie war bemüht, es so lange wie möglich zu behalten. Ein Lehen wurde allerdings auch manchmal ohne Rückfrage beim Lehnsherrn verkauft. Verschiedene Dokumente zur Übergabe eines Lehens sind noch erhalten. Das älteste geht auf den Normannen Wilhelm den Eroberer nach der Besetzung von England zurück; er übergab damals einem seiner Ritter für geleistete Dienste feierlich ein Lehen.

Im Mittelalter gab es eine Lehenspyramide, denn große Lehen wurden wieder in kleinere aufgeteilt und weitervergeben. So war jeder Herr wieder Vasall eines anderen Herrn. Allein der König an der Spitze der Pyramide war ein uneingeschränkter Herr.

Vom König stammten die Lehen der Fürsten, Grafen und der hohen Geistlichkeit. Es waren große Ländereien, die einen hohen sozialen Stellenwert sicherten. Diese hohen Vasallen vergaben nun selbst wieder kleinere Lehen an ihre Unter-Vasallen; es waren die Ritter sowie die Dienstmannen oder auch Ministerialen. Ritter waren Berufskrieger, die sich ständig für ihren Lehnsherrn kampfbereit hielten. Dienstmannen dagegen erfüllten mehr eine Verwaltungsfunktion mit Hoheitsaufgaben, vergleichbar einem modernen Beamten. Den Boden der Lehenspyramide bildete das Volk, meist Unfreie oder sogar Sklaven, die alles herstellten, was zur Versorgung der Vasallen und ihrer Unter-Vasallen nötig war. Das eigentliche Vermögen eines Lehnsnehmers waren deshalb seine Leibeigenen.

Ausrüstung und Ausbildung eines Ritters waren recht teuer, so daß vermutlich die Erträge aus einem Besitz von etwa 150 Hektar notwendig waren, um die Bedürfnisse eines Ritters zufriedenzustellen. Diese Erträge waren sein »Gehalt«. Eine mittelgroße Grafschaft bestand meist aus 200 bis 250 Dörfern mit dem dazugehörenden Grundbesitz. Seinem eigenen Lehnsherrn stellte der Graf bei Auseinandersetzungen durchschnittlich 150 bis 200 Ritter zur Verfügung, so daß mindestens ein Dorf für den Unterhalt eines Ritters zu sorgen hatte und von ihm auch entsprechend bewirtschaftet oder ausgebeutet wurde. Ritterheere waren meist nicht sehr groß, dafür aber aufgrund des hohen Ausbildungsstandards der Kämpfer sehr durchsetzungsfähig und Fußsoldaten überlegen.

DIE FEUDALGESELLSCHAFT

Aus dem Lehnswesen entwickelte sich die typisch mittelalterliche Feudalgesellschaft. Jede Feudalgesellschaft ist streng in Schichten aufgeteilt und in ihren Abgrenzungen für den einzelnen nahezu undurchlässig. Grundbesitz und eine große Gefolgschaft gelten als Zeichen von Macht, Position und Einfluß. An der Spitze steht der König, der in der Regel vom Geburtsadel gewählt wird. In Deutschland hatte der König noch die Möglichkeit, sich vom Papst zum Kaiser krönen zu lassen. Neben den Geburtsadel gab es einen Dienstadel mit fließenden Übergängen zwischen beiden. Allerdings versuchte sich der Geburtsadel gegen Emporkömmlinge aus dem Dienstadel zu sperren.

Der König und seine Vasallen bilden stets die Spitze der Gesellschaft, sie besitzen Privilegien und zeichnen sich gegenüber den unteren Schichten durch ein herrschaftliches Leben aus – doch nicht alle von ihnen haben ein »feudales Leben« im heutigen Sinne des Wortes. Sie bestimmen die Politik und das Schicksal der Gesellschaft. Durch die Vergabe von Lehen wird entschieden, wer in einer Feudalgesellschaft das Sagen hat und wer nicht. Treuebeziehungen sowie ein besonderer Verhaltenscodex halten die Oberschicht zusammen, und ein Treuebruch gilt in einem Feudalstaat als eines der schwersten Verbrechen überhaupt. Zu den niederen Schichten, den Untertanen, halten die oberen Schichten der Feudalgesellschaften in der Regel Distanz. Sie grenzen sich nicht nur durch Bestimmungen und Verordnungen, sondern selbst durch besondere Sitten und Umgangsformen gezielt vom normalen Freien oder Unfreien ab. Schon an der Kleidung und Frisur eines Unbekannten konnten Unfreie erkennen, wen sie vor sich hatten und wem sie Respekt zollen mußten. Auch wenn ein Unfreier wohlhabend gewesen wäre, er hätte eine solche Kleidung niemals tragen dürfen. Wichtig sind schließlich noch Rituale, wie die Verleihung eines Lehens oder der Ritterschlag, die den Angehörigen der Oberschicht zeigten, daß sie zusammengehörten, und die halfen, sich gleichzeitig nach unten abzugrenzen. Nach manchen Statistiken waren im Mittelalter in Deutschland etwa drei Prozent der Bevölkerung adelig, sie dominierten das ganze Land und teilten sich alle Macht.

Den Untertanen kommen in der Feudalgesellschaft keine politischen Funktionen zu, obwohl sie durch ihre Arbeitskraft den Staat unterhalten.

Im 11. Jahrhundert begannen die Burgbesitzer, die Feudalgesellschaft immer stärker zu beeinflussen. Wer eine Burg besaß, hatte das umgebende Land und manche Handelswege unter Kontrolle. Die Burg war in dieser Zeit nicht mehr ausschließlich ein militärischer Stützpunkt, sondern entwickelte sich auch zu einem Verwaltungs- und Wirtschaftszentrum sowie zu einem kulturellen Mittelpunkt. Soziale Leistungen erbrachte ein Ritter durch das Ethos seines Standes und den versprochenen Schutz für Schwache sowie Witwen und Waisen. Menschen siedelten im Schutz der Burgen. Auf der Burg des Lehnsherrn wurden oft auch die Söhne der Vasallen zu Rittern ausgebildet, und über diese Söhne konnte der Lehnsherr seine Vasallen kontrollieren.

In Deutschland stellte der König und Kaiser seine Macht unter Beweis, indem er ständig umherreiste und bei den Fürsten Präsenz zeigte. Eine Hauptstadt mit einem Machtzentrum gab es nicht. Das Reich als ganzes wurde vom Pferdesattel aus regiert. Dieser Umstand hatte zuletzt zur Folge, daß Deutschland in zahlreiche feudale Kleinstaaten zerfiel. In England und Frankreich dagegen gab es einen starken Zentralismus, und London beziehungsweise Paris wurden zu Machtzentren eines feudalen Großstaates.

Der Feudalstaat bildete die Vorstufe des späteren Ständestaates mit seiner Aristokratie, den bürgerlichen Schichten sowie den Arbeitern. Neben dem Grundbesitz verlieh im Ständestaat auch noch der Geldbesitz Macht und Einfluß. Feudalgesellschaften waren nicht nur in Europa, sondern auch in China, Japan, dem Orient und bei den altamerikanischen Hochkulturen bekannt. Manche afrikanischen Stammeskulturen sind noch heute feudal organisiert.

ALLTAGSLEBEN DER BEVÖLKERUNG

Die große Mehrheit der mittelalterlichen Bevölkerung war bäuerlich geprägt. Weit mehr als drei Viertel, nach manchen Statistiken sogar rund 90 Prozent aller Menschen, die vor rund 1000 Jahren auf dem Gebiet des heutigen Deutschland lebten, gehörten zur Landbevölkerung. Es waren meist leibeigene Bauern, die einem Fronherrn wie beispielsweise einem Ritter Abgaben zu leisten hatten. Sie sicherten ihrem Herrn den standesgemäßen Unterhalt und wurden dafür mehr oder weniger gut von ihm beschützt. Außerdem durften sie einen kleinen Teil seines Grundbesitzes für die eigene Landwirtschaft nutzen. Warum ein Bauer leibeigen war, wußte er selbst meist nicht. Es war sein Schicksal, er wurde in diese Lage hineingeboren und konnte sie kaum ändern. Über ihn wurde kaum etwas schriftlich festgehalten, und sogar sein Alter war ihm selten bekannt. Er richtete sein Leben nach dem Wechsel der Jahreszeiten ein, und Eckpunkte seines Lebenslaufes waren Mißernten, Todesfälle oder Kriege und Überfälle im Dorf. Ansonsten verlief sein Leben eintönig und wurde nur manchmal durch Feiertage oder Feste unterbrochen. Heimlich beneidete er oft die Menschen der Stadt, denn die waren frei.

An festgelegten Tagen arbeitete der Bauer nicht für sich selbst, sondern ausschließlich für seinen Herrn auf einem der Herrenhöfe; dies hieß Frondienst (vom alten Wort *Fron* für »Herr«). Sein Herr konnte über seine Arbeitskraft frei verfügen. Wurde etwa die Zahl der Familien seiner Leibeigenen zu groß, konnte der Grundherr einige von ihnen in die Wildnis schicken, um neues Ackerland zu gewinnen. Dann wurden Wälder gerodet, Sümpfe trockengelegt und auch neue Dörfer gegründet. Ortschaften, deren Namen auf -reut, -rath, -rode, -brand, -schlag oder -hau enden, entstanden meist im Rahmen solcher Arbeitsprogramme zur Landbeschaffung, an denen sich die Familien der Leibeigenen beteiligen mußten. Grundherren mit sehr viel Besitz kümmerten sich oft nicht selbst um ihre Ländereien, sondern beschäftigten einen Verwalter, den sogenannten Meier oder Vogt, der das Land durch Bauern bewirtschaften ließ und sich selbst wie ein Herr aufführte.

BAUERN UND ANDERE BERUFE

Während der Zeit der Staufer ging es vielen Bauern besser als in den Jahrhunderten davor. Die Ursache lag in der zunehmenden Verbreitung von Geld als Zahlungsmittel. Leibeigene Bauern mußten ihren Herren nicht mehr Ernteerträge als Naturalien abliefern, sondern zahlten festgelegte Geldsummen. Jetzt konnten sie Teile ihrer Ernte auf eigene Rechnung in der Stadt verkaufen und verfügten sogar über Bargeld. Der Bauer lebte nicht ausschließlich von der Hand in den

Mund und konnte bei Mißernten hinzukaufen. Auch vom Frondienst konnte er sich unter Umständen freikaufen und damit seine Arbeitskraft selbst einplanen.

Neben den vielen Unfreien oder Hörigen gab es vor rund 1000 Jahren nur noch wenige freie Bauern, die Freibauernhöfe bewirtschaften durften. Sie waren keinem Herrn hörig, organisierten – oft auf dem Dorfplatz unter einer Linde – ihre eigene

> HANDWERKLICHE ARBEITEN *auf dem Land.*

Gerichtsbarkeit und durften sogar Waffen tragen. Solche Privilegien wurden gegenüber der Obrigkeit zäh verteidigt. Freie Bauern waren Relikte aus der Zeit der Völkerwanderung, und es gab sie noch in der Schweiz sowie in Tirol, in einigen Gegenden Schwabens, in Niedersachsen, bei den Friesen an der Nord- und Ostseeküste. In freien Reichsdörfern wie im Harmersbachtal im Schwarzwald unterstanden die Bauern sogar nur dem Kaiser, ähnlich wie in einer freien Reichsstadt. Dazu kamen in großer Zahl die freien Bauern in den neu erschlossenen Reichsgebieten im Osten, die durch ihre Arbeit als Neusiedler die Freiheit gewonnen hatten. In dem berühmten auf lateinisch verfaßten Bundesbrief der Schweizer Eidgenossenschaft von 1291 regelten die Eidgenossen genau ihre Rechte und Pflichten gegeneinander und sicherten sich Unterstützung bei Streitigkeiten zu. Sie archivierten Dokumente, um jederzeit ihre Herkunft als freie Bauern beweisen zu können. Bei freien Bauern ergab sich

> Bei der Feldarbeit *wurden Pferde mit dem Kummet eingesetzt.*

> Pferde und Rinder *genossen einen hohen Stellenwert.*

der Familienname häufig aus der Größe der bewirtschafteten Höfe. Beim Hübner oder Huber war der Besitz größer als etwa beim Lehner, der zumindest einen Teil seines Landes geliehen (als Lehen) hatte. Der Name konnte bei freien

Bauern ein Statussymbol sein und wurde deutlich hervorgehoben, um die eigene Stellung zu unterstreichen. Der Huber war schon wer, denn er besaß viele Felder, die man mit dem Flächenmaß der Hube oder Hufe maß.

Ansonsten entwickelte sich der Name oft aus dem Beruf. Ein Mann, der sich Schmied nannte, war der Schmied im Dorf und kein Amateur. Er war beste der Dorfschmiede, so daß die Leute wußten, wer gemeint war, wenn vom Schmied gesprochen wurde. Seine Kinder hießen dann »dem Schmied sein Otto« oder »dem Schmied seine Marie«. Noch heute gibt es in Deutschland Gegenden, wo im Alltag der Vorname hinter dem Familienname genannt wird. Aus dem Schmied entstanden dann die zahlreichen Variationen wie Schmitt, Schmidt oder Schmitz. Ein Schulze war angesehen, denn er war als Dorfschulze eine Art Bürgermeister, während ein Breuer für sein Dorf das Bier braute. Namen, die heute nach Prestige klingen, können früher ganz einfach gewesen sein. Ein Weizäcker etwa war ein Hilfsarbeiter und sackte für den Müller den Weizen ein. Der Schubert schließlich war ein Flickschuster und kein feiner Schuhmacher. Vornamen entstanden manchmal zufällig und gingen nicht immer auf einen Heiligen oder die germanische Tradition zurück. Pippin der Kurze, einer der Herrscher der Karolinger, schwängerte nicht nur die eigene Ehefrau, sondern auch, falls die Ehefrau und ihre Kinder sterben sollten, »Reservefrauen«. Einmal erfuhr er, daß ihm eine solche Frau einen Kerl, einen Jungen, geboren hatte. Der Name gefiel ihm, und er nannte den Sohn einfach Kerl, woraus schließlich Karl wurde. Dieser Sohn Karl war später als Heerführer Karl Martell (der Beiname bedeutet »Hammer«) sehr erfolgreich, so daß sein Name in ganz Europa einen guten Klang hatte und in verschiedenen Abwandlungen verwendet wurde.

Waren freie Bauern durch harte Arbeit schließlich wohlhabend geworden, gab es bald Neider. Vermögende und kultivierte Bauern paßten nicht in die Vorstellungswelt der Oberschicht. Der Theologe Jacob Wimpfeling notiert im 15. Jahrhundert seine Beobachtungen aus dem Unterelsaß: »Durch Reichtum sind die Bauern in unserer Gegend und in manchen Teilen Deutschlands üppig und übermütig geworden. Ich kenne Bauern, die bei der Hochzeit von Söhnen oder Töchtern oder bei Kindstaufen so viel Aufwand machen, daß man dafür ein Haus und ein kleines Ackergütchen nebst einem kleinen Weinberg kaufen könnte. Sie sind in ihrem Reichtum oft wahrhaft verschwenderisch in Nahrung und Kleidung und trinken kostbare Weine ...«

ALLTAG DER LEIBEIGENEN BAUERN

Das Leben der leibeigenen Bauern war weitaus beschwerlicher als das ihrer freien Kollegen; sie konnten die Hochzeiten ihrer Kinder nicht im Luxus feiern. Leibeigene Bauern lebten mit ihren Familien in kleinen Dörfern und bewohnten einfachste Hütten, die nur entfernt an die Häuser von freien Bauern erinnerten. Die

Wände ihrer Hütten bestanden meist nur aus Holzpfählen, die in den Boden gerammt wurden. Zwischen diesen Pfählen befand sich ein Geflecht aus dünnen Zweigen, das mit Lehm verputzt und abgedichtet wurde. Das deutsche Wort »Wand« stammt aus dieser Zeit und bedeutet das Winden der Zweige zum Auffüllen von Zwischenräumen an der Hauswand. Das Satteldach dieser kleinen Hütten war mit Stroh, Schilf oder einfach Torf bedeckt, Ziegeln leisteten sich nur die Reicheren. Es gab winzige Fenster, die mit der Haut aus Tierblasen oder fettgetränkten Stoffen verblendet wurden, damit ein wenig Helligkeit einfallen konnte. Die Tür war aus groben Brettern gezimmert und hing an Lederriemen statt an einer Angel aus teurem Metall. Der Fußboden beschränkte sich auf festgestampften Lehm. Als Möbel dienten eine oder zwei Holzkisten mit der Funktion von Truhen, ein Tisch sowie mehrere Schemel oder Bänke. Zum Schlafen legten der Bauer und seine Ehefrau Bretter auf den Lehmboden und bedeckten sie mit Strohsäcken. Für die meist zahlreichen Kinder mußte aufgeschüttetes Stroh genügen. Tierfelle dienten für alle als Bettdecken. Die Familie lebte in einem einzigen Raum und sammelte sich an kalten Tagen gerne um die zentrale offene Feuerstelle aus Lehm. Mit diesem Feuer wurde sowohl gekocht als auch geheizt. Im Winter konnte die Hütte selten angenehm warm gehalten werden. Mahlzeiten wurden von der Hausfrau höchstens zweimal am Tag serviert, eine am Morgen und die andere am Abend. Nur reiche Grundbesitzer konnten sich Töpfe aus Metall leisten. Bauern kochten gewöhnlich in einfachen Tontöpfen und aßen mit Holzgeschirr. Kamine hatten die Hütten nicht, der Rauch zog durch eine kleine Öffnung im Dach, die Eulenloch genannt wurde, ab. Meist war die Luft schlecht und stikkig, denn der Rauch hielt sich lange im Raum. Eine Redensart aus dem 11. Jahrhundert faßte die drei schlimmsten Dinge in einem Haus zusammen und sprach von einem undichten Dach, einem bösen Weib und dem ständigen Rauch. Die Lebensdauer der Hütten war nicht sehr lang. Bodennässe, Frost und Fäulnis setzten ihnen arg zu, so daß sich meist jede Generation eine neue Hütte bauen mußte. Nur wohlhabende Bauern leisteten sich Blockhäuser aus Baumstämmen und legten den Fußboden mit Holzdielen aus.

Unter einem Dach mit den Menschen lebte auch das Vieh, dazu gab es noch Ecken für Werkzeuge und landwirtschaftliche Geräte, Geschirr hing an den Wänden. Im Winter war es sogar angenehm, wenn die Tiere mit ihrer Körperwärme beim Heizen halfen. Lag schwerer Schnee auf dem Dach oder rüttelte der Wind an den Wänden, sorgte das Vieh mit seinem Brummen und Schnauben für Geborgenheit. Um diese Jahreszeit blieb sogar Zeit für Festlichkeiten, denn die Felder konnten nicht bestellt werden. Pferde und Rinder genossen einen hohen Stellenwert und waren für den Bauern ein Schatz. Sie erhielten oft eigene Namen, die Familie sprach mit ihnen, und manche Kuh hieß Goldhörnchen, Frühwach, Bunte oder auch Himmelsschnarcherin. Rauch, Gestank und verbrauchte Luft störten wenig. An intensiven Körpergeruch waren die Menschen gewöhnt, und er förderte für sie sogar das Gemeinschaftsgefühl.

TAGESABLAUF UND KLEIDUNG DER BAUERN

Aufgestanden wurde am frühen Morgen mit der ersten Helligkeit. Oft zwickte vorher schon das Ungeziefer, denn es gab Läuse, Wanzen und Flöhe. Auch Ratten schlichen sich ein und übertrugen Seuchen. Meist schlief die Familie unbekleidet; war es kalt, mußte ein einfaches Leinenhemd genügen, das auch tagsüber getragen wurde. Über dieses Hemd zog der Bauer nach dem Aufstehen einen schlichten Kittel mit Schlitzen an der Hüfte, dazu trug er eine Wollhose, die bis zum Knöchel reichte. Im Winter warf er noch schnell einen ärmellosen Mantel, der wie ein Poncho geschnitten war, über den Oberkörper. Für Frauen waren die Kleider lang und faltenreich, sie wurden mit einem einfachen Gürtel zusammengehalten. Unterwäsche war nicht üblich, und gebadet wurde, wenn überhaupt, erst nach der Arbeit im Fluß oder Bach. Bei Frost wurde eilig noch eine Decke um den Körper geschlungen. Sehr arme Leute wickelten sich bei einer mangelhaften Bekleidung noch Lappen um die Arme und Beine. Als Kopfbedeckung dienten gestrickte oder aus Filz gefertigte Kappen, die bei wohlhabenden Bauern noch mit Leder verfeinert wurden. Die Farbe der Kleidung war dunkel und überwiegend grau oder braun. Bunte Kleidungsstücke durften weder der Bauer noch seine Familienangehörigen besitzen, sie waren ausschließlich dem Adel vorbehalten. Feine Schuhe wie bei den Herren gab es bei den Bauern nicht, meist standen der Familie nur einfache Holzschuhe zur Verfügung. Höchstens der Bauer besaß noch hohe massive Lederschuhe, die über den Knöcheln gebunden wurden und die er bei der Feldarbeit trug. Auch für den Haarschnitt mußten sich die Leibeigenen an Vorschriften halten, denn der Bauer durfte auf keinen Fall wie ein Edelmann aussehen. Seine kaum gepflegten Haare waren kurz und wurden in Höhe der Ohren rigoros abgeschnitten, so daß die gesamte Frisur einem Topf glich. Die unverheiratete Frau dagegen trug das lange Haar offen oder zu einem Zopf geflochten, wenn sie heiratete, kam sie »unter die Haube«, das heißt, sie trug von nun an Kopftuch oder Haube. Lange Haare mit einer eleganten Frisur waren ebenfalls ein Vorrecht des Adels.

Herzog Otto von Bayern sorgte sich, daß Bauern mit Angehörigen seines Standes verwechselt werden könnten, und verfügte im »Bayerischen Landfrieden« von 1244: »Die Bauern wie ihre Söhne sollen das Haar bis zu den Ohren abschneiden. Sie dürfen Panzer, Eisenhut, Koller, Joppen von feinerem Gewebe, ein lateinisches Messer, irgendeinen Kettenpanzer und kriegerischen Schmuck nur noch zum Kirchgang tragen. ... Ebenso sollen sie keine vornehmere Kleidung als graue und billige und nur rindlederne Schuhe tragen, mit Ausnahme derer, die das angestammte Amt eines Herrn innehaben ...« Das alltägliche Leben der

Bauern interessierte somit ihre Herren bis ins Detail, und es wurden genaue Verhaltensregeln vorgeschrieben, Abweichungen wurden nicht geduldet. Der Adel und sogar die Stadtbürger sahen in den Bauern nur dumme und wenig kultivierte Menschen. Ein leibeigener Bauer stand in der Gesellschaft ganz unten und wurde stets als schmutzig, ungeschlacht und gefräßig beschrieben. Über ihn durfte sich jeder lustig machen, und sich über ihn zu erheben war ein Zeichen für gehobene gesellschaftliche Stellung. In den beliebten Fastnachtsspielen am Beginn der Fastenzeit verkörperte der Bauer gewöhnlich die Rolle des Trottels und Tölpels, er hieß zum Beispiel Heinz Mist oder Michael Nasenstank. Junge Ritter sangen über ihn: »Erwisch ihn bei dem Kragen, erfreu das Herz dein, nimm, was er habe, spann aus die Pferde sein ...«

BAUER GEGEN RITTER

Sogar ein freier Bauer, der akzeptiert wurde und nicht von vornherein kuschen mußte, hatte vor Gericht schlechte Karten, wenn er mit einem Ritter in Streit geriet. Im »Landfriedensgesetz« des Stauferkönigs Friedrich I. Barbarossa von 1152 steht geschrieben: »Klagt ein Bauer einen Ritter des Friedensbruches an, so soll der Ritter mit eigener Hand schwören, daß er nicht absichtlich, sondern in Notwehr gehandelt hat, und den Reinigungseid mit vier Eidhelfern beschwören. Wenn ein Ritter einen Bauern des Friedensbruches anklagt, muß dieser mit eigener Hand schwören, daß er in Notwehr gehandelt hat, und dann durch sieben vom Richter ausgewählte Zeugen sich reinigen.« Ein beklagter Ritter mußte also nur vier Zeugen finden, die sein Verhalten vor dem Richter rechtfertigten, was bei der großen Schar der von ihm abhängigen Menschen kein Problem war. Der Bauer aber bekam nur Recht, wenn sieben Zeugen, die das Gericht selbst ausgewählt hatte, zu seinen Gunsten aussagten. Dank seines Standes und seiner Beziehungen war es für den Ritter nicht schwer, sowohl das Gericht als auch die Zeugen zu beeinflussen, und schon hatte er gewonnen. War kein Urteil möglich, konnte der Richter ein sogenanntes Gottesurteil beschließen. Der Bauer mußte sich dann dem Ritter zum Zweikampf stellen, und wer überlebte, war unschuldig. Das Ergebnis stand bei einer solchen Entscheidung von vornherein fest. Der Ritter war im Zweikampf geübt und ständig im Training, der leibeigene Bauer aber durfte noch nicht einmal Waffen tragen. War der Ritter bereits alt und der Bauer noch jung und kräftig, so daß der Ausgang des Kampfes tatsächlich ungewiß war, gab es für den Ritter dennoch einen eleganten Ausweg. Er konnte einen Kampf mit einem Bauern ablehnen, weil der Gegner für ihn nicht standesgemäß war.

ERNÄHRUNG DER BAUERN

Zahlreiche Verhaltensweisen der Bauern ergaben sich aus ihren schwierigen Lebensumständen. Sie waren aus der Not heraus gefräßig, denn stets mußte mit Nahrungsengpässen

> Die bäuerlichen Mahlzeiten *waren oft recht einfach.*

gerechnet werden. Stand einmal viel Essen auf dem Tisch, wurde deshalb sofort tüchtig zugegriffen. Bei den leibeigenen Bauern war die Ernährungslage besonders schwierig, denn stets konnte sein Herr die besten Stücke von ihm verlangen und das Vieh holen. Bäuerliche Mahlzeiten waren meist eintönig und die Zähne der Esser schlecht. Auf den Tisch kamen hauptsächlich Getreideprodukte, entweder als Brei oder als Brot. Die Qualität des Brotes sprach bereits für den Wohlstand der Familie, denn ärmere Leute mußten dem Teig Füllmasse geben und fügten noch Dinkel, Hafer oder Buchweizen hinzu. Gesüßt wurde mit Honig und gewürzt mit Kräutern. Herrschten Hungersnöte, wurden auch Baumrinden, Eicheln und Unkrautsamen zu Brot gebakken und sogar Frösche und Spatzen nicht verschmäht. Katzen wurden in Dachhasen umgetauft und rasch verzehrt. Zu den in großen Mengen gegessenen Getreideprodukten gab es noch Hülsenfrüchte, Zwiebeln sowie Kohl und Rüben, manchmal wurde dazu auch einfaches Obst serviert. Beliebt waren kräftige Suppen, die mehr einem Brei glichen. Getrunken wurden Wasser und Milch sowie selbst gebrautes Bier und in einzelnen Gegenden noch Wein. Fleisch kam selten auf den Tisch und stammte dann oft vom Geflügel oder Fisch. Wild war absolutes Tabu, denn das Jagdrecht lag ausschließlich beim

Adel. Sogar Wild, das ein Bauer verendet im Wald auffand, durfte er nicht anrühren. Wurde ein Bauer beim Wildern erwischt, erging es ihm schlecht. Etwa einmal im Jahr schlachteten die Bauern im Herbst oder Winter ein Schwein und konservierten das Fleisch im Rauch sowie mit Salz. Dann war die Zeit der bescheidenen Feste angebrochen. Nachbarn luden sich gegenseitig ein, denn die Würste waren nicht lange haltbar und mußten bald gegessen werden. Ochsen wurden als Zugtiere seltener geschlachtet. Nur wenn sie alt waren und ihr Fleisch bereits zäh war, mußten sie die Axt des Schlachters fürchten. Schafe dienten mehr als Wollieferanten und nicht als Schlachtvieh. Pferdefleisch zu essen war von der Kirche verboten worden, da es im Alten Testament als unrein bezeichnet wurde und außerdem zu heidnischen Opferfeiern gebraucht worden war. Häufig war trotz des eigenen Anbaus die Ernährung der Bauern unzureichend und einseitig. Jederzeit konnte ihnen das Wetter alle Planungen zunichte machen. Sie waren oft krank, konnten Krankheiten aber nur selten auskurieren und zählten zu den ersten Opfern von Seuchen. Die mageren Erträge der Landwirtschaft reichten für viele Familien nicht aus. Im nordöstlichen Teil von Frankreich galten im 13. Jahrhundert etwa 15 Prozent der Bevölkerung als Bettler.

Die Ehefrauen der Bauern halfen nicht nur bei der Feldarbeit, sondern mußten zuhause auch das Herdfeuer betreuen, Vorräte anlegen oder Wolle spinnen und Leinen weben. Sie leisteten viel und waren dazu meist noch schwanger. Wegen der oft schlechten gesundheitlichen Situation und der mangelhaften hygienischen Verhältnisse starben viele von ihnen bei oder nach der Geburt. Hebammen konnten sich die leibeigenen Bäuerinnen selten leisten, meist halfen ihnen Nachbarinnen bei der Geburt. Mancher Bauer wurde wegen der hohen Müttersterblichkeit schnell Witwer, was seinem Haushalt Probleme bereitete.

KINDER DER BAUERN

Auch die Kindersterblichkeit war sehr hoch, denn rund 60 Prozent der Kinder starben vor dem fünften Lebensjahr. Der Kindersegen war nicht immer willkommen, sondern bereitete auch Sorgen, denn viele Eltern hatten vorher schon Kinder zu Grabe getragen. Dennoch waren Kinder als Helfer und Arbeiter erwünscht. Eine sorglose Kindheit gab es nicht. Die Gänseliesel, die das Federvieh hütete, war vielleicht fünf Jahre alt, und der Schweinehirt, der die Tiere zur Eichelmast in den Wald trieb, häufig erst zehn. Mit rund zwölf Jahren galt ein Kind bereits als erwachsen. Kinderarbeit war normal, und die Kleinsten mußten bereits im Wald nach Pilzen, Beeren und anderen eßbaren Dingen suchen. Geprügelt wurde in vielen Familien hemmungslos, denn die Bibel lehrte, daß, wer sein Kind liebt, es auch züchtigen muß. Das Märchen von Hänsel und Gretel könnte auf Kinder zurückgehen, die von ihren Eltern im Wald ausgesetzt wurden, weil es nicht mehr genügend zu essen gab. Manchmal verkauften Eltern sogar ihre Kinder.

Da die Kinder nicht zur Schule gingen, war ihre Arbeit in der Familie zugleich ihre Lehrzeit, um in den Beruf der Eltern hineinzuwachsen. Die Möglichkeit, einen anderen Beruf zu ergreifen, gab es kaum. Neben der Arbeitszeit hatten die Kinder jedoch auch viel freie Zeit, denn die Eltern waren zu sehr mit der eigenen Arbeit beschäftigt, um sie streng zu beaufsichtigen. Da die Zahl der Geschwister meist groß war, erzogen sich die Kinder gegenseitig. Kinder spielten mit den Tieren der Bauern, mit Stoffpuppen, Kreiseln und Murmeln oder benutzten Schweinsblasen auf ähnliche Weise wie heute Luftballons.

HANDEL UND STÄDTE

Zum Handel und den Städten hatten Ritter ein gespaltenes Verhältnis. Einerseits versuchten sie, auf ihrem Lehen völlig eigenständig zu bleiben, um uneingeschränkt zu herrschen, andererseits aber waren sie auf den Handel und die Städte angewiesen. In den Städten wohnten alle wichtigen Handwerker, deren Produkte ein Ritter benötigte. Städte waren Marktorte, und in den Städten verkauften Händler ihre Waren. Alle kostbaren Gewürze für die Festessen und die wertvollen Stoffe für die Edelfrauen konnten nur in der Stadt gekauft werden. Reisende Händler, die manchmal die Burgen besuchten, hatten nicht das breite Sortiment der städtischen Warenlager. Es waren mehr Hausierer, die Kleinigkeiten wie Nadeln, Garne oder Tücher anboten.

Auf dem flachen Land waren in der Regel nur die Ritter und die Mitglieder ihrer Familie freie Menschen im modernen Sinn. Sie konnten sich uneingeschränkt bewegen und von Fremden sogar Zölle erheben. Von den Wagenkolonnen der Händler verlangten Ritter ein Wegegeld, wenn sie über ihr Gebiet fuhren. Als Gegenleistung sicherten sie ihnen Schutz vor Überfällen zu. Es gab Gerüchte, daß die mittelalterlichen Straßen vielleicht nur deshalb so schlecht waren, weil alle Waren, die von einem Wagen fielen, dem Herrn des Bodens gehörten. Hatten Wagen Achsenbrüche, mußten sie repariert werden, bevor der Ritter kam. Schlimm stand es um einen Kaufmann, wenn er über ein Gebiet fuhr, dessen Herr gerade mit seinem Herrn in Fehde lag. Im schlimmsten Fall konnte er zum Sündenbock werden und alle seine Waren verlieren – oder noch mehr: Graf Raimund von Saint-Gilles befand sich im Jahre 1188 mit König Richard Löwenherz in einer Fehde, als die Kriegsknechte auf seinem Gebiet Kaufleute des Königs erwischten. Der Graf ließ alle Waren konfiszieren und die Kaufleute kastrieren.

An jedem Marktort mußten die Kaufleute ihren sogenannten Frieden erkaufen; sie zahlten an die Stadt eine bestimmte Summe und durften dann ihre Waren anbieten. Große Städte führten Listen mit Kaufleuten, die nicht ihre Bürger waren, aber bei Märkten auf ihrem Stadtgebiet verkaufen durften. Große Turniere

> Auf dem Markt *in der Stadt konnten Ritter ihre Produkte absetzen.*

wurden häufig mit einem Markt verbunden, um sie für Besucher noch attraktiver zu machen. Manche Ritter besaßen in Städten sogar eigene Häuser, um ständig präsent zu sein.

Nach einer Phase der dünnen Besiedlung entstanden im Mittelalter immer mehr Städte, die man sich jedoch wesentlich kleiner vorstellen muß als heutige Städte. Im Durchschnitt wohnten in einer deutschen Stadt zwischen 2000 und 5000 Menschen. Zahlreiche andere deutsche Orte mit Stadtrecht hatten noch nicht einmal 1000 Einwohner. Selbst im Spätmittelalter lebten nur in wenigen großen Städten wie Venedig, Florenz oder Genua und außerhalb von Italien in Paris um die 100 000 Einwohner. Die größte deutsche Stadt war Köln. Im Spätmittelalter wohnten dort etwa 40 000 Menschen.

Ritter mußten sich irgendwie mit den Städten einigen, denn sie fanden dort auch einen Absatz für ihre eigenen landwirtschaftlichen Produkte und hatten Verdienstmöglichkeiten. Doch Stadtbürger waren freie Menschen, die nicht wie unfreie Bauern behandelt werden konnten. Für Ritter gab es in der Stadt keine Sonderrechte. Zwischen Stadt und Land schlug viel Neid und Mißgunst durch. Reiche Stadtbürger versuchten immer wieder, den Lebensstil der Ritter zu kopieren, was unter den edlen Herren Unmut erzeugte.

Zur Baseler Fastnacht kamen beispielsweise öfter junge Ritter in die Stadt, um mit den hübschen Töchtern der Bürger anzubändeln. Die jungen Schönen waren nicht abgeneigt, denn ein Ritter stellte schon einiges dar, konnte gut reden und war Damen gegenüber galant. Zu Vergewaltigungen während der Fastnacht kam es nie, denn die hübschen Töchter fügten sich freiwillig. Eifersüchtige Baseler Bürger waren jedoch über den Erfolg der Ritter bei ihren Frauen so erzürnt, daß sie im Jahre 1267 mehrere Ritter ermordeten, was später viel Ärger einbrachte.

Als Gegenreaktion zur wachsenden Macht der Städte und insbesondere der Kaufleute entwickelte sich mit der Zeit das Raubritterunwesen. Die Rivalität zwischen reichen Bürgern und teils verarmten, aber streitlustigen Rittern blieb aber nicht auf die Raubritter beschränkt. Oswald von Wolkenstein, südtiroler Ritter und Dichter aus dem Spätmittelalter, beschäftigte sich einmal in einem Streitgedicht mit der Überzeugung der Ritterschaft, etwas ganz besonderes zu sein. Dieses Elitedenken war als eine unerschütterliche Überzeugung den Rittern in Fleisch und Blut übergegangen, so daß geringste Zweifel nicht etwa zum Nachdenken anregten, sondern sofort zu Aggressionen führten. Ein junger Ritter und ein bürgerlicher Kaufmann diskutierten nach diesem Streitgedicht mit einer erfahrenen Kupplerin, wer wohl die größeren Chancen bei attraktiven jungen Damen habe – der Ritter oder der Kaufmann? Beide Herren bringen unterschiedliche Voraussetzungen mit: Der Ritter ist elegant, weltmännisch und verfügt über beste Manieren; leider ist er etwas verarmt. Der Kaufmann dagegen ist etwas tölpelhaft und gehemmt, schwimmt dafür aber im Geld. Die erfahrene Kupplerin gab nun ihre Meinung kund und meinte, daß zwar höfisches Benehmen recht und gut sei, daß aber hübsche Mädchen doch mehr nach dem Geld schauen würden, zumal wenn der bürgerlich Kaufmann etwas einfältig wäre. Der Ritter war empört, brauste auf und schlug der Alten völlig unritterlich einige Zähne ein. Der Kaufmann jedoch gab der Kupplerin Schmerzensgeld und schlug ihr noch eine weitere Geldsumme vor, wenn sie ihm eine attraktive junge Dame vermitteln könnte.

KIRCHEN UND KLÖSTER

In der Verwandtschaft jedes Ritters gab es geistliche Herren, Nonnen und Mönche. Sie waren Brüder, Schwestern, Onkel oder Tanten. Es handelte sich meist um jene Söhne, die für den Beruf des Ritters nicht geeignet waren, oder um jene Töchter, die keinen standesgemäßen Ehepartner finden konnten. Für solche Angehörige wurden manchmal sogar Klöster eigens gegründet. Da Ritter aus dem Adel stammten, konnten es ihre Söhne in den geistlichen Berufen durchaus weit bringen und sogar Bischof werden. Der Lehnsherr so manches Ritters war ein geistlicher Fürst, ein mächtiger Bischof, zu dessen Herrschaftsbereich viele Burgen gehörten. Solche Ämter wurden nur mit Männern aus adeligen Familien besetzt, und ihr Einfluß diente dann dem Wohl der Familie. In vielen Klöstern wurden deshalb die strengen Ordensregeln nicht genau genommen, denn die Kinder und die Verwandtschaft der Ritter wollten sich vergnügen und das Leben genießen. Die Abtei Oberndorf in Franken beherbergte 24 adlige Nonnen, die es so bunt trieben, daß der Bischof einen Kontrolleur schickte. Dieser meldete, so heißt es, später seinem Herrn, daß die Damen keine Männer mehr empfingen – sie waren alle schwanger.

Außerdem gab es in vielen Klöstern Schulen, die Kindern eine gute Ausbildung gewährleisten konnten und vielleicht den Weg in die Politik ebneten. Im Alter gingen manche Ritter freiwillig in ein Kloster oder wurden einfach dorthin abgeschoben. Das Ritterleben war auf Menschen in der Blüte ihres Lebens zugeschnitten. Alte Ritter, die nicht mehr kämpfen konnten, waren höchstens als Berater von Bedeutung, oder sie gingen ins Kloster. Rittersöhne wollten, wenn sie älter waren, ihre Burg für sich haben, so daß die ältere Generation manchmal weichen mußte. Dennoch waren auch manche älteren Ritter durch das ständige Training fit genug, um in die Schlacht reiten zu können. Ritter Eberhard von Schlüsselberg verteidigte sogar mit über 70 Jahren seine Burg Neideck bei einer Belagerung. Für politisch unliebsame Ritter konnte die Klosterzelle durchaus auch wie ein Gefängnis sein – schon Karl der Große hatte Konkurrenten um den Thron aus seiner Familie auf diese Weise ausgeschaltet.

Für »ihr« Kloster stellten viele Ritter Vermögenswerte zur Verfügung und bauten sich damit eine Altersversorgung auf. Als Gegenleistung wurde dort für sie regelmäßig gebetet, ein Platz zum Leben freigehalten, und es gab für die Familie im Kreuzgang oder der Klosterkirche ein Begräbnisrecht. Geriet ein Ritter einmal in wirtschaftliche Not, konnte ihm sein Kloster auch mit einer Unterstützung aushelfen. Fürsten ließen schließlich sogar Kirchen bauen, und mancher Dom geht auf die Stiftung durch einen hochadeligen Herrn zurück. Der Familie des Fürsten war dadurch eine angemessene Begräbnisstätte garantiert, und noch heute stehen Besucher vor solchen jahrhundertealten Grabanlagen.

KAMPF UND EHRE: WAS IST EIN RITTER?

Ritter waren Berufskrieger zu Pferd, die gleichzeitig so vermögend sein mußten, daß sie ihre gesamte Ausrüstung selbst finanzieren konnten. Das Rittertum hat eine lange und weit zurückreichende Tradition, denn nicht nur im Mittelalter, sondern bereits in der Antike gab es Ritter. In Athen waren nach der Verfassung des Solon alle Männer Ritter (*hippeis*, von gr. *hippos*, »Pferd«), die einen Grundbesitz im Wert zwischen 3600 und 6000 Drachmen besaßen. Ihr Vermögen ließ ihnen Zeit, sich ständig im Kampf zu üben, so daß sie gefürchtete Krieger waren. Bei kriegerischen Auseinandersetzungen stellten diese Ritter im Heer die Reiterei. In Rom nahmen die Ritter (*equites*, von lat. *equus*, »Pferd«) eine Zwischenstellung zwischen den adeligen Patriziern und dem gemeinen Volk der Plebejer ein. Es waren sehr vermögende Plebejer, die im Heer ähnlich wie in Griechenland die Reiterei bildeten. Später entwickelte sich diese Schicht zu einer reinen Steuerklasse, deren Mitglieder nicht mehr unbedingt im Heer dienten. Ein Mitglied der Ritterklasse verfügte in Rom über ein Vermögen von mindestens 400 000 Sesterzen. Wurde das Vermögen unterschritten, gehörte der Betroffene nicht mehr der Ritterklasse an. Die Ritterlichkeit und der Ehrenkodex des mittelalterlichen Rittertums waren den römischen Rittern jedoch fremd.

Bei den germanischen Volksstämmen kämpften die Krieger noch zu Fuß. Doch während der Völkerwanderungszeit wurde es insbesondere den Franken und Goten klar, daß sie auch über eine schlagkräftige Reiterei verfügen mußten. Mit der Einführung des Steigbügels, den Griechen und Römer noch nicht gekannt hatten, wurde es möglich, mit einer stärkeren Rüstung sicher auf dem Pferd zu sitzen und zu kämpfen. Die Ausrüstung eines germanischen Reiters verschlang allerdings enorme Summen. Allein ein gutes Pferd hatte einen Wert von rund 12 Kühen, und zum Kauf der Waffenausstattung sowie der Panzerung eines Reiters waren noch einmal etwa 33 Kühe notwendig. Nur Großgrundbesitzer konnten deshalb im Heer die Reiterei bilden, oder mehrere freie Bauern schlossen sich zusammen, um einen Reiter auszustatten. Reitende Kämpfer gehörten deshalb stets einer Elite an. Es waren hochtrainierte Kämpfer, die sich bald zu einer Kaste von Reiterkriegern zusammenschlossen. Wer als Rei-

> Ritter *mit Begleitung unterwegs.*

terkrieger ständig im Training sein wollte, dem blieb jedoch für die Feldarbeit keine Zeit mehr übrig, so daß das Kämpfen mit der Zeit zum Beruf wurde.

BASIS DES RITTERTUMS

Die später so vielgepriesene ritterliche Kultur mit ihrer besonders ausgeprägten Lebensgestaltung und Weltansicht gab es am Anfang des Mittelalters noch nicht. Ritter waren zunächst Berufskrieger, rauhe Gesellen, die sich ständig im Kampf übten und die dementsprechend auch keinem Streit aus dem Weg gingen. Da sie immer Waffen trugen, entwickelte sich spontane Gewalt häufig in Mord und Totschlag. Sogar Schaukämpfe steigerten sich manchmal in derartige Schlägereien, daß es Tote gab.

Auch im hohen Mittelalter blieben Ritter oft rauhe Gesellen. Deutsche Ritter waren für ihre Kampfeswut berüchtigt. Im Jahre 1234 trafen sich der Graf von Kleve und der Graf von Holland einmal zu einen ganz gewöhnlichen Turnier. Der Kampf begann zunächst als eine reine Übung, doch dann gerieten beide so sehr in Rage, daß sie sich gegenseitig umbrachten. Im Jahr 1241 endete in Köln ein Turnier mit rund 60 Toten, was allerdings kein Grund war, die Turnierregeln mit ihren ungezügelten Schaukämpfen zu ändern. Um sich mit Rittern zu einem Streit anzulegen, mußte man, wenn man keine Selbstmordabsichten hatte, mindestens ebenso gut durchtrainiert sein wie sie.

Ritter zeigten sich stets selbstbewußt und waren hart im Austeilen, aber auch hart im Einstecken. Bei Herzog Leopold von Österreich hatte sich in Jahr 1194 einmal ein Fuß nach einer Kampfverletzung entzündet, so daß die Wunde brandig wurde und den ganzen Körper zu vergiften drohte. Der Herzog blieb »cool«, nahm ein Beil und ließ sich den Fuß abschlagen. Anschließend wurde die Wunde fachgerecht abgebunden. Die Gesundheit eines Ritters mußte so eisern sein wie seine Rüstung. Insbesondere im Sommer, wenn er schwitzend in seinem Panzer eingepackt war und gleichzeitig noch kämpfen mußte, wurden an den Kreislauf höchste Anforderungen gestellt. Kein Ritter war wehleidig, und kleine Wunden waren kein Grund, mit einem Kampf aufzuhören oder sich zu ergeben. Wurden Verletzungen behandelt und Knochen wieder eingerenkt, gab es keine Narkose. Alkohol und ein Schlag ins Genick mußten für eine kurzzeitige Ruhigstellung genügen. Beim schlechten Stand der mittelalterlichen Medizin und einer ungenügenden Krankenversorgung bewährte sich erst nach dem Kampf die eiserne Gesundheit eines Ritters.

Während der Kreuzzüge konnte man sich im oströmischen Byzanz wiederholt einen Eindruck vom Selbstbewußtsein der abendländischen Ritter machen. Anna Komnene (1083–1150), Tochter eines oströmischen Kaisers, beschrieb einmal den Besuch eines Kreuzfahrer-Heeres von französischen und normannischen Rittern bei ihrem Vater. Eine Abordnung der Ritter wurde im Thronsaal empfangen und geriet in das langatmige byzantinische Hofzeremoniell. Es wurden endlose Reden gehalten, was die Recken zuletzt doch langweilte. Einige von ihnen spazierten deshalb im Thronsaal umher und machten über die eleganten Hofdamen anzügliche Bemerkungen. Plötzlich übersprang Robert von Paris, ein gefürchteter Schlagetot, die Absperrung zum Thron und ging zielstrebig auf den Kaiser zu. »Herr Kaiser«, bemerkte er nach der Überlieferung, »rückt ein wenig auf eurer Bank, ich bin des Herumstehens müde!«. Anschließend setzte er sich neben den Kaiser auf den Thron. Der Hofstaat war sprachlos, und der Kaiser verhielt sich so, als hätte er den Vorfall überhaupt nicht bemerkt. Die französischen und normannischen Ritter brachen in ein brüllendes Gelächter aus. Graf Balduin von Flandern, der Lehnsherr des gelangweilten Robert, war die Angelegenheit höchst peinlich und er rief zur Mäßigung auf. Doch Robert von Paris grollte, »Herr Kaiser! Ihr mögt sein, wer ihr wollt. Wir stammen aus nicht minder edlem Geschlecht. Ich selbst bin Franke aus edlem Blut ...« Das anschließende Festmahl geriet zu einem Saufgelage, denn die Tischsitten der Franken und Normannen entsprachen noch lange nicht dem Niveau des byzantinischen Hofes. Einige Ritter setzten sich einfach attraktive Hofdamen auf den Schoß. Andere fürchteten, dabei zu kurz zu kommen, und zettelten Schlägereien an. Tief in der Nacht mußten zahlreiche Ritter total betrunken mit Karren in ihr Lager zurückgefahren werden.

Politisch hatten die Kreuzzüge keinen dauerhaften Erfolg und führten nur zu einem hohen Blutzoll. Sie erwiesen sich allerdings als Klammer und Entwicklungsmotor einer abendländischen Gemeinschaftskultur. Durch die Kreuzzüge wurde die europäische Ritterschaft zusammengeschmiedet und fand gemeinsame Ideale. Die Ritter lernten den hohen kulturellen Standard des Orients, seine Sitten und Gebräuche kennen und waren begeistert. Sie wollten das gesittete Hofleben des Orients und des oströmischen Reiches kopieren und die Christenheit würdig vertreten.

Das Rittertum wurde in Verbindung mit den Kreuzzügen immer stärker christlich gedeutet und auch geprägt. Das Schwert wurde nun geweiht, denn es sollte den Schwachen schützen und den Glauben verteidigen. Oft wurden vor wichtigen Kämpfen Waffen auf den Altar einer Kirche gelegt und mit Reliquien berührt. Zur Stärke eines Ritters kam noch sein Glaube und die Überzeugung, für eine gerechte Sache zu kämpfen. Der christliche Ritter mußte nach seinen selbstgewählten ethischen Regeln das Wohl der Gesellschaft verteidigen, Ketzer und Ungläubige bekämpfen und die Schwachen schützen. Er war nicht mehr ausschließlich ein Streiter für seinen Lehnsherrn, sondern zusätzlich noch ein Streiter Gottes. Der Sieg im Namen Gottes wurde für ihn zu einer besonderen Ehre, und ein dabei erlittener Tod sicherte zusätzlich noch die Unsterblichkeit. Ein Ritter hatte die Chance, ewigen Ruhm zu gewinnen und Heldentaten zu vollbringen, über die noch Generationen seiner Nachkommen sprechen würden. Aus rauhen Kriegern mit schlechten Manieren waren rauhe Krieger mit guten Manieren geworden.

Dazu traten längst verschüttete antike Fundamente wieder hervor. Der Begriff der Ritterehre und der Ritterlichkeit bildete sich heraus. Ein Ritter durfte nicht nur wie bisher ein vorzüglicher Kämpfer sein, sondern er mußte zusätzlich auch die Ritterehre mit einem besonderen Ehrenkodex verinnerlichen. Zur Ritterehre gehörten Tapferkeit und Treue, aber auch Schutz und Schonung der Schwachen und besondere Rücksichtsnahme gegenüber Frauen; Witwen und Waisen standen unter der Fürsorge der Ritter. Es entwickelte sich eine ritterliche Kultur mit höfischen Tugenden, an denen ein Ritter für Außenstehende zu erkennen war. Viele Ritter, deren Vorfahren einst so gerne Schlägereien angezettelt hatten, erschienen wie gewandelt und achteten nun auf die Etikette des guten Tons und des Anstandes. Von nun an mußten nicht nur Kampftechniken erlernt

Strafen im Mittelalter

Da es keine Gefängnisse gab, wurden bei leichteren Vergehen die Täter zur Warnung der Bevölkerung für den Rest ihres Lebens gezeichnet. Es wurden Nasen, Ohren oder Lippen abgeschnitten, Augen ausgestochen, und auch ein Brandzeichen auf der Stirn war möglich. Bei Gotteslästerung wurde die Zunge durchbohrt oder herausgerissen. Damit sollte der weit verbreiteten Unsitte vorgebeugt werden, bei jeder Gelegenheit zu fluchen. In Städten kamen Täter an einem zentralen Platz an den öffentlichen Pranger, um beispielsweise die Bevölkerung auf Schuldenmacher aufmerksam zu machen.

Bei Diebstahl, Mord, Brandstiftung und Vergewaltigung, aber auch bei anderen Kapitalverbrechen wie etwa Verrat war die Todesstrafe vorgesehen. Adelige wurden geköpft, was allerdings selten vorkam, denn der Adel fand meist Wege, um vor Gericht Recht zu bekommen. Aus dem Jahr 1337 ist die spektakuläre Hinrichtung des Ritters Diez von Schaumberg überliefert. Er war Raubritter gewesen und hatte als Adeliger das Recht, geköpft zu werden. Nachdem der Kopf gefallen war, richtete sich der Körper plötzlich auf und lief zum Erstaunen der Zuschauer einige Schritte. Er torkelte an seinen vier ebenfalls zum Tode verurteilten Knappen vorbei, die danach begnadigt wurden.

Der durchschnittliche Mensch dagegen hatte Glück, wenn er nach einem Schuldspruch gehängt wurde, denn dann trat der Tod recht schnell ein. Vor jeder Stadt und auch an Wegekreuzungen hingen zur Abschreckung Diebe am Galgen oder auch einfach an Bäumen. Gehängt wurde manchmal bereits nach dem Diebstahl eines Brotes. Ansonsten waren die Todesstrafen brutal. Mütter, die ihr Kind nach der Geburt getötet hatten, wurden ersäuft oder lebendig begraben. Wilderer wurden an ein wildes Tier gebunden und zu Tode geschleift. Sittenstrolche, Vergewaltiger und Kinderschänder wurden gepfählt. Andere Hinrichtungsarten waren das Zweiteilen, Vierteilen oder Rädern. Beim Zweiteilen wurde das Opfer an den

> Kreuzritter *im Gebet.*

werden, sondern es war auch Bildung gefragt. Ritter hörten sich Heldengeschichten an oder dichteten selbst, viele lernten sogar lesen und schreiben. Sie sahen sich als Vorbilder und legten großen Wert auf Beständigkeit sowie auf Mäßigung, die vielgerühmte »mâze«.

Allerdings gab es immer wieder Gegensätze zwischen Anspruch und Wirklichkeit. Im 13. Jahrhundert bedauerte ein Dichter, die Ritter würden sich bei Tisch nicht über hohe Literatur wie etwa das Heldengedicht »Parzival« unterhalten, sondern über die Erträge der Milchkühe ihrer Bauern. In England beklagte sich einmal die Ehefrau eines edlen Herrn über dessen Fehlverhalten und forderte des Gatten auf, die

Beinen aufgehängt und mit einer schweren Axt in zwei Teile zerhackt; beim Vierteilen wurden Arme und Beine an vier Pferde gebunden, die dann das Opfer zerrissen; beim Rädern schließlich wurde das Opfer auf ein großen Wagenrad gefesselt, um mit einem zweiten Wagenrad möglichst viele Knochen zu brechen. Das Rad mit dem sterbenden Opfer wurde zuletzt auf einen Pfahl gesteckt und ausgestellt. Jede Hinrichtung war öffentlich, und viele waren von Musikdarbietungen begleitet. In Nürnberg spielten die Stadtpfeifer bereits auf, wenn der Galgen aufgebaut wurde.

zahllosen Liebeleien mit den Mägden zu beenden. Der vornehme, so gescholtene Ritter stand auf und schlug ihr drei Zähne ein.

Untereinander bildeten Ritter ihre Rittergenossenschaften mit Ehrengerichten, die dafür sorgten, daß die ritterlichen Tugenden eingehalten wurden. In Deutschland hatte jedes Herzogtum seine Rittergenossenschaft, daneben Westfalen, die rheinischen Grafschaften sowie die Erzbistümer Trier, Mainz und Köln. Französische Ritter prägten die Devise: »Gott meine Seele, dem König mein Leben, den Damen mein Herz, die Ehre für mich!«. Ein Chevalier, Kavalier oder Gentleman überprüfte regelmäßig die Kampfmoral der Mitglieder seiner Rittergenossenschaft und ermahnte, wenn nicht gemäß den Rittertugenden gekämpft und getötet wurde. Sarazenen und Mauren kämpften meist nach den anerkannten Rittertugenden und waren als Gegner geachtet. Die Ungarn dagegen galten als unwerte Kämpfer, da sie oft aus dem Hinterhalt angriffen. Bei einem Sieg hatten sie nicht mit Großmut zu rechnen, und alle Gefangene wurden getötet.

Rittertugenden verlangten allerdings auch einen Kampf bis zum Äußersten. Berühmt und gefürchtet war die fanatische Kampfmoral des Ordens der Tempelritter. Diese griffen nie aus dem Hinterhalt an, sondern suchten stets den offenen Kampf. Dabei verlief der Angriff gespenstisch ruhig, denn es gab keinerlei Kriegsgeschrei. Mit dem Spruch, »Herr, gib uns den Sieg, nicht für uns, sondern für deinen heiligen Namen!« ging es zuletzt in den Nahkampf Mann gegen Mann. Für den einzelnen Tempelritter galt die Devise, entweder die Front zu durchbrechen oder zu sterben. Ritter, die in der Schlacht Feigheit gezeigt hatten, durften für ein Jahr nicht mehr den Ordensmantel tragen und mußten während dieser Zeit mit den Hunden ohne Tischtuch vom Boden essen.

Bereits während seiner Ausbildung als Knappe und insbesondere durch die Rituale der Schwertleite und des Ritterschlages hatte der Ritter die Grundlagen des Rittertums verinnerlicht. Er lebte in der eigenen Vorstellungswelt der Ritter, die von Idealen bestimmt war und in der in einer Kombination von Glaube und Treue christliche und germanische Elemente miteinander verschmolzen. Diese Ideale waren über alle Grenzen hinweg bindend und für das Abendland eine geistig-kulturelle Klammer, die sogar Erzfeinde anerkannten. Der Lebensstil der Ritter und die Grundstimmung ihres Lebens wurden von Leitbegriffen beherrscht. Ein Ritter stellte diese geistigen Wurzeln über alles, und sie bedeuteten ihm oft mehr als das eigene Leben. Für ihn galten Begriffe wie Ehre, Treue, Maß oder Zucht als absolut prägend. Güter des Diesseits und des Jenseits wurden im Rittertum gleichwertig miteinander vereint. Das Diesseits prägten die schönen Dinge des Lebens wie Ruhm, Glanz, Ehre, Sinnengenuß oder Wohlstand, während für das Jenseits der Wille Gottes, das Vertrauen in seine Gnade sowie das tägliche Gebet und der Gottesdienst standen. War sich der Ritter sicher, Gottes Wille zu vertreten, konnte er in tiefster Überzeugung bis zum letzten Atemzug kämpfen.

AUFGABEN EINES RITTERS

Neben den kriegerischen Aufgaben für seinen Lehnsherrn mußte sich der Ritter auch um den Erhalt seines Lehens kümmern und etwas von Landwirtschaft verstehen. Die Arbeit der ihm zugeordneten Bauern mußte organisiert und verteilt werden. Gleichzeitig mußte er seine Bediensteten, die Knechte und Mägde, aber auch die bewaffneten Kriegsknechte, gerecht behandeln. Es waren seine Leibeigenen, über deren Arbeitskraft er ohne Einschränkungen verfügen konnte. Die Bauern lieferten ihm regelmäßig genau festgelegte Anteile ihrer Ernten ab und arbeiteten zusätzlich noch auf seinen Höfen. Es lag an ihm, ob er gütig war oder immer wieder hart durchgriff. Der Boden wurde wie überall im Reich auch bei ihm nach der Dreifelderwirtschaft bestellt; ein Jahr Wintergetreide, ein Jahr Sommergetreide und dann ein Jahr Brache, damit sich der Boden wieder erholen konnte. Diese Reihenfolge erforderte eine gewisse Organisation und mußte mit den einzelnen Bauern abgestimmt werden. Auf kleineren Flächen wurden noch Gemüse, Obst und Kräuter für die Küche angepflanzt. Um bei Festen Kosten zu sparen, wurde manchmal auch Wein angebaut. Die Benutzung von Backhäusern oder Mühlen regelte oft der Ritter für die Dorfgemeinschaft und konnte auch darauf noch einmal Abgaben erheben. Hatte ein Ritter gute Managerqualitäten und gab es keine Mißernten, waren seine Scheunen gut gefüllt, und auch mit dem Vieh konnte er zufrieden sein. Häufig bezahlte er mit diesem Vieh seine Waffenkäufe oder auch das Material für seine Handwerker.

Verliefen über das Gebiet seines Lehens wichtige Wege, konnte der Ritter Wegegeld und Zoll fordern. Er konnte auch Frondienste organisieren, bei denen seine Bauern Wege und Brücken ausbesserten. Dadurch wurden seine Einnahmen verbessert, und die Kasse blieb gefüllt. Gab es Flüsse, konnte auch auf den Schiffen abkassiert werden. Die Kaufleute zahlten zwar nur ungern, aber es blieb ihnen nichts anderes übrig, dafür erwarteten sie Sicherheit. In seinem Gebiet sorgte ein Ritter für Recht und Ordnung, und seine Kriegsknechte kontrollierten scharf. Er war Richter, und über ihm gab es keine weitere Instanz. Mit kriminellen Leibeigenen oder aufgegriffenem Gesindel wurde meist kurzer Prozeß gemacht. Diebe und Räuber ließ er sofort aufhängen; die Hand abzuhacken, was ebenfalls zulässig war, genügte ihm oft nicht. Bei anderen Verbrechen auf seinem Gebiet wünschten sich die Täter, sie wären aufgehängt anstatt von ihm ins Verhör genommen worden. Bei gefangenen Standesgenossen oder wohlhabenden Freien blieb er dagegen meist ritterlich, denn bei ihnen konnte er Lösegeld fordern. Gefängnisse gab es nicht. Verbrecher aus den unteren Ständen wurden umgehend ins Jenseits befördert, oder es wurden ihnen bei kleineren Vergehen Nase, Lippen und Ohren abgeschnitten, damit jeder in Zukunft sehen konnte, daß sie Verbrecher waren. Eigentlich war das Verhängen einer Todesstrafe dem Lehnsherr vorbehalten, doch der kontrollierte so gut wie nie.

Auch aus Lösegeldforderungen, aus der Beute von Kriegen und aus Preisen von Turnieren oder aus Geschäften mit fahrenden Händlern konnten Ritter zu Geldmünzen kommen. Bekannt waren Gold- und Silbermünzen, deren endgültiger Wert erst nach dem Wiegen festgelegt wurde. Da gab es den Byzantiner, der im oströmischen Reich geprägt wurde und über verschlungene Wege in den Westen gekommen war. Aus der Zeit des Karolingischen Reiches stammte der Goldsolidus. Bereits im frühen Mittelalter schlugen die Merowinger Goldsolidi. Der Goldsolidus war über Jahrhunderte eine Vieh- und Waffenwährung. Eine Kuh kostete einen Solidus, und ein gutes Schwert mit Scheide sieben Solidi; aus dem Namen Solidus wurde später der Schilling. Ein Pfund Sterling war ein Pfund Silber, und die Mark ein Münzgewicht mit einer Marke. Manche Münzen waren nichts anderes als gehacktes Silber, das vor einer Zahlung immer wieder geprüft und gewogen wurde.

Neben der Organisation seiner wirtschaftlichen Verhältnisse mußte ein Ritter auf seiner Burg noch regelmäßig Gäste empfangen und bewirten. Es waren willkommene und unwillkommene Gäste, denen er als Christenmensch Unterkunft gewähren mußte. Häufig kehrten fahrende Ritter bei ihm ein, oder er hatte mit der Verwandtschaft und Freunden wichtige Besprechungen zu führen. Regelmäßig ging es auf die Jagd, und auch tägliche Kampfübungen durften nicht vernachlässigt werden. Knappen, die bei ihm lebten, mußten trainiert und geschult und die eigenen Kriegknechte kampfbereit gehalten werden. Für seine Helfer gingen auf der Burg die Arbeiten nie aus, auch war er immer auf der Suche nach guten Handwerkern. Um Geschäfte besser zu planen und abzustimmen, hatten manche Ritter in der benachbarten Stadt noch eigene Häuser. Dort genossen sie auch, ungestört durch die Familie, die Vergnügungen der Schänken oder Badehäuser.

Zwischen Ostern und Pfingsten ließ sich ein Ritter meist bei seinem Lehnsherrn blicken, um seine Kampfbereitschaft zu demonstrieren und weitere Zusammenarbeiten abzusprechen. Außerdem wollte der Lehnsherr regelmäßig wissen, wie groß sein Heer im Ernstfall wohl werden könnte. Bei einem zu kleinen Heer stand sein Ansehen beim Kaiser auf dem Spiel. Daneben gab es noch regelmäßige

Einladungen zu Turnieren, wo in Schaukämpfen für den Krieg geübt wurde und wo man einfach erscheinen mußte, um weiterhin anerkannt zu werden. Auf Turnieren konnte ein Ritter schnell reich, aber auch schnell arm werden, denn es gab Siegprämien, und Verlierer mußten bezahlen. Turniere und Hoftage waren zur Kontaktpflege unerläßlich, denn er mußte jederzeit wissen, wer ihm bei möglichen Fehden zur Seite stehen könnte.

Kamen unerwartet Boten des Lehnsherrn zur Burg, mußte schnell aufgerüstet werden, denn dann stand oft ein Krieg bevor. Verpflichtungen aus Eid und Treue zwangen den Ritter nach solchen Nachrichten zum sofortigen Handeln. Er mußte sich selbst und seine Kriegsknechte rasch ausrüsten und mit der Ehefrau die Führung der Burg und der Bauern während der Abwesenheit besprechen. Regelmäßig mußte ein Ritter auch noch größere Reisen einplanen. Etwa wenn sein Lehnsherr ein eigenes Gefolge benötigte, um bei Hoftagen zu erscheinen oder mit dem Kaiser nach Italien zu ziehen. Lang, gefährlich und teuer wurde schließlich die Fahrt, wenn sich ein Ritter entschloß, an einem Kreuzzug teilzunehmen. Der Papst forderte zwar immer wieder den Kreuzzug ein, doch bezahlen mußten die Ritter alles selbst; zur Entlastung durfte höchstens geplündert werden.

Wappenzeichen

Wappenzeichen hatten einen ganz bestimmten Ursprung und eine spezifische Aussage. Der Adler zeigte beispielsweise Herrschaft an, der Löwe Großmut, der Turm den Sieg über eine Stadt oder der Delphin die Teilnahme an einer Seeschlacht. Wappenfarben waren Weiß für Silber, Gelb für Gold sowie Rot, Blau, Schwarz, Grün und Purpur, dazu kamen noch symbolische Darstellungen von Pelzwerk wie etwa Hermelin. Erst im 14. Jahrhundert kamen zum Wappen noch die Schildhalter hinzu, meist Tiere oder Menschen, die auf Abbildungen das Wappenschild hielten. Ab dem 15. Jahrhundert war zusätzlich ein meist lateinischer Wappenspruch üblich. Das Wappen einer französischen Adelsfamilie trägt zum Beispiel den Spruch: Si omnes, ego non – »Auch wenn es alle tun, ich nicht.«. Häufig ging später der Zusammenhang zum Ursprung der Symbole eines Wappens verloren. Die Lilien des Königs von Frankreich verweisen nicht auf eine Pflanze, sondern wahrscheinlich auf die Spitze eines fränkischen Speers. Im Laufe der Zeit wurden die Wappen immer variabler, und es entwickelten sich die »redenden Wappen«, die durch die Abbildung über ihre Herkunft berichteten. Ein solches Wappen hatten die Grafen von Henneberg; es war eine Henne auf drei Bergen. Ein Löwe konnte zum Beispiel fünf verschiedene Positionen einnehmen; er konnte aufsteigen, er konnte gehen, stehen, sitzen oder springen, und jede Position hatte im Wappen ihre Bedeutung. Einer großen Nachfrage erfreuten sich die Schildmaler, die das Wappen eines Ritters auf sein

EIN HARTES UND OFT KURZES LEBEN

Bei ihrem meist dramatischen Lebenslauf wurden viele Ritter nicht alt, und nur wenige starben im Bett. Bei den deutschen Kaisern und Königen des Mittelalters lag das Sterbealter bei durchschnittlich 48 Jahren, und nur Rudolf von Habsburg wurde als seltene Ausnahme über 70 Jahre alt; die französischen Könige des Mittelalters wurden nicht viel älter und lebten durchschnittlich 52 Jahre.

Zu den Aufgaben eines Ritters im Alter gehörte es, seine Nachfolge zu regeln und der Familie geordnete Verhältnisse zu hinterlassen. An der Karriere seiner Söhne hatte er vorher schon intensiv gearbeitet, und die Töchter waren mit seiner Hilfe gut verheiratet oder bei Ehelosigkeit in einem Kloster untergebracht worden. Enkel

Schild übertrugen und die Gesetze der Heraldik beherrschen mußten. Sie hatten größere Werkstätten in Köln und Maastricht.
Häufig wurden auch Wappen gewechselt, und Ritter nahmen zu Ehren des Kaisers den Reichsadler als Wappen an. In anderen Fällen fühlten sich Fürsten mächtig genug, den Reichsadler als Wappen wieder aufzugeben, so geschehen im Jahre 1214 bei den Wittelsbachern. Auf Turnieren waren die Wappen ein Statussymbol und Markenzeichen. Im Krieg aber konnten hauptsächlich für Fürsten Wappen gefährlich werden, denn sie waren bei den Kämpfen rasch zu identifizieren, und die Gegner griffen dann konzentriert an. Kaiser Ludwig der Bayer stattete einmal für eine Schlacht verschiedene Ritter mit seinem eigenen Wappen aus, damit Gegner ihn im Schlachtengetümmel nicht sofort erkennen konnten. Im 15. Jahrhundert war es mit der Wappenherrlichkeit vorbei, denn der Kaiser verlieh gegen Geld Wappen, so daß sich von nun an neureiche Bürger wie Ritter präsentieren konnten.

waren oft bereits als Knappen bei Freunden in Ausbildung. Viele Ritter, die in der Jugend große Rabauken und Kämpfer waren, wurden im Alter fromm und religiös. Sie überließen aus ihrem Vermögen der Kirche Stiftungen oder regten den Bau von neuen Gotteshäusern an. Manche gingen sogar ins Kloster oder wurden Einsiedler.

DAS WAPPEN

Das Wappen war für den Ritter eine Visitenkarte, die er zur Identifizierung seiner Person auf seiner Rüstung und auf dem Schild zeigte. Ursprünglich trugen Ritter die Wappen ihrer Lehnsherrn, um bei einer Schlacht untereinander in Kontakt zu bleiben. Da gab es etwa den Löwen von Flandern, das springende Roß von Sachsen oder das Kastell von Kastilien. Später wurde das Wappen individuell, denn jeder Ritter hatte es gern, wenn man ihn bei seinen Heldentaten von weitem erkennen konnte, etwa wenn er die Kampfreihen des Gegners durchstieß oder als erster auf der Mauer einer belagerten Burg stand. Für die Gestaltung eines Wappens waren bestimmte Gesetzmäßigkeiten vorgeschrieben, mit denen sich später die Wissenschaft der Heraldik beschäftigte. Ein Vollwappen bestand aus Wappenschild, Helm sowie Helmzier mit Helmdecke. Bei Fürsten kamen noch sogenannte Prachtstücke und Amtsinsignien wie beispielsweise Kronen hinzu. Über die Zuteilung und Verwendung von Wappen wachten Herolde, deshalb die Bezeichnung Heraldik für die Wappenkunde. Sie wurden vom König eingesetzt, führten eine Art Wappenregister und hatten auch Streitigkeiten um Wappen zu schlichten. Herolde konnten sogar einen Ritter mit einem nicht qualifizierten Wappen von einem Turnier ausschließen. Gegen Ende des 11. Jahrhunderts wurden die Wappen der Ritter erblich.

RITTERNAMEN

In ihrem Namen führten Ritter stets die Bezeichnung »von«. Es war ein Namenszusatz, der zu einer besseren Identifizierung im Heer des Lehnsherrn beitrug und die Eigenständigkeit des Namensträgers unterstrich. Meist bezog sich der Name auf die Burg, die für einen Ritter so typisch war wie sein Wappen und das Streitroß. Das »Von« bewies, er stammte von dieser genannten Burg und war kein heimatloser Habenichts. Viele Bauern oder auch Leibeigene hießen zum Beispiel »Hinz« oder »Kunz«. Klar als Ritter zu erkennen waren Hinz und Kunz, wenn sie beispielsweise »Hinz von Greifenberg« oder »Kunz von Urach« hießen. Jeder Ritter war durch Wappen und Namen zu erkennen und damit individuell. Bei Bürgern war es schwieriger, wenn der Name gleichzeitig der Beruf war. Müller gab es viele, und den ganz besonderen Müller zu finden, war nicht leicht.

SCHWERTLEITE UND RITTERSCHLAG

Die Krönung eines ritterlichen Lebens waren Schwertleite und Ritterschlag. Sie waren für den Ritter eine heilige Handlung. Er hatte Jahre auf sie hingearbeitet, sich als Knappe geschunden und bereits in einigen Schlachten mitgekämpft. Schwertleite und Ritterschlag gehörten zur Ritterweihe, bei der ein Knappe in den Ritterstand aufgenommen wurde. Das Weihezeremoniell wurde mit der Zeit immer stärker religiös überhöht. Etwa ab dem 11. Jahrhundert wurde der Knappe durch die Schwertleite zum Ritter erhoben und etwa ab dem 13. Jahrhundert durch den Ritterschlag. In den Jahrhunderten vorher wurde der Knappe ohne große Feierlichkeiten und ohne einen Bezug zur Religion wehrhaft gemacht, er erhielt Waffen und war damit in den Kreis der Ritter aufgenommen. Bei der Schwertleite übergab eine hohe Persönlichkeit dem Knappen feierlich ein geweihtes Schwert, das dieser mit dem dazugehörigen Gürtel anlegte. Sobald der Knappe das Schwert trug, war er Ritter. Zum Ritterschlag schlug ein Fürst oder auch ein Ritter dem Knappen zunächst mit der flachen Hand auf den Hals oder Nacken und erhob ihn zum Ritter. Erst später wurde der Schlag mit der Hand abgelöst, und der Ritterschlag erfolgte durch eine mehrfache Berührung der Schulter mit einer flachen Schwertklinge.

RITTERWEIHEN

Besonders feierlich waren Ritterweihen in Frankreich. Der Knappe nahm am Tag vor der Zeremonie ein Bad und zog sich neue Kleidung an, die seine Reinheit verkörpern sollte. Danach verbrachte er die Nacht stehend in einer Kirche und betete darum, ein guter Ritter zu werden. Am Morgen wurde er als Ritter eingekleidet, und es erschien bei einer kirchlichen Weihe der Bischof oder bei einer weltlichen Weihe der Fürst. Der Knappe erhielt nun feierlich sein Schwert, wobei er durch das Umgürten des Schwertes zum Ritter wurde. Anschließend zog er das Schwert aus der Scheide und führte in der Luft einige kräftige Schläge aus. Danach schob er das Schwert wieder in die Scheide zurück. Jetzt erhielt er entweder vom Bischof oder vom Fürsten einen Friedenskuß sowie danach den Ritterschlag, ebenfalls durch dreimaliges Berühren seiner Schulter mit der flachen Schwertklinge. Der Ritter, der ihn als Knappe geführt hatte, zog ihm zuletzt die Sporen an. Bei einer anderen französischen Zeremonie wurde eine Messe gelesen, die der Knappe kniend mitfeiern mußte. Dabei trug er Schwert und Gürtel um den Hals. Nach der Messe erschienen hohe Persönlichkeiten und halfen ihm beim Anlegen der Rüstung. Sein Ritter aus der Knappenzeit vollzog anschließend den Ritterschlag. Danach wurde der neu gekürte Ritter zu seinem Streitroß geführt. Bereits die bei der Zeremonie getragene Kleidung hatte Symbolwert. Der Knappe war mit einem roten Hemd bekleidet, um zu zeigen, daß er Glauben und Ehre mit seinem Blut verteidigen würde, die Strümpfe waren schwarz, um ihn an den Tod zu erinnern, und der Gürtel weiß, um seine Keuschheit zu verdeutlichen. Zur Weihe gehörte noch der feierliche Schwur, dem Glauben zu dienen und die Schwachen und Bedrückten zu schützen. Jedes Versprechen, das ein Ritter einmal gegeben hatte, mußte er einhalten. Brach er ein Versprechen, konnte ihm die Ritterwürde entzogen werden.

In England und Deutschland waren die Zeremonien zur Ritterweihe viel einfacher. In England nahm der Knappe ein Bad, ließ sich die Stirnhaare schneiden und erhielt anschließend sein Schwert. Damit war er Ritter. In Deutschland hielt sich sehr lange die Schwertleite, und der Ritterschlag war erst recht spät üblich. Der deutsche Knappe erhielt dabei feierlich sein Schwert und war Ritter. Anschließend kleidete er sich als Ritter und nahm an einem Turnier teil. Ihm stand jetzt der Weg der Ehre offen. Er war als Ritter ein absolut freier Mann und den Fürsten, zu deren Tafel er uneingeschränkt Zugang hatte, ebenbürtig. Daneben mußte er von nun an als »Herr« angeredet werden.

Nur freie Männer durften in Deutschland Ritter werden; Söhnen von Bauern oder Geistlichen blieb der Ritterstand verschlossen. Knappen, die gemeinsam die Ritterwürde erhalten hatten, nannten sich Schildgefährten und pflegten eine lebenslange Freundschaft. Zur Ritterwürde wurden noch Zusatztitel verliehen: Erfolgte der Ritterschlag bei einer Kaiserkrönung in Rom, nannten sich alle betroffenen Ritter zusätzlich »die Besten«, bei Königswahlen oder Reichstagen »Ritter ohne Mühe«, bei Schlachten »die Gestrengen« und während der Kreuzzüge »die Würdigen«.

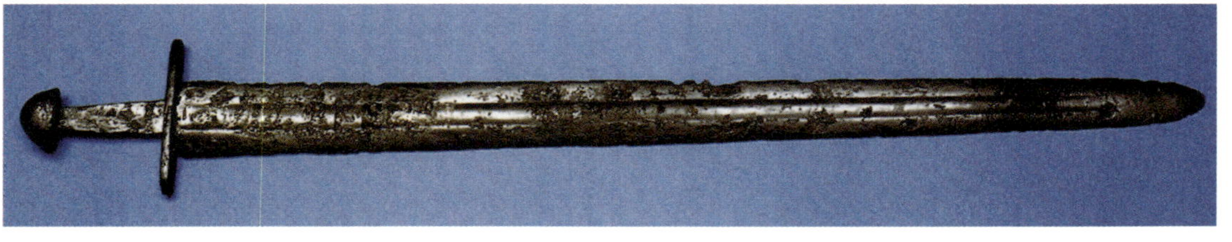

> Bei der Ritterweihe *zog sein Ritter dem Knappen die Sporen an.*

> Ein Schwert *aus dem 10. Jahrhundert mit Knauf und Parierstange.*

> Engel *übergeben Kaiser Karl das Schwert Durandal für Roland.*

Der nu ze Rome babest ist
Der stirbet in der selbun frist
So du ze Rome ritest
Da erwirbestu vn̄ erstritest

De din bruder babest wirt
Von dem bistu unverirt
D' enpfahet dich mit der wihe
So dir got de heil uerlihe

AUSRÜSTUNG EINES RITTERS

Die Ausstattung eines Ritters war aufwendig und teuer. Seine Rüstung war »maßgeschneidert«, denn er mußte sich im Kampf gut bewegen können. Ritter verwendeten für ihre Waffen viel Geld, denn im Ernstfall konnte von deren Qualität das Leben abhängen. Dabei sollte nichts dem Zufall überlassen bleiben. Gefragt war die beste Qualität, die man sich leisten konnte. Die Waffenschmiede und Plattner (Hersteller der Rüstung) wurden zu einem begehrten Berufsstand von Spezialisten.

WAFFEN

Die Franken stellten recht früh vorzügliche Waffen aus geschmiedetem Eisen her. Die Qualität ihrer Produkte war gefragt, denn sogar die Sarazenen, die selbst gute Schmiede hatten, verlangten zum Beispiel bei Lösegeldzahlungen fränkische Schwerter. Als im Jahre 876 der Bischof von Arles von ihnen gefangengenommen wurde, forderten sie für seine Freilassung neben anderen Gütern auch 150 Schwerter. Für Händler wurde sogar ein königliches Verbot erlassen, fränkische Waffen an slawische Völker zu verkaufen, um zu verhindern, daß mögliche Gegner gute Waffen besaßen. Die Waffentechnik wurde während des gesamten Mittelalters ständig weiterentwickelt. Es gab hervorragende Handwerker, die bei Rittern sehr geschätzt waren und viel Geld verdienen konnten. Zahlreiche französische Autoren loben in mittelalterlichen Dichtungen deutsche Waffenschmiede. Geschätzt wurden Waffen und Rüstungen aus Bayern, Köln sowie aus Sachsen und Lothringen. Höchste handwerkliche Qualität verrät am Ende des Mittelalters zum Beispiel die berühmte eiserne Hand des Raubritters Götz von Berlichingen. Diese Handprothese war geschmiedet, und die Finger waren sogar über Federn beweglich. Ritter Götz erschreckte immer wieder überfallene Nürnberger Kaufmänner, wenn er einen Finger seiner Prothese nach vorne schnellen ließ – Zauberei, daß eine Hand aus Eisen sich bewegen konnte!

Zum Kauf seiner besten Waffen und Rüstungen mußte sich ein Ritter meist in die Stadt begeben, denn dort hatten die großen Meister ihre Geschäfte. Sie besaßen sogar Schaufenster, in denen sie ihre Erzeugnisse ausstellten. Die Dorfschmiede seiner Burg konnten nicht in den geforderten Qualitäten arbeiten, sie waren höchstens für Reparaturen zuständig. Nur Fürstenhöfe konnten erstklassische Waffenschmiede direkt beschäftigen. Sollte die Waffe von einem berühmten Meister stammen, wurde sie meist über Händler bestellt.

Das Schwert war die wichtigste Waffe eines Ritters, es hatte für ihn einen großen Symbolwert und geradezu eine eigene Persönlichkeit. Nur Herren durften regelmäßig Schwerter tragen, die in feierlichen Handlungen geweiht wurden. In den großen Romanen und Epen des Mittelalters haben Schwerter sogar einen eigenen Namen und sind so berühmt wie der Ritter selbst, zu nennen wäre das Schwert Excalibur von König Artus, das Schwert Durendal von Roland und das Schwert Balmung von Siegfried. Von den Versuchen, die Qualität des Eisens zu verbessern, handeln viele Legenden. Die Thidreksaga (Dietrichsage) erzählt von Wieland dem Schmied, der das Wunderschwert Mimung mit Hilfe von besonderen Arbeitstechniken herstellte. Nach der Sage soll er das Schwert zunächst in feine Feilspäne zerrieben und diese anschließend mit Mehl und Milch vermischt an Gänse verfüttert haben. Später sammelte Wieland im Vogelkot die Feilspäne wieder auf und schmiedete aus ihnen das Wunderschwert. Mimung soll so scharf und hart gewesen sein, daß der Held den Gegner mitsamt der Rüstung in zwei Hälften zerschlagen konnte. Der wahre Kern dieser merkwürdigen Geschichte könnte darin liegen, daß im Verdauungstrakt der Vögel der Stickstoffgehalt der Feilspäne anstieg und das Eisen auf diese Weise veredelt wurde.

Waffenschmiede, die sich auf Schwerter spezialisiert hatten, hießen Schwertfeger oder Klingenschmied. Sie mußten über große Erfahrungen verfügen, denn eine gute Klinge war gleichzeitig elastisch und bruchfest. Ihnen stand stolz eine eigene Innung zu, wie sie etwa in Köln und Magdeburg erwähnt wurde.

Das typische Schwert eines Ritters war aus den bewährten Waffen der Wikinger entwickelt worden. Es besaß eine Parierstange und einen Knauf am Ende des Griffs. Mit der Parierstange sollte beim Kampf ein Schlag auf die Hand abgefangen werden. Ritterschwerter konnten über einem Meter lang sein, waren scharf geschliffen und zeichneten sich durch Zweischneidigkeit aus. Sie eigneten sich sowohl als Hieb- als auch als Stichwaffe. Die Klinge lief nach vorne spitz zu und besaß in der Mittelachse eine Blutrinne, die allerdings weniger dem Abfließen von Blut sondern mehr der Elastizität und der Gewichtsersparnis diente. Der Knauf am Ende des Griffs durchlief im Laufe der Jahrhunderte regelrechte Modeströmungen. Seit dem 13. Jahrhundert wurde der Griff länger, damit das Schwert auch mit beiden Händen geschlagen werden konnte. Neben dem Schwert trug der Ritter noch Dolche, die bis zu 40 Zentimeter lang waren.

Die Lanze stellte die zweite repräsentative Waffe des Ritters dar. Sie wurde vom Pferd aus geführt, diente zum Stoßen und gestattete den Kampf in Gruppen. Eine Lanze hatte einen etwa 3 bis 3,5 Meter langen Schaft und bestand aus elastischem Holz, meist Eschenholz. Die eiserne Lanzenspitze war etwa 15 Zentimeter lang und 5 Zentimeter breit, sie konnte gut eine Rüstung durchstoßen. Am hinteren Ende der Lanze schützte eine große Brechscheibe die Hand des Ritters. Im 14. Jahrhundert kam eine Lanzenspitze mit vier scharfen Kanten auf, die schlecht heilende Wunden hinterließ. Paradelanzen und Turnierlanzen unterschieden sich von den Kampflanzen. Sie waren schmuckvoller als diese, häufig länger und besaßen an der Spitze eine abgeflachte Eisenscheibe, um Verletzungen zu vermeiden.

RÜSTUNG, SCHILD UND HELM

Die Rüstung oder den Harnisch fertigten andere spezialisierte Handwerker. Es waren die Plattner, die einen Ritter zu einem Mann aus Eisen machten. Sie mußten mit höchster Präzision arbeiten, denn jede Rüstung war »maßgeschneidert« und an den Ritter angepaßt. Sie war durchschnittlich 25 bis 35 Kilogramm schwer. Im 15. und 16. Jahrhundert gab es auch Rüstungen für Pferde, die allerdings meist nur zu Schauzwecken bei Turnieren eingesetzt wurden. Bei Schlachten trugen Pferde wegen der besseren Beweglichkeit in der Regel weit kleinere Eisenrüstungen

> DAS STREITROSS *war das kräftigste und beste Pferd des Ritters.*

> Die normannischen Ritter *trugen Nasalhelm und Kettenhemden.*

als bei Turnieren. Die Pferdepanzerung wurde notwendig, als im Spätmittelalter bei kriegerischen Auseinandersetzungen nicht mehr nur der Ritter, sondern auch sein Pferd angegriffen wurde. Es gab in Deutschland sehr berühmte Plattner-Familien, deren Arbeiten über Generationen hinweg überall begehrt waren. Im 15. und 16. Jahrhundert zeichnete sich beispielsweise die Sippe Helmschmied in Augsburg, die Sippe Gründwald in Nürnberg und die Sippe Seusenheuser in Innsbruck durch hervorragende Plattner-Arbeiten aus.

Die Rüstung eines Ritters wurde aus dem Panzerhemd, der Brünne, entwickelt. Ein solches Panzerhemd war bereits den Kelten und Wikingern bekannt. Eine Brünne sah meist wie ein Kettenhemd aus, denn sie bestand aus einzelnen Eisenringen, die miteinander verbunden waren und über einem gepolsterten Hemd getragen wurden. Es gab allerdings auch Brünnen aus kleinen Eisenplättchen. Auf dem Teppich von Bayeux sind die knielangen Panzerhemden der Normannen dargestellt. Im 12. Jahrhundert gehörte das Panzerhemd zur Grundausstattung eines Ritters und besaß zusätzlich noch eine gepanzerte Kapuze sowie einen Panzerkragen, dazu kamen noch gepanzerte Kniehosen zum Schutz der Oberschenkel. Später, im 13. Jahrhundert, wurden an besonders gefährdeten Stellen des Körpers immer öfter kleine Eisenplatten in die Rüstung eingearbeitet. Sie halfen, Schwerthiebe besser als vorher abzufangen. Das Panzerhemd wurde auf diese Weise zu einem Spangenharnisch aus schmalen Eisenplatten, außerdem wurden die Ober- und Unterarme in Metallröhren gesteckt. Der Schutz der Gelenke war besonders schwierig, denn um Hände, Arme und Beine beweglich zu halten, waren komplizierte Schmiedearbeiten notwendig. Sogar die Fingerhandschuhe waren zuletzt mit Eisenschuppen besetzt. Um 1400 setzte sich schließlich der Plattenharnisch mit Vollpanzerung durch. Die ersten Modelle dieses neuen Rüstungstyps bestanden aus rund elf einzelnen Eisenplatten und schützten den gesamten Körper. Damit der Ritter gut atmen konnte, war die Brustplatte gewölbt. Oft waren die Platten sehr schmuckvoll gestaltet, und beim sogenannten »Weichen Stil« wurden sogar Eigenarten von Kleiderstoffen wie Falten im Eisen nachgeahmt. Aus solchen Strukturen entstand später der dekorative Riefelharnisch. Eine weitere Verbesserung erfuhr der Plattenharnisch im frühen 15. Jahrhundert, als erstmals in Italien eine verstärkte Schulterpanzerung eingeführt wurde, die sich schnell verbreitete. Während der Körperbewegung schoben sich nun die einzelnen Teile zungenartig übereinander. Der Panzer wurde dadurch ohne eine Verschlechterung der Schutzfunktion immer beweglicher, und der Ritter war weniger eingeengt. Bald war der Harnisch in seiner Konstruktion so ausgereift, daß nur noch Details verbessert werden mußten.

Allerdings kam während dieser Zeit erstmals die Feuerwaffe auf. Sie machte den teuren und schweren Harnisch für den Kriegseinsatz sinnlos, denn jede Kugel ging durch ihn hindurch. Die Feuerwaffe erforderte neue Kampftechniken, und eine

Vollpanzerung ergab keinen Sinn mehr. Von nun an wurden nur noch dekorative Prunkharnische zu Schauzwecken produziert, die sehr körperbetont gearbeitet waren und die sehr vermögende Ritter aus Prestigegründen auf Turnieren trugen. Bald übertrumpften sich die Fürsten gegenseitig mit ihren immer kunstvolleren Prunkharnischen, die stets ein Meisterwerk der Plattner-Kunst waren, obwohl sie in der Schlacht keine Vorteile mehr brachten.

Der Schild war bei den mitteleuropäischen Rittern des Hochmittelalters zunächst oben oval gebogen und lief nach unten zugespitzt zu. Er bestand aus mehrschichtig verleimten Holz, das mit Leder überzogen und mit Metall beschlagen war. Erst im späten 12. Jahrhundert trug der Schild das Wappen des Ritters und wurde aufgrund der verbesserten Körperpanzerung kleiner. Es erhielt nun die Form eines Dreiecks. Später befanden sich am Schild noch Einbuchtungen, um die Lanze besser führen zu können.

Sehr lange trugen Ritter den Nasalhelm, der kegelförmig konstruiert war und im Bereich der Nase über einen verlängerten schützenden Eisenteil verfügte. Sonst blieb das Gesicht frei. Erst im späten 12. Jahrhundert kam der für Ritter typische abgeflachte Topfhelm mit einer Barbiere auf, eine klappbare Visierplatte mit Luftlöchern und einem Augenschlitz. Dieser Topfhelm wurde im 13. Jahrhundert immer gewaltiger und wandelte sich nach und nach zu einem schweren Kübelhelm um. Schließlich kam auch die etwas leichtere Beckenhaube mit einer seitlichen Brünne als Halsschutz auf, die dem Ritter bei großer Hitze keine Atembeschwerden mehr bereitete und gerne im Sommer getragen wurde. Immer wieder hatten Ritter bei großer Hitze unter ihrem gewaltigen Helm einen Hitzschlag erlitten. Fiel ein Ritter vom Pferd und auf das Gesicht, konnte er ersticken, weil sich beim schweren Kübelhelm die Schlitze des Helms durch Erde oder Gras verstopften. Nach dem Jahre 1350 erhielt deshalb das Klappvisier eine Schnauzenform, um die Atmung zu verbessern und Schläge zur Seite abgleiten zu lassen. Für Turniere wurden besondere Helmtypen entwickelt, die durch Rundungen das Abgleiten der Lanzenspitze begünstigten. Um das Jahr 1400 kam der Helmtyp Armet auf, der zusätzlich noch einen Kinnschutz hatte, sowie der Helmtyp Schaller mit einem Nakkenschutz. Mit der Herstellung der Helme waren Helmschläger und Haubenschmiede beschäftigt.

PFERDE

Für Ritter waren Kontakte zu guten Pferdehändlern wichtig. In dieser Branche waren viele Betrüger aktiv, allerdings verstand ein Ritter in der Regel viel von Pferden, so daß es schwer fiel, ihn übers Ohr zu hauen. Die Pferde der Ritter waren im Gegensatz zur allgemein herrschenden Meinung recht klein. Nach Knochenfunden auf Burgen und auf Schlachtfeldern hatten die Ritterpferde ein Stockmaß (Schulterhöhe) zwischen 120 und 140 Zentimeter. Sie waren somit kleiner als die heutigen Kaltblutpferde und in etwa mit einem Haflinger vergleichbar. Während einer Schlacht hatte ein Ritter oft wiederholt die Pferde zu wechseln, damit die Tiere nicht zu sehr ermüdeten. Bei großen Pferden wäre ein schneller Wechsel mühsam gewesen, zumal ein Ritter im Durchschnitt kleiner als 1,70 Meter war. Jeder Ritter verfügte auch bei Kriegseinsätzen über mehrere Pferde und war stets mit einem Troß unterwegs. Da gab es zunächst das Streitroß als das kräftigste und beste seiner Pferde, ein weiteres und weniger wertvolles Pferd diente als Reitpferd, dazu kamen noch Transportpferde und die Pferde für die Knappen. Ritter, die etwas auf sich hielten, ritten ausschließlich Hengste, die vor dem Schlachtenlärm keine Furcht kannten. Ein gutes Streitroß konnte sehr teuer sein und kostete etwa 25mal soviel wie ein durchschnittliches Pferd. Eine Bauer hätte rund sechs Jahre arbeiten müssen, um sich ein sehr gutes Streitroß leisten zu können. Ritterpferde wurden in unterschiedlichen Qualitäten in ganz Europa gezüchtet. Die größte Nachfrage gab es für edle kastilische Streitrösser, die wegen der hohen Preise außerhalb von Spanien praktisch nur von Fürsten geritten wurden. Damen bevorzugten den Palefridus oder Zelter, eine sehr ausgeglichene Pferderasse mit ruhiger Gangart, die gut den Damensattel erlaubte.

ARCHITEKTUR DER BURGEN

Im ausgehenden 12. und dem beginnenden 13. Jahrhundert erreichte der abendländische Burgenbau seine Blüte. Burgen entwickelten in ihren Architekturen und Grundrißgestaltungen eine große Formenvielfalt, die manchmal eine Zuordnung erschwert. Nach der Lage gab es auf Berggipfeln, Bergrücken oder auch auf Felsen die Höhenburgen. An steilen Hängen wurden Hangburgen errichtet. Interessant ist, daß es auch Burgen in großen natürlichen Höhlen gab, so daß nur der Höhleneingang gesichert werden mußte. Tiefburgen wurden in der Ebene gebaut und nutzten den Schutz von Wasserflächen, zu ihnen gehörten Wasserburgen, Uferburgen oder Hafenburgen. Großflächige Burganlagen konnten schließlich auch von Hängen in Höhen übergehen. Die bayrische Herzogsburg Burghausen an der Salzach erstreckt sich über eine Länge von 1,1 Kilometer und wird in sechs Abschnitte mit eigenen Toren und Gräben untergliedert.

BAUKUNST

Während der Blütezeit des Rittertums gab es in Europa zwei gewaltige Kunstströmungen, die für spätere Kunstentwicklungen Weichen gestellt haben und sie entscheidend prägten. Es handelte sich um die romanische und die gotische Kunst. Mächtige Kirchenbauten zeugen noch heute von der Kraft dieser Kunst. Im Mittelalter gab es ungewöhnlich viele Kirchen, und es wird geschätzt, daß auf etwa 200 Menschen eine Kirche kam. Manche Städte mit nur etwa 5000 Einwohnern besaßen bereits 30 bis 40 Kirchen. Ritter wurden bei der Gestaltung ihrer Burgen sicherlich von diesen Kunstströmungen beeinflußt.

An den meisten deutschen Burgen lassen sich Kennzeichen der mittelalterlichen Baustile finden, romanische oder gotische Elemente. Später wurden viele Burgen im Geschmack der folgenden Zeiten umgebaut oder erweitert.

ROMANISCHE KUNST

Im weltlichen Bereich können viele Kaiserpfalzen und Burgen der romanischen Baukunst zugeordnet werden. In der Kirchenarchitektur stand die romanische Kunst ganz im Zeichen des runden Gewölbebogens. Viele mächtige Dome und Klosterbauten gehen auf den romanischen Baustil zurück. Plastiken, Malereien oder frühe Glasfenster aus der romanischen Kunstepoche haben sich auf Burgen nur in Ausnahmefällen und höchstens in Resten erhalten. Manche Burgen zeigen Spuren von Freskenmalereien, die einst Festräume, aber auch Kemenaten schmückten. Aus den Beständen von Kirchen und Klöstern kann allerdings geschlossen werden, wie prachtvoll möglicherweise auch weltliche Gebäude und sogar Wehranlagen wie Burgen ausgestattet waren.

Ein Bild zur Innenausstattung von Räumen aus der Zeit der Romanik können heute große Radleuchter vermitteln. Auf der Groß-Comburg bei Schwäbisch Hall gibt es noch einen originalen Radleuchter, den Abt Hartwig zwischen den Jahren 1104 und 1139 für ein Benediktinerkloster anfertigen ließ. Der Leuchter besitzt einen Durchmesser vom rund 5 Metern und trägt zahlreiche Kerzen, mit denen einst ein großer Raum beleuchtet wurde. Er ist aus vergoldetem und versilberten Kupferblech gearbeitet und mit reichen Ornamenten sowie weiteren Schmuckkomponenten ausgestattet. Symbolisch sollte er mit zwölf turmartigen Dekorationen das himmlische Jerusalem darstellen.

GOTISCHE KUNST

Die gotische Kunst nahm in Frankreich ihren Anfang und fand im Bau der großen Kathedralen ihre Krönung. Diese Kirchen gelten heute als ein Höhepunkt der Architektur. Die Größe der Kathedralen war für die damalige Zeit gewaltig. Die französische Stadt Amiens zum Beispiel hatte beim Bau ihrer Kathedrale etwa 10 000 Einwohner, die später alle gemeinsam in dem Gotteshaus Platz finden konnten. Typische Bauelemente der Gotik waren das Kreuzrippengewölbe, der Spitzbogen sowie der Strebepfeiler und Strebebogen. Unter den weltlichen Bauten der Gotik imponieren noch heute prächtige Rathäuser oder Zunfthäuser, wie etwa am *Grand Place* in Brüssel. Als in der mittelalterlichen Stadt Holzbauten immer mehr durch Steinbauten ersetzt wurden, begannen dort auch bei den Bürgerhäusern bald gotische Bauelemente zu dominieren. Der Papstpalast von Avignon gilt als Beispiel für die weltliche Architektur der Gotik. Zahlreiche gotische Bauelemente sind auch in der Burg Castel del Monte in Süditalien vertreten. Diese Burg, die einst Kaiser Friedrich II. erbauen ließ, bringt allerdings auch arabische Stilelemente in die Architektur ein. Überragende Leistungen gab es während der Gotik noch in der Bildhauerkunst, bei der Gestaltung von Kirchenfenstern sowie in der Malerei. Aber auch bei den sogenannten angewandten Künsten wurden Meisterwerke geschaffen, etwa, um nur einige Beispiele zu nennen, in der Buch- und Teppichgestaltung oder bei Goldschmiedearbeiten und Schnitzereien. Sicherlich gab es solche Kunstwerke auch auf Burgen, insbesondere wenn sie reichen Fürsten gehört hatten.

VORFELD DER BURG

Vor der Burg ist als eine weitere Verteidigungsanlage meist noch ein Graben ausgehoben. Daneben können dorniges Gestrüpp, Palisaden und Spanische Reiter, zugespitzte Pfähle, den Zugang erschweren. Der Weg zur Burg wird spiralförmig und eng an die Burgmauer herangeführt, damit ein Reiter seine rechte und schildlose Seite möglichst lange zeigen muß und beschossen werden kann. Wege sind nicht breit, damit nur hintereinander und nicht in einer Front gestürmt werden kann. In der direkten Umgebung wachsen kaum Bäume, denn die Burg soll über größere Entfernungen erkannt werden können und damit auch repräsentieren. Außerdem läßt sich bei einem freien Blickfeld die Ankunft von Fremden gut beobachten, und es gibt kaum Deckung. Ein möglicher Angreifer soll für eine Belagerung kein gutes Anmarschgebiet vorfinden und ständig selbst attackiert werden können. Manche Burgen besitzen noch geheime unterirdische Gangsysteme.

WEHRFORMEN UND WOHNFORMEN

Besonders häufig kommen Burgen auf einem Berggipfel oder -rücken vor. Sie bieten ein gutes Modell für die Gestaltung einer typischen Burg aus der Blütezeit des Burgenbaus. Nach der Bauorganisation kann zwischen den Wehrformen und den Wohnformen unterschieden werden. Durch unterschiedliche Kombinationen dieser Formen kann das Aussehen einer Burg vielfältig gestaltet sein, so daß jede Burg individuell erscheint. An den Wehrformen fallen zunächst mächtige Mauern mit Zinnen und Türmen auf. Die oft ringförmigen Mauern sind gut an das umgebende Gelände angepaßt und an möglichen Angriffsseiten verstärkt ausgebaut. Sie können einige Meter dick sein und gestaffelt vorkommen, so daß sie bei einer Belagerung mit einem großen Zeitaufwand erst nach und nach erobert werden müssen. Auf den Mauern verlaufen Wehrgänge mit besonderen Verteidigungseinrichtungen. Zusätzlich sind Mauertürme an Schwachpunkten im Verteidigungssystem wie etwa an Ecken plaziert und gestatten eine bessere Beobachtung und Bekämpfung von Angreifern. Der Zugang zur Burg erfolgt bergauf über mehrere Toranlagen mit Zugbrücken.

Die erste Toranlage führt zu einer Vorburg mit einem Vorhof, an den sich eine zweite Toranlage anschließt. Erst sie gestattet den Zugang zur Burg. Kein Zugang ist allerdings gerade, sondern wird stets von Abknickungen unterbrochen. Eingedrungene Reiter können hier keine schnelle Attacke reiten. Die Zahl der Tore bleibt dabei auf ein Minimum beschränkt. Durch eine tunnelartige Konstruktion, Fallgittern sowie Pechnasen und andere Verteidigungseinrichtungen sind Toranlagen zusätzlich gesichert. Der Bergfried oder auch Bergfrit ist der Hauptturm einer Burg und letzter Rückzugsbereich bei einer Belagerung. Er ist besonders massiv gebaut und überragt die gesamte Burg. Der Zugang zu ihm liegt erhöht und kann leicht unterbrochen werden, so daß er zu einer isolierten Burg innerhalb der Burganlage wird. Treppenanlagen werden in Gebäuden und Türmen meist als enge Wendeltreppen geführt, die im Uhrzeigersinn gedreht sind. Wer eine solche Treppe hochstürmt, ist als Rechtshänder im Schwertkampf behindert, wer noch oben steht, dagegen begünstigt. Außerdem sind Türen durch die Drehkonstruktion der Treppe erst spät sichtbar und können, da sie recht eng sind, mit Lanzen und Speeren gut verteidigt werden. Kurze steinerne Treppen, die in Gebäuden zu größeren Räumen führen, sind schließlich so schmal, daß nur ein Mann auf ihnen stehen kann, und die Stufen sind dazu noch rund 30 Zentimeter hoch. Kämpfer können hier nur hintereinander stürmen und wegen der Stufenhöhe nicht sehr schnell; oben genügt dann ein einzelner Verteidiger. In manchen Zimmerböden gibt es Mordlöcher, die geöffnet werden können, um in die darunterliegenden Räume hineinzustechen oder zu schießen. Der Boden des Burghofs ist gegenüber den Fundamenten der Außenmauer erhöht. Gelingt es Angreifern, die Außenmauer im unteren Bereich zu durchbrechen, stoßen sie nur auf Erde.

Zu den Wohnformen gehört zunächst der Palas, das rechteckige, große Hauptgebäude einer Burg,

Fachbegriffe aus dem Burgenbau

Abtrittserker – Erker mit einem Loch, das über den Misthaufen oder den Burggraben ging und als Toilette diente.

Bergfried – Der Hauptturm einer Burg und letzter Zufluchtsort für die Bewohner, wenn die Burg erstürmt wird. Sein Zugang liegt meist im Obergeschoß und ist nur über eine Leiter zugänglich, die bei Gefahr nach oben gezogen wird.

Donjon – Hauptturm einer französischen Burg, der meist auch als Wohngebäude dient.

Gußerker – Ein Erker über dem Burgtor, von dem aus Angreifer mit Pech oder Öl begossen werden konnten.

Halsgraben – Ein Graben, der die Burg zu einer Seite sichert und nicht mit Wasser gefüllt ist.

Kemenate – Bezeichnung für die heizbaren Räume der Burg, von »Kamin«. Auf kleinen Burgen gab es nur einen solchen Raum, der dann als Schlafzimmer und Aufenthaltsraum für die Frauen diente.

Motte – Kleinere Burg auf einem künstlichen Hügel, in der Anfangszeit noch aus Holz gebaut. Sie besteht oft nur aus einem bewohnten Turm.

Rittersaal – So nennt man heute den größten Raum einer Burg im Obergeschoß, in dem gefeiert und gegessen wurde. Er ließ sich oft durch einen Kamin beheizen.

Palas – Das Wohnhaus der Ritter in einer Burg.

Ringmauer – Mauer, die eine Burg von allen Seiten umgibt.

Schießscharte – Schmale Öffnungen in der Burgmauer, um geschützt auf Angreifer schießen zu können

Schildmauer – Besonders gesicherte und erhöhte Mauerstelle an der Burg, wo das Gelände für einen Angriff günstiger war.

Vorburg – Ein Bereich, dessen Mauern sich an die

eigentlichen Burgmauern anschließen. Er liegt oft etwas unterhalb der eigentlichen Burg und enthält einen Bauernhof oder Gärten.
Wasserburg – Wo man Burgen nicht auf Berghöhen anlegen konnte, umgab man sie mit einem Wassergraben.
Wehrgang – Ein häufig überdachter Gang oben auf der Mauer einer Burg entlang. Die Verteidiger der Burg können von hier aus auf die Angreifer schießen, zu diesem Zweck hat der Wehrgang Schießscharten oder Zinnen.

an dem häufig noch dekorative Freitreppen angebracht sind. Ein Palas enthält im Erdgeschoß meist Wirtschafts- und Vorratsräume und im Stockwerk darüber den oft großen Rittersaal, wo Gäste empfangen werden und auch Festlichkeiten stattfinden. Mit der Ausstattung seines Rittersaals demonstriert der Burgherr seinen Reichtum und seine gesellschaftliche Position. An den Palas schließen sich Gebäude mit Wohngemächern, aber auch Wirtschaftsbauten mit Pferdeställen (»Marställen«) an. Zur Abwehr von Brandgefahren ist der Küchentrakt meist etwas isoliert angelegt. Die früher einzigen heizbare Räume der Burg waren die Kemenaten, sie dienten oft als Frauengemächer und Schlafkammern. Vor den Frauengemächern wurden häufig noch Blumenbänke angebracht. Zwischen dem Palas und der Burgmauer ließen sich die Damen der Burg noch winzig kleine Blumengärtchen angelegen, in denen hauptsächlich Rosen und kleine Bäumchen wuchsen; sie wurden Paradiesgärtlein genannt. Viele Burgen besitzen darüber hinaus noch eine Burgkapelle.

WOHNUNG, EINRICHTUNG UND MÖBEL

Der Palas war der ganze Stolz eines Burgherrn, in ihm hatte er seine Repräsentationsräume. Dort wurden Gäste empfangen und bewirtet. Vom Burghof aus war er über eine Freitreppe zu erreichen und besaß als erste Visitenkarte des Hauses am Eingang oft kunstvolle Dekorationen. Gewöhnlich lag der Eingang, wie etwa auf der Wartburg in Thüringen, im ersten Stock. Dort trat der Gast zunächst in eine schmale, offene Laube, die im Sommer einen angenehmen Aufenthalt im Freien bot und einen Blick in den Burghof zuließ. Eine solche Laube gibt es ebenfalls noch auf der Wartburg, aber auch auf einigen anderen Burgen.

RITTERSAAL

Von der Laube aus führte eine Tür in einen großen Saal, der heute meist Rittersaal genannt wird und der im Mittelpunkt vieler Ritterromane steht. Gewöhnlich besaß der Saal kein Gewölbe, sondern eine reich geschmückte Balkendecke. Der Fußboden bestand aus Ton- oder Steinplatten, die ein Muster bildeten. Häufig waren auf diesen Platten noch Bilder dargestellt. Licht fiel durch größere oder kleinere Fenster ein, wobei es nur bei einer vor Beschuß geschützten Wand größere Fenster gab. Konnte die Wand dagegen bei einer Belagerung beschossen werden, waren die Fenster klein und schmal. Große Fenster bestanden aus Gruppen von drei bis fünf einzelnen Fenstern, die durch Säulen getrennt und sorgfältig gearbeitet waren. Da die Mauern sehr dick waren, wurden die Fenster gleichzeitig innen als Nischen gestaltet und besaßen Fenstersitze, die einen weiten Blick gestatteten. Geschlossen wurden die Fenster mit Läden. Verglasungen der Fenster waren ausgesprochen selten und ein großer Luxus, den sich kaum ein Ritter leisten konnte. Meist handelte es sich bei der Verglasung um trübes Waldglas, das zu Butzenscheiben verarbeitet wurde. Fehlten die Mittel dafür, wurden durchsichtige Häute, etwa aus Tierblasen oder Pergament, gespannt. Sie schützten kaum vor Kälte, daher wurden die Fensterläden im Winter oft auch tagsüber geschlossen gehalten.

In den großen Repräsentationssälen gab es noch mächtige Kamine, die allerdings keine gute Heizleistung erbrachten. Im tiefen Winter war deshalb ein Rittersaal stets kalt und zugig, und es wurde tagsüber kaum hell. Während der kalten Jahreszeit wurden bei Festen in verschiedenen Ecken des Saales zur besseren Erwärmung Glutpfannen aufgestellt. Die Wände eines Rittersaales waren als Blickfang gestaltet, sorgfältig verputzt und häufig noch bemalt, wobei dekorative Blumenmuster beliebt waren. Bei größeren Bildprogrammen gab es auch Einlegearbeiten aus Gold, doch dazu mußte der Burgbesitzer schon ein reicher Fürst sein. Für Festlichkeiten wurden die Wände mit Wandteppichen geschmückt und der Fußboden mit Teppichen ausgelegt. Um für Gäste einen angenehmen Geruch zu verbreiten, wurden auf dem Fußboden frische Blumen ausgestreut. Die Schilde der Ritter hingen an exponierten Stellen des Saales. Dabei handelte es sich nicht nur um die Schilde des Burgherrn, sondern auch um Schilde von freundschaftlich verbundenen Rittern. Beim Hochadel war im Rittersaal der Fußboden an den Stellen, wo bei Festlichkeiten der Fürst saß, erhöht. Der Fürst und Lehnsherr sollte damit auch optisch seine Gäste überragen.

Große und lange Tische, aber auch Hocker und Bänke wurden meist nur zu den Mahlzeiten hineingetragen. Stühle im heutigen Sinn verbreiteten sich erst seit dem Spätmittelalter. Entlang der Wände standen ebenfalls Bänke. Da es noch keine Möbelpolsterung gab, wurden Federkissen aufgelegt und über die Kissen dann Decken. Die Tischplatten waren aus kostbaren Hölzern gefertigt und ruhten auf Böcken. Um den Kamin wurden Faltstühle ohne Rückenlehne sowie Fußschemel gruppiert. Solche Stühle sind auf vielen mittelalterlichen Bildern dargestellt und bildeten die Vorläufer der modernen Polstersessel mit Lehne. Bei Amtshandlungen saßen wichtige Herren stets auf solch einem Faltstuhl. Lebten Witwen auf der Burg, stand ihnen ein besonderer Witwenstuhl zu, den sie jedoch bei einer neuen Ehe wieder räumen mußten. Der Witwenstuhl sollte Wertschätzung anzeigen. Zur Beleuchtung hingen in noblen Burgen Kronleuchter in Form eines Metallreifens von der Decke herab. Kaiser Friedrich I. stiftete zum Beispiel dem Münster zu Aachen einen Kronleuchter, der für 48

Lichter Platz bot. Bekannt waren auch Wandleuchter oder große Leuchter, die auf den Boden gestellt wurden und Kirchenleuchtern ähnelten.

Meist besaß eine Burg nur einen einzigen großen Saal, bei sehr mächtigen und repräsentativen Burgen konnte es aber auch mehrere Säle geben; manchmal werden in Dichtungen auch eigene Speisesäle beschrieben. Hielten die Bauern im Gebiet eines Ritters Bienen, standen zur Beleuchtung Wachskerzen zur Verfügung; sie waren sehr repräsentativ, aber teuer. Häufiger gab es Kerzen aus Rindernierenfett oder Hammeltalg. Fackeln oder Öllampen wurden in den teuer eingerichteten Räumen nur ungern eingesetzt, denn sie rußten stark. Eher fanden sie in den einfachen Kemenaten Verwendung.

KEMENATE, SCHLAFZIMMER

Die mehr privaten Räume des Burgherrn und seiner Familie befanden sich überwiegend ebenfalls im Palas. Da sie heizbar waren und hauptsächlich als Schlafräume dienten, wurden sie Kemenaten (von »Kamin«) genannt; sie besaßen oft einen Holzfußboden. Die Heizung war auf Burgen ein großes Problem. Nicht heizbare Räume konnten höchstens mit Glutpfannen dürftig erwärmt werden. Es war deshalb ein großer Fortschritt, als im 12. Jahrhundert die Kachelöfen aufkamen. Sie hielten und verteilten die Wärme besser als Kamine. Große Burgen beschäftigten deshalb einen Heizmeister *(fornarius)*, der im Winter mit seinen Gehilfen dafür sorgte, daß die Kachelöfen immer gut bestückt waren. Kemenaten waren außerdem abschließbar und sicherten eine private Sphäre. Über ihre ursprüngliche Ausstattung gibt es wenig Hinweise, und nur manchmal werden sie von Dichtern beschrieben. Bei Hochzeiten diente eine besonders repräsentative Kemenate als Brautkammer, auf deren Fußboden dann frische Blumen ausgestreut wurden. In Kemenaten wurde nicht nur geschlafen, sondern auch Schreibarbeiten oder Handarbeiten der Frauen gemacht. Für eine kurze Ruhe wurde auf Teppichen eine Schlafstätte aus Kissen aufgebaut und dann mit einer schönen Decke abgedeckt. Bei vornehmen Rittern waren nur dekorative Kissen mit Federn gefüllt und hießen dann »plumit«, ansonsten aber enthielten größere Kissen Wolle oder Haare und wurden nach einem arabischen Ausdruck »matraz« genannt. Kleine Sofas auf vier Füßen gab es ebenfalls. Auffallend ist allerdings, daß generell nur wenig Möbel in Gebrauch waren.

Da Beleuchtung aufwendig und teuer war, ging man früh zu Bett. Es gab Spannbetten, sie waren oft reich verziert und besaßen geschnitzte Bettgestelle mit Spanngurten oder Seilen in der Mitte. Das Unterbett wurde lange Zeit nur mit Stroh gefüllt und lag auf dem Seilnetz auf, so daß es federn konnte. Für die Kissen gab es schon früh Federfüllungen und manchmal feine Lederüberzüge, über die zuletzt noch ein edler Seidenstoff gestreift wurde. Über dem Bett lag eine gesteppte Decke, das Kulter. Durch diese Decken konnte ein Bett tagsüber auch als Sitzgelegenheit genutzt werden. Wegen der Winterkälte und Nässe standen Betten

> Bett in einer Kemenate *der Burg Eltz.*

>Faltstühle *ohne Rückenlehne.*

> Kleidungsstücke *wurden in Truhen aufbewahrt.*

oft etwas erhöht und waren von Vorhängen umgeben. Über den Betten spannte sich außerdem meist ein Baldachin, der den Vorteil hatte, daß Wanzen nicht direkt von der Decke auf die Schlafenden fallen konnten. Vor jedem Bett lag ein Teppich und stand eine Bank, damit es sich der Schlafsuchende beim Ausziehen der Kleidung bequem machen konnte; die Kleidung wurde auf einem »Ric«, einem besonderen Holzgestell, aufgehängt. Kleidungsstücke wurden in Truhen aufbewahrt, denn die hochentwickelte Möbelkunst der späteren Jahrhunderte gab es noch nicht. Prächtige Kemenaten waren außerdem mit Malereien geschmückt oder mit Holz getäfelt, bei anderen Kemenaten wurden die Wände mit kostbaren Stoffen bespannt. Kreuze und Heiligenbilder durften nicht fehlen und waren mehr als nur Schmuck.

Da die Damen der Burg ihre Zeit überwiegend in den Kemenaten verbrachten, wurden für sie auch Bänke, Schemel und Tische aufgestellt, außerdem ihre Arbeitsgeräte zum Spinnen, Weben oder Schneidern. Türen konnten verriegelt werden, besaßen aber häufig am unteren Ende kleine Klappen für die Katzen der Burgfräulein. Für Gäste gab es auf großen Burgen kleinere Kemenaten. Waren einmal sehr viele Gäste auf der Burg, wurden auch in den Sälen Schlafgelegenheiten hergerichtet. Nur hochstehende Persönlichkeiten schliefen dann allein in einem Bett, eingeladene Ritter mußte sich in der Regel zu zweit ein Bett teilen.

BADESTUBE

Waschgelegenheiten, die heute als selbstverständlich gelten, waren früher unbekannt. Auf jeder Burg mußte sparsam mit Wasser umgegangen werden. Mancher Burgbewohner roch deshalb auch entsprechend. Zur Morgentoilette kam Gesinde mit einer Wasserkanne und einem Becken in den Raum. Wasser wurde kurz über die Hände gegossen und das Gesicht leicht benetzt, danach war die Wäsche beendet. Dennoch, es wurde auch gebadet. Zur gründlichen Reinigung benutzten die Familie und ihre Gäste einen Badezuber. Entweder wurde dazu eine Wanne in das Zimmer getragen oder es gab eine eigene Badestube, die gut beheizt werden konnte. In dem mittelalterlichen Schwank »Der nackte Bote« wird der Bote mit seiner Nachricht von Wächtern zur Badestube geschickt, weil dort die gesamte Familie versammelt wäre. Er glaubt, die gesamte Familie würde baden, zieht sich deshalb aus und geht nackt hinein. Doch die gesamte Familie einschließlich der Mägde sitzt wohlbekleidet im Raum, es war ihnen in den übrigen Burgräumen nur etwas kalt geworden.

TOILETTEN

Toilettenanlagen waren ein besonderes Problem, denn keine Burg war wie Häuser zur heutigen Zeiten an ein Kanalsystem angeschlossen. An den Außenmauern gab es deshalb Aborterker mit einem Loch im Fußboden. Die Fäkalien fielen von dort im freien Fall in den Burggraben. Gewischt wurde mit trockenem Moos oder mit Tüchern an einem Stöckchen. Da es hier insbesondere im Winter recht zugig war, hielt sich vermutlich niemand lange auf der Toilette auf. Außerdem wurden Aborterker bei einer Belagerung gerne unter Beschuß genommen. Größere Burgen mit vielen Bewohnern verfügten auch über Jauchegruben mit darübergebauten Toilettentürmen, so daß die Fäkalien über Rohre nach unten geführt werden konnten. War der Brunnen im Burghof, konnte dabei das Wasser leicht verseucht werden. Bei einem Treffen von Großen des Reiches in Erfurt stürzte im Jahre 1183 einmal ein Deckenbalken ein, und zahlreiche Edelmänner fielen anschließend in die darunter liegende Jauchegrube. Bei diesem Unfall soll es zahlreiche Tote gegeben haben. Es wird berichtet, daß sich der Kaiser im letzten Augenblick mit einem Hechtsprung aus dem Fenster rettete und unverletzt blieb.

BURGKAPELLE

Zu den Aufgaben eines christlichen Ritters gehörte auch der regelmäßige Besuch von Gottesdiensten. Um diesen Anforderungen nachzukommen und sich nicht ständig zu einer nahen Kirche begeben zu müssen, verfügten viele Burgen über eigene Burgkapellen. Bei mächtigen Burgen waren sie manchmal als Doppelkapellen ausgebaut, so daß der Burgherr und seine Familie mitsamt den Gästen von der Burg aus direkt ins Obergeschoß der Kapelle gehen und von einer Galerie aus die Messe verfolgen konnten, während das Gesinde mit dem Erdgeschoß vorlieb nahm. Die Burgkapelle war auch Begräbnisstätte.

RÄUME FÜR BEDIENSTETE

Für alle übrigen Bewohner einer Burg gab es den Wohnluxus des Burgherrn nicht. Sie lebten ohne Privatbereich in großen Räumen, die alle nicht beheizt werden konnten. Hatten die Bediensteten Glück, war der Boden ihrer einfachen Räume mit groben Holzbohlen ausgelegt und auch die Wand mit Holz verkleidet, denn dann machte sich im Winter die Kälte nicht so schlimm bemerkbar wie sonst bei einer oft unverputzten Steinwand. Für ihre eigenen bescheidenen Habseligkeiten durften die Bediensteten meist Truhen und manchmal auch Wandschränke benutzen. Arbeiteten sie in der Küche oder in der Burgschmiede, war es ihnen in der Winterkälte wenigstens tagsüber warm. Ansonsten aber war insbesondere in der kalten Jahreszeit das Mittelalter finster; er war eisig, zog von überall her in die Räume hinein, und durch die schmalen Fenster fiel kaum Licht. Es ist deshalb nicht verwunderlich, daß in der Dichtung des Mittelalters der beginnende Frühling geradezu gefeiert wurde, wenn die Menschen langsam aus einer Art Kältestarre erwachten.

KÜCHE

Während des gesamten Mittelalters bestand in der Küche einer Burg der Herd aus einer zentralen offenen Feuerstelle, über der Töpfe hingen, sowie einem mächtigen Rauchabzug. Es konnte von verschiedenen Seiten aus gekocht werden. Manchmal gab es zum Kochen noch eine nur von einer Seite aus zugängliche kaminartige Ofenanlage. Die Herde waren manchmal so groß, daß komplette Ochsen an einem Spieß gebraten werden konnten. Für Fische und zum Spülen waren in einer Ecke der Küche Wasserbecken angebracht, manchmal mit einem Abfluß direkt nach draußen. Fleisch wurde stets am Spieß gebraten, und zum Kochen gab es einen Rost sowie eine »Topfsäge«, eine Art Sägekamm, an dem man Töpfe über das Feuer hängen konnte. Wenn man den Topf einen Zahn weiter nach unten hängte, »legte man einen Zahn zu«, und das Essen wurde schneller gar. Kleinere Töpfe hatten Beinchen, mit denen man sie direkt in die heiße Glut stellen konnte. Die Zubereitung der Mahlzeiten erfolgte an stabilen Tischen, auf denen Messer herumlagen und Schalen oder Schüsseln aus Ton gestapelt wurden; Geschirr hing an der Wand. Zur Küche gehörte oft noch eine Backstube.

Meist lag die Küche im Erdgeschoß des Palas, so daß das Essen rasch zu den Gästen hoch in den Rittersaal getragen werden konnte. Zur Verminderung der Brandgefahr konnte bei großen Burgen die Küche auch in einem eigenen Gebäude untergebracht sein und gleichzeitig mehrere Feuerstellen besitzen. Die Aufsicht der Küche führte ein Truchseß, der den Köchen die Anweisungen gab und auch die Vorräte bewirtschaftete. In der Küche des französischen Königs arbeiteten wegen der Größe des Hofes im Jahre 1386 rund 75 Personen. Die Position des Küchenmeisters war sehr begehrt, denn er erhielt manchmal zusätzliche Prämien aus dem Vermögen von hingerichteten Feinden eines Ritters.

DER BAU EINER BURG

Vor dem Bau einer Burg mußten zahlreiche organisatorische Probleme gelöst werden. Wichtig war der Bauplatz, er mußte an einem Ort liegen, der gut zu verteidigen und schwer anzugreifen war. Ideal waren steil abfallende Felsen, auf denen die Burg wie ein Nest aufsaß und nur einen einzigen engen Zugang hatte. Lag die Burg dann zusätzlich noch sehr hoch, war sie mit der Technik des Mittelalters kaum einzunehmen. Solche ideale Plätze gab es selten. War endlich ein wenigstens weitgehend geeigneter Bauplatz gefunden, ergaben sich sofort Transportprobleme, denn das gesamte Baumaterial mußte zu diesen unmöglichen Orten gebracht werden. Hier wurden die Leibeigenen mit ihren Karren und dem Zugvieh herangenommen. Außerdem mußte der Bauplatz »baureif«

> Der Herd *bestand aus einer offenen Feuerstelle unter einem Abzug.*

gemacht werden. Es war notwendig, den Pflanzenbewuchs zu entfernen und die Baufläche zu planieren. Daneben mußten möglichst in der Nähe der Baustelle noch Steinbrüche sowie Sand- und Kalkgruben angelegt werden. Bei Hangburgen oder Burgen auf Bergkuppen war es einfacher, denn das beim

> ZIMMERMÄNNER *fertigten Gebälk und Abdeckungen einer Burg.*

Planieren der Baufläche gewonnene Material konnte direkt verarbeitet werden. Weiterhin mußten zur Baustellenversorgung provisorische Transportwege angelegt werden. Über größere Entfernungen wurde Baumaterial kaum transportiert. Die Straßenverhältnisse waren schlecht und die Transportkosten hoch. Außerdem hätten Ritter und Lehnsherren der Nachbarschaft vielleicht etwas dagegen gehabt, das Baumaterial durch ihre Gebiete passieren zu lassen. Sie hätten Zoll verlangen können.

Solche allgemeinen Vorarbeiten konnten ungelernte Arbeitskräfte durchführen. Ein Ritter konnte dafür seine Leibeigenen abkommandieren und war vielleicht auch in der Lage, die Arbeiten selbst zu überwachen. Während seiner Ausbildungszeit als

Knappe hatte er sich unter anderem auch mit dem Bau und den Befestigungen von Burgen beschäftigt, so daß er wußte, worauf es ankam. Vielleicht kannte sein Baumeister auch Schriften einiger bedeutender römischer Architekten, die ihm nun bei der eigenen Planung zu einem Vorbild wurden. Die Anweisungen des Römers Vitruv über die Architektur wurden während das gesamten Mittelalters gelesen und waren ein Architekturlehrbuch. Nach den Kreuzzügen wurden beim Burgenbau ebenfalls Verteidigungseinrichtungen von Burgen der Araber aus dem Heiligen Land berücksichtigt. Fragen zur Planung und zum Bau seiner Burg konnten dem Bauherrn auch ritterliche Standesgenossen beantworten, die durch ihre eigenen Bauarbeiten vielleicht schon Erfahrungen gesammelt hatten und die aus Belagerungen wußten, an welchen Schwachpunkten ein erfolgreicher Angreifer ansetzen konnte. Solche Schwachpunkte mußten bei der Planung einer neuen Burg von vornherein verhindert werden.

Alle diese Vorarbeiten konnte ein Ritter vielleicht noch selbst leiten und Kosten sparen. Ging es allerdings an die praktische Umsetzung, war er auf Spezialisten und insbesondere auf gute Handwerker angewiesen. Möglicherweise half ihm hier der Lehnsherr, Kontakte zu knüpfen. Eines der Hauptprobleme eines Bauherrn bestand deshalb darin, einen guten Baumeister zu suchen und für die Arbeit zu gewinnen. Waren sich beide einig geworden, kümmerte sich der Baumeister um eine Arbeitsgruppe von Steinmetzen, Zimmermännern und andere Handwerkern. Durch die Bauarbeiten an den großen Kathedralen gab es im Reich und in benachbarten Ländern zahlreiche Fachleute, deren Wissen auch beim Bau einer Burg gefragt war. Entweder brachte der Baumeister die Handwerker gleich mit, oder sie wurden in den nahen Städten angeworben. Auch wandernde Handwerksburschen wurden geprüft und eingestellt. Im Gegensatz zu den eigenen Leibeigenen mußten diese Fachleute allerdings gut bezahlt werden. Vor dem Bau einer Burg mußten deshalb Ritter und Lehnsherr zuerst einmal ihre Schatztruhen öffnen und den Inhalt prüfen, denn der Burgenbau war eine teure Angelegenheit.

Im Gegensatz zu den Kathedralen mußten manche Burgen aus militärischen Gründen recht schnell gebaut werden. Wenn es galt, einen Nachbarn in Schach zu halten oder Vorteile zu gewinnen, spielten Kosten eine untergeordnete Rolle. Der elsässische Landvogt Otto von Ochsenstein ließ zum Beispiel im Jahr 1293 in noch nicht einmal einem Jahr die Burg Ramstein errichten, vor der aus er anschließend die benachbarte Burg Ortenstein angriff und eroberte. Um sich gegen Ansprüche der Herrn von Westerburg erfolgreich zu wehren, ließ Erzbischof Balduin von Trier in Jahr 1319 die Burg Balduinstein innerhalb von kürzester Zeit geradezu aus dem Boden stampfen. Der gleiche Bischof ließ im Jahr 1336 die Burg Trutz-Eltz in nur wenigen Monaten Bauzeit errichten, um den Herrn von Eltz zu zeigen, daß er von nun an ihr Lehnsherr war. Bei Burgprojekten, die innerhalb kürzester Zeit vollendet werden mußten, war eine große Arbeiterschaft notwendig. Als das Beaumaris Castle in Wales zwischen 1278 und 1280 gebaut wurde, wurden wegen des Zeitdrucks 1630 Arbeiter gleichzeitig beschäftigt; zu ihnen gehörten rund 400 Maurer, 30 Schmiede und Zimmerleute, 1000 Hilfsarbeiter sowie 200 Fuhrleute. Eine solche Baustelle zu organisieren und eine geordnete Materialversorgung zu garantieren verlangte große Erfahrungen, über die letztlich nur die Erbauer der Kathedralen verfügten.

Gute Baumeister waren im Mittelalter sehr angesehen und verewigten sich sogar als kleine Figuren in ihren Bauwerken. Sie erhielten ein Jahresgehalt sowie für den persönlichen Bedarf auch Personal. Allerdings konnten Baumeister auch gefährlich leben. Sie kannten bei Burgen alle Einzelheiten der Architektur und damit auch mögliche Schwachpunkte, die bei einer Belagerung dem Angreifer von Nutzen sein konnten. Mancher Burgherr fürchtete deshalb, daß der Baumeister nach dem Abschluß der Bautätigkeiten solche Geheimnisse verraten könnte. In Frankreich ließ im Jahr 1010 Albereda, die Gemahlin des Grafen von Bayeux, den berühmten Baumeister Lanfred töten, weil sie fürchtete, er könnte die Baupläne ihrer Burg an ihre Feinde verraten. Im niederdeutschen Roman »Walewein« hatte sich ein Ritter geheime unterirdische Gänge graben lassen und dann alle Arbeiter getötet.

Gerade bei Fehden hatten Ritter großes Interesse, ihren Feinden mit einem möglichst geringen eigenen Aufwand zu schaden. Gelang es bei der Fehde, die Burg zu zerstören, war der Gegner endgültig am Boden.

BAUHÜTTEN

Bei großen Burgen wurden meist Bauhütten oder vergleichbare Einrichtungen mit dem Bau beauftragt. Der Kaiser oder seine Landesfürsten hatten nur die Entscheidung zu fällen, und den Rest erledigten andere. Bauhütten organisierten zumindest bei einigen Burgen der Staufer alle Arbeitsabläufe. Der Bauherr stellte ihnen seine Leibeigenen für Hilfsdienste zur Verfügung, die Facharbeiter dagegen kamen von einer Bauhütte. Während der 38 Regierungsjahre von Friedrich I. Barbarossa wurden zahlreiche Pfalzen und hunderte von Burgen gebaut. Es müssen somit im Reich zahlreiche Großbaustellen gleichzeitig unterhalten worden sein, was eine gute Organisation und Logistik voraussetzte. Manche Hinweise sprechen sogar dafür, daß möglicherweise im Reich der Staufer eine Behörde vergleichbar einem »zentralen Architekturbüro« die Planungen für Bauprojekte leitete und Bauskizzen an die beauftragten Baumeister weitergab. Architektonische Skizzenbücher sind aus Frankreich bekannt und belegen, daß in dieser Zeit bereits ausgearbeitete Bauzeichnungen üblich waren. Das Skizzenbuch des Villard de Honnecourt (um 1240) kann fast schon als Lehrbuch für Baumeister angesehen werden. Es unterstreicht auch, daß ein Baumeister auf vielen Baustellen tätig gewesen sein mußte, bevor er diesen Titel führen durfte. Jeder Baumeister einer staufischen Burg kannte vermutlich schon vor Baubeginn Skizzen zu diesem neuen Projekt, die ihm vom Hof des Herrschers übergeben worden waren. Er brachte dann

> Skizzenbuch *des mittelalterlichen Baumeisters Villard de Honnecourt*

seine langjährigen Erfahrungen ein. Die eigentlichen Baupläne machte der zuständige Baumeister, der auch Architekturmodelle anfertigte und sie den Auftraggebern vorlegte. Allein aufgrund von Erfahrungen konnten mittelalterliche Baumeister ohne statische Berechnungen komplizierte architektonische Probleme lösen. Bei den großen Höhenburgen mußte beispielsweise berücksichtigt werden, daß es bei schweren Stürmen sowohl auf den Dächern als auch auf den Mauern einen erheblichen Winddruck geben konnte. Außerdem durfte es bei hohen Türmen nur wenig Holzkonstruktionen geben, denn dort konnte der Blitz einschlagen und manches niederbrennen. Der Bau von

Kathedralen hatte sich hier als eine gute Schule erwiesen. Vor Ort wurden die Meister dann mit ihren Spezialisten aktiv. Vermutlich gab es im Reich nicht einmal genügend Bauspezialisten, so daß auswärtige und auch ausländische Fachleute geholt werden mußten. Es wird inzwischen angenommen, daß zum Bau der großen Burgen zahlreiche Steinarbeiter aus der Lombardei angeworben wurden. In Italien hatte sich noch viel von der römischen Steinbaukunst erhalten, und es lebten dort entsprechend ausgebildete Fachleute. Manche Dekorationselemente an Pfalzen und Burgen verweisen auf solche Kontakte nach Norditalien. Andere Werkleute kamen aus Burgund oder Lothringen, wo es durch dem Bau von prächtigen Kirchen und Klöstern große handwerkliche Erfahrungen gab. Nach dem Ende ihrer Arbeiten zogen die Gruppen wieder ab und wurden von Burgenbaustelle zu Burgenbaustelle weiterbeschäftigt. Bei den großen Burgen der Staufer wird angenommen, daß jede einzelne in einem Zeitraum zwischen 5 und 10 Jahren gebaut wurde. Gearbeitet wurde von sechs Uhr morgens bis sechs Uhr abends bei einer halben Stunden Pause für die Morgensuppe und einer Stunde Pause für das Mittagsmahl. Wer bummelte, zahlte Strafgeld.

Die Bauspezialisten waren als Gruppen in den bereits oben genannten Bauhütten organisiert und bestanden aus Meistern, Gesellen und Lehrlingen. Es waren Genossenschaften, die sich untereinander auch soziale Sicherheit gewährten. Hatte ein Lehrling ausgelernt, durfte er ein nur für ihn geltendes Steinmetzzeichen führen. Solche Steinmetzzeichen werden häufig an Burgen gefunden. Insbesondere an den typischen staufischen Buckelquadern kommen sie manchmal vor. Wahrscheinlich wurden mit diesen Zeichen abgeschlossene Arbeitsstücke markiert, und der Steinmetz erhielt nach der Zahl der markierten Stücke seinen Lohn. An der Kaiserpfalz in Gelnhausen wurden etwa 50 unterschiedliche Steinmetzzeichen gefunden und auf der Burg Wildenberg im Odenwald 65 verschiedene Zeichen. Aus diesem Grund gehörten einer Bauhütte vermutlich 40 bis 50 Steinmetze an, die gemeinsam auf einer Baustelle tätig waren. Diese Spezialisten zeigten das übliche Standesbewußtsein ihrer Zeit. Auf Burg Wildenberg im Odenwald berichtet zum Beispiel eine Palasinschrift über einen Maurer Bertold und einen Steinmetz Ulrich. Es wurde also streng zwischen Berufen unterschieden und abgegrenzt. Bei manchen Arbeitsstücken tauchen neben dem üblichen Steinmetzzeichen auch kleinere Zeichen auf. Sie werden als Kontrollzeichen gewertet, mit denen der Meister die Qualität der Arbeiten seiner Gesellen absegnete. Qualität war für die Mitglieder einer Bauhütte ein hohes Gut. Wurde zum Beispiel einmal ein wichtiger Stein verhauen, veranstalteten die Kollegen des Handwerkers, dem das Mißgeschick geschehen war, eine Art Bestattung für den betroffenen Stein, dabei mußte der »Übeltäter« Trauerkleidung tragen. Wie gut Baufachleute verdienten, verraten Verdienstbescheinigungen der Arbeiter am Naumburger Dom um 1260. Ein guter Geselle verdiente dort pro Tag etwa 26 Pfennige, ein Pfund Ochsenfleisch kostete um diese Zeit etwa 2 Pfennige und ein Liter Bier einen Pfennig.

Der niedere Adel konnte vermutlich solche hochprofessionelle Spezialisten nicht beschäftigen und mußte sich mit einer weniger guten Qualitätsarbeit zufrieden geben. Unter Leibeigenen gab es allerdings auch handwerkliche Spezialisten, die ihrem Herrn zur Hand gingen. Jedes Dorf beschäftigte beispielsweise Maurer, Zimmermänner oder Schmiede, und auch zum eigenen Gefolge gehörten tüchtige Handwerker, die alle tätig werden konnten. Kleine Burgen waren deshalb nicht weniger massiv als die großen.

BAUTECHNIK

Die Größe der Baustelle, die Materialversorgung und die Verarbeitung von schweren Steinen verlangte beim Burgenbau einen großen technischen Einsatz. An den massiven Mauern und insbesondere an den Türmen gab es ein stabiles Gerüst mit Leitern, auf dem die Maurer arbeiteten. Mit Flaschenzügen und Kränen wurden die von den Steinmetzen zugerichteten Steine und anderes Material nach oben gebracht. Bewegt wurden die Lasten durch Menschen, die ähnlich wie ein Hamster in einem Tretrad liefen und dadurch Seilzüge antrieben. Kleinere Steine und der Mörtel wurden mit Schubkarren zum Arbeitsplatz gebracht oder auf Gestellen mühsam nach oben getragen. Zum Schneiden großer Steine gab es bereits halbautomatische Steinsägen. Da Eisenwerkzeuge schnell stumpf wurden, gab es spezielle Werkzeugträger, die abgenutzte Werkzeuge einsammelten und zu den Schmieden brachten, die sie dann wieder schärften und herrichteten. Alle Werkzeuge, Nägel, Verankerungen aus Metall, Eisenwölfe (Werkzeuge zum Heben großer Steine) oder auch Schlüssel und Schlösser wurden vor Ort von Schmieden angefertigt. Bei manchen Großprojekten entfielen etwa 10 Prozent der Kosten auf die Arbeit der Schmiede.

Beim Bau der Gebäude einer Burg und für alle Abdeckungen brauchte man Zimmermänner. Sie richteten Eichen- und Buchenhölzer für zahlreiche tragende Teile sowie für das Fachwerk her. Schließlich gab es im Burghof auch kleinere Gebäude, die völlig aus Holz waren. Bei den Dachstühlen mußte der Zimmermann seine ganze Kunst einsetzen, denn sie mußten sehr stabil sein, um auch bei einer Belagerung den Wurfgeschossen standzuhalten und nicht sofort einzubrechen. Manche Kathedralen haben noch heute ihr originales Dachgestühl aus dem 12. Jahrhundert, was für die Qualitäten der mittelalterlichen Holzkonstruktionen spricht. Dachdecker arbeiteten mit den Zimmermännern Hand in Hand. Sie deckten die Dächer der Burggebäude entweder mit Ziegeln oder mit Blei- und Schieferplatten ab. Dabei mußten die Abdeckungen dicker und fester sein als bei einem normalen Haus, denn Brandgeschosse sollten abgehalten werden und durften das Dachgestühl nicht sofort in Brand setzen.

Die äußeren Burgmauern mußten besonders massiv und vor allen Dingen dick sein. Rammböcke durften der Außenschicht nur wenig anhaben können. Meistens handelte es sich bei ihnen um Schalenmauern, die an beiden Seiten sorgfältig mit mächtigen Steinen gemauert waren, während das Innere mit Bruchsteinen und Mörtel aufgefüllt wurde. Manchmal wurden außen besonders große Quader zusätzlich noch mit Bleiklammern verfestigt und stabilisiert. Zahlreiche Außenmauern waren vier bis sechs Meter dick, um auch schweren Wurfgeschossen standhalten zu können. Auf die Härte der Steine legte man großen Wert. Selbst Einbrüche in der Mauer durften nicht sie gesamte Mauer zum Einsturz bringen. Als die ersten Kanonen aufkamen, wurden die Mauern der Burgen oft noch einmal verstärkt. In den sechziger Jahren des 15. Jahrhunderts ließ der Graf von Saint-Pol in Frankreich einen Turm mit 10 Meter dicken Mauern erbauen. Dennoch läutete das Schießpulver das Ende der Burgen ein.

DIE BURG UND IHRE BEWOHNER

Auf seiner Burg war der Ritter uneingeschränkter Herrscher. Er war als Burgherr im Zentrum seiner Macht, und er konnte, solange es den Lehnsherrn nicht störte, in jeder Beziehung auf seinem Lehen machen, was er wollte. Nur bei Standesgenossen mußte er, um keine Fehden zu provozieren, sich zurückhalten und höflich sein. Bei einem hohen Fürsten, der sich vor Fehden wenig fürchten mußte, war diese Machtfülle sogar noch größer. Ein solcher Burgherr konnte nach Lust und Laune über Leben und Tod entscheiden. Er konnte sogar durch ein Mißverständnis, wie die folgende Begebenheit zeigt, der Ehefrau den Kopf abschlagen lassen und Mitglieder seines Hofes umbringen, ohne daß es für ihn Folgen hatte.

Ritter Heinrich von Kyrberg war ein treuer Vasall von Ludwig dem Strengen, Herzog von Bayern. Er spielte häufig mit der Ehefrau seines Lehnsherrn Schach und bat sie einmal, nachdem sie sich näher kennengelernt hatten, sie in Zukunft mit »du« anreden zu dürfen. Die Fürstin jedoch blieb standesbewußt auf Distanz. Im Jahre 1256 war der Bayernherzog auf einem Kriegszug in Schwaben und wurde von Heinrich von Kyrberg begleitet, dessen Tapferkeit er schätzte. Der Kriegszug war erfolgreich, doch die Ehefrau des Herzogs sehnte sich zuhause nach ihrem Mann und schickte ein Schreiben mit der Bitte, daß er doch bald wieder zu ihr zurückkommen sollte. Der Herzog aber reagierte nicht, denn er wollte zuerst noch einige Städte niederbrennen. Also wandte sich die Fürstin an Heinrich von Kyrberg und bat ihn, ihre Bitte nach Rückkehr an den Ehemann weiterzuleiten, zusätzlich versprach sie dem Ritter alle seine Wünsche zu erfüllen, womit ohne Hintergedanken gemeint war: Heinrich von Kyrberg durfte sie in Zukunft mit »du« anreden. Rasch ritt ein Bote zum Feldlager, übergab aber den Brief an den Herzog und nicht an den Ritter, an den das Schreiben eigentlich gerichtet war. Der Herzog las den Brief und kochte augenblicklich vor Wut; er war sich sicher, seine Ehefrau wollte ihn betrügen. Um seine Wut abzureagieren, schlug er zunächst den Boten tot. Danach brach er sofort auf und ritt zu seiner Burg in Donauwörth, zwei seiner Ritter begleiteten ihn. Sie wechselten unterwegs mehrfach die Pferde, um gut voranzukommen. Mitten in der Nacht kamen sie schließlich auf der Burg

> Auf seiner Burg *lebte der Burgherr mit Familie und Bediensteten.*

in Donauwörth an. Die Edeljungfrau Heilika von Brennenberg wollte den heimkehrenden Herrn begrüßen und kam ihm eilig mit einer Laterne entgegen. Doch der Herzog war noch voller Wut, zog das Schwert und erschlug sie. Danach stürmte er tobend zu den Gemächern seiner Ehefrau. Diese war zunächst erfreut, doch der Herzog ließ augenblicklich den Burgwart kommen und befahl ihm, die Fürstin auf der Stelle zu köpfen. Vergeblich versuchte die Fürstin zu erfahren, warum der Ehemann so wütend war. Es half nichts, sie wurde am 18. Januar 1256 gegen Mitternacht hingerichtet. Doch die Wut des Herzogs hatte sich immer noch nicht gelegt, sondern wandelte sich in Haß auf das schöne Geschlecht um. Er zerrte drei Burgfräulein aus den Betten und warf sie eigenhändig mit flatternden Nachthemden über die Burgmauer. Danach fühlte er, daß es ihm wieder besser ging.

Ritter Heinrich von Kyrberg hatte bereits am nächsten Tag von dem Vorfall erfahren und verließ fluchtartig das Land. Später schickte er seinem Lehnsherrn Briefe und beteuerte seine Unschuld und die Unschuld der Fürstin. Nachdem sich das aufgeregte Gemüt des Herzogs nach einiger Zeit wieder abgekühlt hatte, trafen sich beide. Heinrich von Kyrberg gab dem Herzog von Ritter zu Ritter das Ehrenwort, daß die Fürstin die treueste und tugendsamst aller Ehefrauen gewesen war und alles nur auf ein Mißverständnis zurückging. Der Herzog glaubte ihm, beide vertrugen sich wieder und zogen erneut gemeinsam in einen nächsten Krieg. Überliefert ist der Vorfall durch die Geschichtsschreiber Volkmar von Fürstenfeld und Mathias von Neufeld sowie durch den Minnesänger Heinrich Stolle den Jungen.

Bei einer solchen Machtfülle hing die Qualität des Lebens auf einer Burg oft von Zufällen ab. War der Burgherr ein angenehmer Mensch, konnten sich auch die anderen Bewohner der Burg auf ein entsprechendes Leben freuen. War der Burgherr jedoch ein willkürlicher Tyrann und vielleicht auch Choleriker, konnten sich die Mitbewohner auf einiges gefaßt machen. Aufgrund der Erbfolge wurden manche Fürsten bereits als Kinder zu mächtigen Herren. Sie wurden zum Spielball von Ratgebern und konnten Todesurteile fällen, Lehen vergeben und andere Handlungen befehlen, deren Sinn sie eigentlich noch nicht verstanden.

BEDIENSTETE UND KRIEGSKNECHTE

Die Burg war nicht nur Wohnort des Ritters und seiner Familie, sondern auch Wirtschaftsbetrieb und militärische Anlage. Zu ihrem Erhalt waren zahlreiche Bedienstete notwendig, so daß ein Ritter aus den Erträgen seiner Bauern auch Personal finanzieren mußte. Bei kleineren Burgen gab es sicher neben dem Ritter und seiner Familie nur wenig dauerhaft beschäftigtes Personal, das auch auf der

Burg wohnte. War der Ritter unterwegs, übernahm die Ehefrau zusammen mit Mägden und Knechten alle Aufgaben zum Unterhalt der Burg. Fielen spezielle Arbeiten an, wurden Leibeigene aus den Dörfern geholt. Auf den größeren Burgen der Fürsten wurde dagegen eine Hofhaltung gepflegt. Alle Angelegenheiten der Küche leitete der Truchseß. Auf sein Kommando hörten alle Köche und Küchenhelfer. Der Schenk war für die Getränke zuständig und beaufsichtigte die Kellermeister und Kellerdiener. Der Kämmerer schließlich verwaltete die Burg und beschäftigte das Personal, das für die Räumlichkeiten und die gesamte Ausstattung zuständig war, außerdem hütete er den Schatz und damit die Kasse des Burgherrn. Der Marschalk kümmerte sich um die Stallungen und Pferde und war wichtig, wenn eventuell eine Fehde im Anzug war. Für ihn arbeiteten zahlreiche Handwerker, unter anderem auch Männer mit einem »Brett vor dem Kopf«. Ein solches Brett trugen früher Handwerker mit einem angesehenen Beruf. Wenn Schmiede mit ihren schweren Hämmern auf das rotglühende Eisen einschlugen, flogen natürlich Funken, so daß zum Schutz des Gesichts ein Brett mit Sehschlitzen getragen wurde. Hohes Ansehen genossen Handwerker, die Waffen und Rüstungen herstellten. Ihre Tätigkeit verlangte eine hohe Spezialisierung, so daß sich zahlreiche Berufe zur Ausstattung eines Ritters entwickel konnten.

Für die Dienste eines Ritters für seinen Lehnsherrn oder als Helfer bei Turnieren wurde zusätzlich Personal beschäftigt. Es waren Hofknechte, Buben, die halfen, Pferde zu betreuen, oder Schildträger, die bei großen Veranstaltungen den Schild ihres Herrn trugen. Um seinen Lehnsherrn im Kriegsfall zu unterstützen oder auch für eigene Fehden konnte ein Ritter zahlreiche Kriegsknechte mobilisieren. Diese Knechte waren entweder seine Leibeigenen oder wurden von ihm gegen Bezahlung angeworben. Teils gehörte es auch zu den Verpflichtungen der Bauern, die vom Ritter Land gepachtet hatten, mit ihm in den Krieg zu ziehen. Kriegsknechte bildeten auch die Wache der Burg. Im Kriegsfall stellten sie das Fußvolk und gehörten zu den ersten Opfern. Bei einer Belagerung mußten sie stürmen und als erste die Mauern der feindlichen Burg überwinden. Im Auftrag ihres Herrn wurden sie auch als Boten tätig. Brachten sie eine gute Nachricht, konnten sie mit Geschenken rechnen, bei einer schlechten Nachricht jedoch wurden sie manchmal vom Empfänger der Nachricht durchgeprügelt oder umgebracht.

HAUSPERSONAL

Die Damen der Ritterfamilie, die das Leben auf der Burg bei Abwesenheit des Burgherrn organisierten, wurden von Kammerfrauen bedient. Daneben gab es noch eine manchmal beachtliche Zahl von Gesinde, das die restliche Hausarbeit zu erledigen hatte. Manche feine Dame verprügelte ihr Gesinde. In Aufzeichnungen findet man zahlreiche Ratschläge zum Verhalten des Hauspersonals. Sie sollten Körper und Kleidung sauber halten, die Herrin wie eine Mutter verehren, nicht spionieren und vieles andere mehr. Berthold von Regensburg riet dagegen den Herrschaften, den Dienern genug zum essen zu geben. Die Bezahlung für den Dienst auf einer Burg war recht schlecht. Herren waren gewöhnt, ihren Leibeigenen zu befehlen, und verhielten sich auch beim Personal so. Manche Spielleute, die zu Festen aufspielen mußten, erhielten so wenig Geld, daß sie nach dem Fest bei den Gästen betteln gingen.

Am Fest Mariae Lichtmeß am 2. Februar konnte das Hauspersonal gewöhnlich wechseln und sich eine neue Beschäftigung suchen. In der altdeutschen Erzählung vom Gretlein wird berichtet, daß Gretlein zur Lichtmeß wegen zu schlechter Bezahlung wechseln wollte. Die Herrin aber drohte, wollte Gretlein das wenige Geld nicht geben und beschloß sogar, einen Teil des Geldes einzubehalten, weil Gretlein zuviel Geschirr zerbrochen hätte. Jetzt wurde Gretlein böse und antwortete der Herrin, sie würde dem Herrn erzählen, wer alles in der Nacht in die Schlafgemächer der Herrin kommen würde. Von nun an war die Herrin ruhig, und Gretlein erhielt sogar mehr Geld, als sie erwartet hatte. Meist erhielt das Hauspersonal als Bezahlung Kleider, Schuhe oder andere Naturalien und nur zum Teil Geld; Einkäufe in der Stadt waren deshalb kaum möglich.

Die Ritterwitwe und der Erzbischof

Viele Ehefrauen von Rittern wurden früh Witwe und saßen dann teils mit kleinen Kindern auf der Burg des verstorbenen Ehemannes. Sie mußten nun mit Müh und Not den Besitz weiter bewirtschaften lassen. Dabei war zusätzliche Tatkraft gefordert, denn mancher benachbarter Ritter versuchte, seinen eigenen Besitz auf ihre Kosten zu vergrößern. Es wurden Fehden provoziert, indem man aus nichtigem Anlaß einige ihrer Bauern totschlug und die Ernte raubte. Viele Nadelstiche sollten eine Ritterwitwe zur Aufgabe bewegen, gab es noch unmündige Kinder, gelang dies um so schneller.

Ein solches Schicksal drohte Gräfin Loretta aus dem Hause Salm, die als junge Witwe eines Ritters mit drei unmündigen Söhnen auf der Burg Wolfstein im Moselgebiet saß. Ihre Finanzen waren nach dem Tod des Ehemannes im Jahre 1323 chaotisch geworden, und die Verwandtschaft versuchte, sie in ein Kloster abzuschieben, um ihre Güter zu übernehmen. Der Rheingraf Friedrich begann nach der üblichen Methode, ihre Bauern zu drangsalieren, und zündete Häuser an. Doch Loretta wußte sich zu wehren. Drei Ritterfreunde ihres toten Ehemannes halfen ihr, Friedrich festzusetzen und in das Verlies ihrer Burg zu werfen. Dort ließ sie ihn so lange schmoren, bis er einen Vertrag zu ihren Bedingungen unterschrieb. Der Rheingraf versprach, die Grenzen ihrer Güter zu akzeptieren und Frieden zu halten.

Bald bekam es Loretta allerdings mit einem weit mächtigeren Gegner als dem Rheingrafen zu tun. Balduin, Erzbischof von Trier, hatte von unklaren Besitzverhältnissen im Lehen ihres toten Eheman-

nes erfahren und versuchte, die betroffenen Güter zu übernehmen. Loretta verhandelte mit ihm, hatte aber weder den Einfluß noch die militärische Stärke, um sich mit einem Erzbischof anzulegen.
Wieder besann sie sich auf eine List. Da sie als junges Mädchen eine Schönheit gewesen war, hatte sie noch viele Verehrer und erfuhr von ihnen, daß der Erzbischof demnächst mit sehr wenig Gefolge und einem kleinen Schiff auf der Mosel von Trier nach Koblenz reisen wollte. Sie beschloß, bei Traben-Trabach die Mosel über die gesamte Flußbreite hinweg mit Ketten zu sperren. Der älteste Sohn sollte ihr dabei helfen, doch der war zwar gerade erst zwölf Jahre alt, aber bereits wie der Vater ein guter Kämpfer. Den Kriegsknechten versprach sie das Gepäck der Herrschaften als Beute. Der Plan hatte Erfolg, und sie konnten tatsächlich das Schiff mit Ketten anhalten. Den Erzbischof brachten sie auf eine Burg, die so günstig lag, daß eine Belagerung sehr schwierig gewesen wäre. Loretta hielt Erzbischof Balduin über einige Monate gefangen und handelte ihm immer mehr Zugeständnisse ab. Zuletzt erhielt sie in einer noch heute erhaltenen Urkunde mit 20 Siegeln ihren Besitz bestätigt, und der Erzbischof verzichtete auf Rache. Er kam anschließend wieder frei. Der Überfall war jedoch weithin bekannt geworden, und der Papst hatte Loretta gebannt. Zur Rücknahme des Kirchenbannes mußte sie deshalb nach der Freilassung des Erzbischofs Buße tun. Barfuß, mit einem einfachen Gewand und einer vier Pfund schweren brennenden Kerze in den Händen mußte sie zu allen Kirchen von Trier pilgern, dort vor dem Altar niederknien und dem Volk berichten, daß sie als eine böse Frau den Erzbischof überfallen hatte. Dem Dom zu Trier mußte sie zusätzlich noch eine silberne Ampel stiften und für alle Zeiten das Öl zum Leuchten. Ihren Besitz jedoch hatte sie gerettet.

Der Burgkaplan war für die Burgkapelle zuständig und las dort auch regelmäßig Messen. Da er schreiben und lesen konnte, übernahm er meist noch anfallende Schreibarbeiten und war Hauslehrer für die Kinder der Familie. Der fanatische Franziskanermönch Konrad von Marburg, Beichtvater der frommen Elisabeth von Thüringen, verprügelte die junge Elisabeth nach jeder Beichte oder wenn sie zu spät zur Messe kam. Nach dem Tod der später heiligen Elisabeth verfolgte der Mönch und Inquisitor noch gnadenloser alle Ketzer, doch er machte einen entscheidenden Fehler und legte sich mit mächtigen Männern an. Er behauptete, Ritter Heinrich von Sayn nehme an Orgien und Schwarzen Messen teil. Für den Herrn von Sayn wurde das Gerede zuletzt gefährlich, und er ließ den Mönch im Jahre 1233 umbringen.
Andere Mitglieder des Haushalts waren wie der Burgherr ebenfalls ritterbürtig, sie gehörten zur Schicht der Ritter. Dazu gehörten auch die Kinder von Standesgenossen, die auf der Burg ausgebildet wurden. Junge Mädchen aus diesem Kreis bedienten als Zofen die Ehefrau des Ritters und begleiteten sie auf Reisen. Edelknaben oder Pagen waren die 7–14jährigen Söhne befreundeter Ritter, die Knappen werden wollten. Sie warteten beim Essen auf und übernahmen andere kleine Aufgaben. Die Ehefrauen der erwachsenen Söhne des Ritters gehörten ebenfalls zu den hochangesehenen Mitgliedern des Haushalts und erledigten selbständige Arbeiten wie etwa die Aufsicht von Mägden oder andere Kontrollaufgaben. Jede junge Frau – egal, ob sie bereits verheiratet war oder sogar schon Kinder hatte – wurde Jungfrau genannt. Sie unterschied sich damit von der Altfrau, der Herrin und Ehefrau des Ritters.
Auf den großen Burgen der Fürsten gab es zusätzlich noch ein buntes Völkchen von Zwergen, Narren oder Menschen mit skurrilem Aussehen. Der König von Schottland beschäftigte zum Beispiel einmal zur Unterhaltung seiner Gäste einen-

Sänger mit zwei Köpfen. Zwerge trugen feine Hemden und Röcke aus grünem Stoff, dazu noch einen besonderen Hut. Sie begleiteten die hohen Damen der Burg auf Reisen und durften sich manche Unverschämtheit herausnehmen, solange über sie gelacht werden konnte. Trieb es der Zwerg allerdings zu weit, erhielt er eine tüchtige Tracht Prügel. Narren versuchten schließlich, um jeden Preis aufzufallen. Sie trugen grobe Schuhe, eine Narrenkleidung mit Schellen, bewegten sich komisch oder trugen nur einen halben Bart und hatten den Kopf zur Hälfte rasiert. Bei Festen mußten sie die Gäste zum Lachen bringen, schafften sie es nicht, flogen sie raus. Tristan gelang es beispielsweise in der berühmten Erzählung, als Narr verkleidet zur Königin vorzudringen, er setzte sich einfach neben die Königin und begann, sich über den König lustig zu machen. Da packte ihn der König bei den Ohren, zog ihn von der Königin weg und warf ihn aus dem Raum. Vorher hatte Tristan noch Melot, dem Zwerg der Königin, heiße Pfefferbrühe über den Kopf geschüttet.

Spielleute, Sänger und Gaukler konnten an großen Höfen auch fest angestellt sein. Die Herzöge von Bayern beschäftigten im 13. Jahrhundert dauerhaft vier Spielleute, die den Tag über, sozusagen als lebendes Radio, Musik machen mußten. König Manfred, ein Sohn Kaiser Friedrichs II., ließ angeblich in Süditalien bei seinen zahlreichen Festen so viele Spielleute auftreten, daß es seinen Gästen zuviel wurde und ihm einige Vasallen von der Fahne gingen. Er hatte deshalb bei einer wichtigen Schlacht gegen Karl von Anjou zuwenig Verbündete und verlor. Bischof Wilhelm von Ely nutzte Spielleute zu Propagandazwecken. Er ließ sie gegen Bezahlung durch das Land ziehen und ihn in hohen Tönen loben. Im Spätmittelalter spielten an manchen Höfen sogar kleine Orchester regelmäßig zur Unterhaltung der Gäste.

KNAPPEN UND PAGEN

Unter den Bediensteten und Kriegsknechten einer Burg genossen Knappen und Pagen eine Sonderstellung. Sie waren Söhne von befreundeten Rittern und gleichzeitig Ritter in Ausbildung. Zum Ritter wurde niemand einfach so ernannt. Jeder, der nach der Ritterwürde strebte, mußte zuerst zeigen, ob er dafür geeignet war. Er mußte ein guter Kämpfer sein und durch Mut und Gewandtheit auffallen. Zunächst lernten die Jungen zwischen 7 und 14 Jahren vor allem durch Geschicklichkeitsübungen und Sport. Sie begannen als Pagen, eine Art Kammerdiener des Ritters, die ihrem Herrn ständig Ehrerbietungen zu erbringen hatten. Der Page half bei Alltäglichkeiten wie dem Aufsitzen und Absitzen vom Pferd, dem Anlegen und Ablegen der Rüstung, bei der Bedienung am Tisch und bei vielem anderen mehr. War der Ritter auf Reisen oder zu einem

Turnier, begleitete ihn der Page und erfüllte die ihm zugeordneten Aufgaben. Erst wenn er sich bewährte, wurde der Page mit 14 Jahren zum Knappen.

In der Kleidung unterschied sich ein Knappe vom Ritter, sein Rock war nicht knöchellang, sondern kurz. Ein Knappe kämpfte auch nicht mehr mit Übungswaffen, sondern mit echten Waffen. Er zog mit seinem Ritter in den Krieg, um zu zeigen, wie gut er die Kampftechniken beherrschte. Er trug einen Eisenhut mit Lanze, Schild und Streitkolben, das echte Ritterschwert blieb ihm noch verwehrt. Vor der Schlacht mußte ein Knappe Helm und Schild eines Ritters tragen, damit dieser nicht noch vor der Schlacht ermüdete. Wenn es nötig wurde, mußte der Knappe Ersatzwaffen beschaffen und in kritischen Situationen unter dem Einsatz seines Lebens seinem Herrn zu Hilfe kommen. Galt es, einen Gefangenen zu machen, um Lösegeld zu erpressen, mußte auch der Knappe aktiv werden. Ritter legten natürlich auf die Auswahl ihrer Knappen größten Wert, und es ist deshalb nicht verwunderlich, daß nicht jeder Edelknabe zu einem Knappen werden konnte. War der Knappe endlich akzeptiert, mußte er das Kampftraining seines Herrn mitmachen und von ihm alle Tricks erlernen.

Doch kämpfen war nicht alles. Der Knappe mußte auch die feinen Manieren der Ritterschaft beherrschen und ihre Ideale verinnerlichen. Im Idealfall sollte er Fremdsprachen lernen, vielleicht etwas lesen und schreiben können, sich mit dem Krieg beschäftigen und fähig sein, in der feinen Gesellschaft zu bestehen. Zu seinem Ausbildungsprogramm gehörten auch die Gesellschaftsspiele der Ritterschaft, besonders das Schachspiel, und das Üben von Tanzschritten. Alles, was eine höfische Gesellschaft verlangte, mußte einem Knappen geläufig sein. War ein Knappe beispielsweise mit dem Pferd unterwegs und traf eine Dame zu Fuß, mußte es absitzen, damit er in Augenhöhe mit der Damen reden konnte. Ritterbürtige Familien, die bereits in der Stadt lebten und dort reich geworden waren, legten stets größten Wert darauf, daß ihre Söhne die Ausbildung eines Knappen erhielten. Der Knappe wurde nicht nur zu einem guten Kämpfer, sondern lernte auch, Kontakte zu knüpfen, und war auf dem gesellschaftlichen Parkett sicher. Solche Fähigkeiten halfen auch einem ehemals ritterlichen Handelsmann. Nach sechs bis sieben Jahren war die Ausbildung beendet, und der Knappe erhielt seine Schwertleite, die ihn zum Ritter machte. Dem Knappen wurde nun ein feierlich von einem Priester gesegnetes Schwert überreicht. Manche Knappen verzichteten anschließend sogar auf die Ritterwürde und blieben im Dienst ihres bisherigen Ritters. Sie trugen in solchen Fällen die gleiche Rüstung wie ein Ritter. Nur ihr Schwert war nicht am Gürtel befestigt, sondern am Sattelknauf.

DER BURGHERR UND SEINE FAMILIE

Ein angehender Ritter war mit 14 Jahren heiratsfähig. Er konnte in diesem Alter sogar gegen den Willen des Vaters eine Ehe eingehen, was allerdings nicht ratsam war. Der Vater hätte ihn vermutlich enterbt, und ein zukünftiger Ritter ohne Erbe war in seinem Prestige ein Nichts. Der Einfluß des Vaters hätte wahrscheinlich auch ausgereicht, um seine Ritterwürde zu verhindern, und er hätte keinen Lehnsherrn gefunden. Ohne Lehen aber hätte er sich keine Waffen, Rüstung und andere Statussymbole leisten können, und kein Ritter hätte ihn akzeptiert. Er hätte nur noch in ein Kloster eintreten können – was wiederum durch die Eheschließung nicht geplant war. Die Ehe eines Ritters war selten eine Liebesheirat, sondern wurde von den Familien der beiden Ehepartner verabredet. Die Sippe war in dieser Zeit übermächtig, und der einzelne hatte sich unterzuordnen. Junge Damen, die bei Hofe wohnten und häufig keinen Vater mehr hatten, wurden vom Lehnsherr regelrecht verkuppelt. Bei den Großen des Reiches war die Ehe der Kinder sogar hohe Politik.

Der Stauferkaiser Friedrich II. wurde zum Beispiel mit 14 Jahren auf Drängen des Papstes verheiratet. Er mochte wahrscheinlich sogar seine erste Ehefrau Konstanze, die Tochter des spanischen Königs von Aragon, doch die starb im Kindsbett. Also wurde Friedrich erneut verheiratet, dieses Mal mit Isabella von Brienne. Diese Frau mochte er überhaupt nicht, denn er verbrachte die Hochzeitsnacht mit einer Kusine der Braut, der schönen Anais. Sie hatte zum Gefolge der Braut gehört. Später wurde Isabella dennoch schwanger und brachte einen Jungen zur Welt, den Friedrich als seinen Sohn anerkannte. Leider starb auch diese Ehefrau recht früh. Friedrich, inzwischen ein gutaussehender und sehr gebil-

Der mutige Liebhaber

Von einem unbekannten Burgschreiber ist ein Bericht über den tapferen Ritter Wilwolt von Schaumburg und dessen Liebesverhältnis zu einer anonymen, gesellschaftlich sehr hoch stehenden, aber verheirateten Frau erhalten. Diese Dame schätzte tapfere und mutige Männer, doch noch mehr bewunderte sie mutige Männer, die für eine Liebesaffäre alles riskierten. Bei Ritter Wilwolt von Schaumburg traf sie genau den Richtigen, denn ihm eilte der Ruf voraus, nicht nur ein vorzüglicher Kämpfer sondern auch ein bewunderter Frauenheld zu sein. Beide trafen sich regelmäßig und wußten genau, daß Ritter Wilwolt, sollte der mächtige Ehemann etwas erfahren, höchst gefährlich lebte. Doch Ritter Wilwolt war tollkühn und traf seine Liebste zum Schäferstündchen genau in der Höhle des Löwen, in der Burg des Ehemannes. Mal klopfte er als Bettelmönch verkleidet an das Burgtor und bat um eine warme Suppe, mal meldete er sich als Aussätziger und hoffte auf eine milde Gabe. Bald gab es jedoch keine Rolle mehr, die er unauffällig hätte spielen können. Ritter Wilwolt kletterte deshalb von nun an mitten in der Nacht einen 35 Meter hohen Turm hoch, um die Liebste zu treffen. Die edle Dame hängte immer ein Seil aus einem schmalen Turmfenster, und Ritter Wilwolt mußte sich vorher nur noch an den Wachen vorbeischleichen. Eines Nachts trieben sie es zu arg und bemerkten den Sturm nicht, der das Seil mitsamt dem Haken abriß. Ritter Wilwolt saß nun in der Kammer fest. Am Burgtor aber standen die Wachen, und in den Wohngemächern bediente das Gesinde den zwar mißtrauischen, aber dennoch nichts ahnenden Ehemann. Nach drei Tagen mußte eine Lösung gefunden werden. Die Liebste verknotete Leinentücher zu einem Strick, befestigte diesen an einer Eisenstange und klemmte beides am Fenster fest. Kurz vor Morgengrauen wurde Ritter Wilwolt wieder tollkühn und kletterte aus dem Fenster, ohne zu wissen, wie lang die verknoteten Tücher überhaupt waren. Bald war er am Ende der Tücher angekommen, aber noch lange nicht unten. Der Sprung konnte gefährlich werden. Es pendelte an den Tüchern und suchte nach einem sicheren Absprung. Von irgendwo roch es übel, er sprang genau hinein und landete sicher in einem Misthaufen. Knochen hatte er keine gebrochen. Also schlich er sich vorsichtig davon und überlegte, ob er vielleicht beim nächsten Mal als Handelsherr verkleidet kommen sollte.

deter Mann, heiratete nun ein drittes Mal; es war eine Frau, für die er sich selbst entschieden hatte. Die wegen ihrer Schönheit gepriesene Braut hieß ebenfalls Isabella und war eine englische Prinzessin. In dieser Ehe verschob Friedrich die Hochzeitsnacht, weil ihm Hofastrologen geraten hatten, er könne erst später einen Sohn zeugen. Isabella brachte allerdings erst nach zwei Jahren eine Tochter zur Welt. In dieser Zeit hatte Friedrich bereits eine größere Zahl von Konkubinen beglückt. Diese Aktivitäten setzte er auch später fort und hatte bald eine Schar von unehelichen Kindern, denen er wichtige Ämter verschaffte; sein unehelicher Sohn Manfred wurde beispielsweise König. Die Liebste seiner zahlreichen Konkubinen, die edle Freundin Bianca, schenkte ihm sogar zwei Kinder, und er war länger mit ihr zusammen als mit allen seinen Ehefrauen, dabei war er insgesamt viermal verheiratet.

Das Familienleben der Ritter, gleichgültig ob sie nun zum niederen oder zum hohen Adel gehörten, war oft schwierig, denn sie waren ständig und manchmal über viele Monate unterwegs. Mißtrauen und Eifersucht waren groß, denn das Standesbewußtsein eines Herrn wirkte sich auch auf das Verhalten gegenüber der Familie aus. Sein Leben war gefährlich und konnte demzufolge kurz sein, was sicherlich die Familie belastete. Vielleicht weckten die vielen Gefahren auch den Lebenshunger, denn, trotz aller Religiosität, eine große Zahl der Ritter nahm es mit der ehelichen Treue nicht sehr genau, und ihre Ehefrauen, möglicherweise wegen der häufig erzwungenen Heirat, ebenso. Edle Ehefrauen konnten sich durchaus Männerkleidung anziehen und dann heimlich die Burg verlassen. Wächter waren in solchen Fällen zwar vom Ritter angewiesen worden aufzupassen, doch es gab Schleichwege. Bei Schwangerschaften versuchte man, die Kinder

> Eine Brautwerbung *unter Königen war hochpolitisch.*

dem Ehemann unterzuschieben. Hatten Adelige im Mittelalter uneheliche Kinder, war das in der Regel keine Tragödie. Sie wurden anerkannt, hatten aber in der Erbfolge Probleme und konnten nicht als Nachfolger akzeptiert werden. Niemand tuschelte über sie, denn den anderen Standesgenossen ging es häufig ebenso. Anfang des 13. Jahrhunderts schrieb ein Mönch in die Chronik des Dominikanerklosters von Kolmar: »Herr Heinrich, Bischof von Basel, hinterließ beim Ableben 20 Waisenkinder der Sorge ihrer Mütter.« Der Bischof durfte zwar offiziell nicht heiraten, wollte aber dennoch die Freuden des Lebens genießen und hatte zuletzt 20 uneheliche Kinder.

Auch wenn Ritter bereits in jungen Jahren ihre Kinder einem Ehepartner versprachen, geheiratet wurde meist erst später. Jungen mußten zuerst die Ausbildung zum Ritter abgeschlossen und sich bewährt haben. In der Regel waren Ritter bei ihrer Heirat weit über 20 Jahre alt und die Ehefrauen zwischen 14 und 16 Jahre. Nicht selten war der Ehemann doppelt so alt wie die Ehefrau. Es ist deshalb nicht verwunderlich, daß der Ehemann die Verbindung dominierte und sich ohne Bedenken einen Ehebruch herausnahm. Sogar die Literatur des Mittelalters verherrlicht den Ehebruch. Viele Ritterromane sind so angelegt, daß alle Sympathie des Lesers dem ritterlichen Ehebrecher zufällt. Das Heldenepos »Tristan und Isolde« (um 1200) von Gottfried von Straßburg gilt als ein Meisterwerk der Ritterliteratur, doch es handelt von nichts anderem als von einem verklärten Ehebruch. Der Zaubertrank, der die Liebe auslöst, erscheint fast wie ein Alibi.

VERLOBUNG, HOCHZEIT UND SCHEIDUNG

Die Töchter der Großen des Reiches waren begehrte Ehepartnerinnen. Auch wenn sie wenig attraktiv waren, die edelsten Ritter bemühten sich um sie, denn bei einer Tochter aus reichem Hause war einiges an Mitgift zu erwarten. Arme Ritter überließen am Ende des Mittelalters ihre Töchter sogar reichen Stadtbürgern oder wohlhabenden Bauern. Beim hohen Adel jedoch hatte zu allen Zeiten auch der Landesherr bei den Ehen der Kinder einiges mitzureden. Als Kaiser Friedrich II. die oben genannte englische Prinzessin Isabella freite, schickte er seine Gesandten nicht zur Braut, sondern zum Bruder, dem englischen König. Erst als der König zugestimmt hatte, wurde die Braut gerufen und um eine Einwilligung gebeten. Sie erhielt kostbare Geschenke, und die Gesandten riefen sehr geschickt: »Es lebe die Kaiserin!« Anschließend wurde ihr der Verlobungsring übergeben. Als sie den Ring anzog, war die Ehezusage perfekt. Jetzt überreichten ihr die Gesandten die Morgengabe, ein besonderes Präsent des Bräutigams zu Beginn einer Ehe; es war eine Liste von Vermögenswerten, die nun der Braut zustanden. Der König selbst stellte eine Liste mit dem Verzeichnis der Mitgift für seine Schwester aus. Später reiste Isabella nach Antwerpen und zog dann in einer feierlichen Reise durch das deutsche Reich. In Köln wurde ein großes Fest gefeiert, und ausgewählte Ritter begleiteten Isabella zum Bräutigam. Die Hochzeit fand anschließend in der damals sehr bedeutenden Stadt Worms statt.

Jede Verlobung war ein festgeschriebenes Eheversprechen, das durch Geschenke an die Braut, den Austausch von Ringen und einen Eid besiegelt wurde. Oft wurden zwischen den Eltern der Braut und des Bräutigams Pfänder ausgetauscht, um die Ehe wirklich zu sichern. Da viele Verlobungen zwischen noch unmündigen Kindern arrangiert wurden, verfiel ein Pfand, wenn sich ein Kind nach der Mündigkeit plötzlich weigerte, den vorgesehenen Partner zu heiraten. Eltern, die völlig sicher gehen wollten, verheirateten deshalb ihre noch unmündigen Kinder und behielten sie dann bis zur Mündigkeit im eigenen Haushalt. Manche Ehefrau lernte aus solchen Gründen ihren Ehemann erst näher kennen, nachdem sie bereits einige Jahre mit ihm verheiratet war. Es gab nur wenige Anlässe, um eine Verlobung wieder zu lösen, etwa: Ein Partner geht in ein Kloster; ein Partner wird schwer krank oder gar verstümmelt; ein Partner wird der Unzucht überführt oder ist bereits verheiratet; die beiden Partner sind zu nahe miteinander verwandt, oder ein Partner will nach der Mündigkeit nicht mehr heiraten. Die Braut konnte zusätzlich eine Verlobung für ungültig erklären, wenn der Bräutigam nicht mehr auftauchte oder nach einem Kriegszug verschollen ging sowie wenn der Bräutigam sich unritterlich verhalten hatte. Trat einer der Partner ohne diese Gründe, etwa wenn eine Braut einen noch reicheren Bräutigam gefunden hatte, vom Eheversprechen zurück, mußte Buße geleistet und ein Bußgeld gezahlt werden. Häufig kam es in solchen Fällen zu Fehden, die generationenlang dauern konnten, denn die Ehre der Ritter war verletzt. Verlobung und Hochzeit gingen oft direkt ineinander über.

Die Eheschließung war ein feierlicher Akt, bei der die Braut von der »munt«, also der Vormundschaft des Vaters (oder seines Vertreters) in die »munt«, die Vormundschaft des Bräutigams überging. Sie konnte also direkt vom Regen in die Traufe kommen. Der Vater fragte seine Tochter, ob sie mit der Eheschließung einverstanden sei. Stimmte sie zu, war sie verheiratet. Die Feierlichkeiten fanden ursprünglich im Haus des Bräutigams statt. Jedoch legte die Kirche schon früh großen Wert darauf, die Feierlichkeiten in ihren Bereich zu verlagern. Etwa ab dem 8. Jahrhundert verlangte sie sogar eine Eheschließung vor einem Priester. Allerdings spielte in den Heldengedichten die Kirche bei den Eheschließungen der Ritter lange keine Rolle. Erst Jahrhunderte später wurde die kirchliche Eheschließung vor einem Priester allgemein und von allen anerkannt. Dann gab es einen feierlichen Zug zur Kirche, wo bereits Gäste warteten und für das Brautpaar Ehrensitze vorbereitet waren.

Für die Frau bedeuteten die kirchlichen Regelungen eine Einschränkung ihrer Möglichkeiten zur Eheschließung. Bei den germanischen Volksstämmen hatte es neben der normalen Ehe noch die Friedelehe gegeben, die eine Ehe auf Zeit war und zu der nur freie Frauen berechtigt waren. Bei der Friedelehe trat die Ehefrau nicht unter die Vormundschaft des Mannes, sie konnte deshalb die Ehe ohne Probleme beenden. Allerdings erhielt sie zu Beginn einer solchen Ehe zwar die üblichen Geschenke der Morgengabe, aber kein Wittum. Wittum bedeutete eine Rücklage von Vermögenswerten, die einer Frau nach dem Tod des Ehemannes einen Unterhalt gewährleisten konnten. Ein solches Wittum wurde auch bei der Ehe von Rittern ausgehandelt, die Witwe konnte nach dem Tod das Lehen des Ehegatten übernehmen. Kinder aus einer Friedelehe waren an den Vermögenswerten ihres Vaters jedoch nicht erbberechtigt. Kaiser Karl der Große war in seiner ersten Ehe in einer Friedelehe mit der Friedelfrau Himiltrud verheiratet. Ihr gemeinsamer Sohn Pippin der Bucklige war deshalb von seiner Nachfolge ausgeschlossen. Später heiratete Karl die blutjunge Tochter eines schwäbischen Adeligen namens Hildegard in einer offiziellen Ehe. Sie hatten neun gemeinsame Kinder, dazu sind noch mindestens sechs Kinder mit Konkubinen nachgewiesen.

Die Hochzeit, im Mittelalter »hochgezit« genannt, fand nach der Eheschließung statt. Gerne wurden solche Feierlichkeiten in der Zeit um Pfingsten angesetzt. Zu einem solchen Fest zeigten die Familien, wie reich sie waren, und luden möglichst viele Gäste ein. Es gab Pracht und Pomp, denn über die Hochzeit sollte noch lange geredet werden. Im Festsaal der Burg wurden Wandteppiche aufgehängt und der Fußboden mit Blumen bestreut. Das Fest konnte viele Tage und sogar Wochen dauern. Reichten die eigenen Räumlichkeiten nicht aus, wurden zusätzlich Zelte aufgestellt. Spielleute, Sänger, Akrobaten und Jongleure sorgten für Stimmung. Doch die Krönung einer Hochzeit war das Festessen; es wurde aufgeboten, was die Küche nur hergab, und es wurde an nichts gespart. Beim Hochadel ging es dann besonders aufwendig zu. Bei der Hochzeit des Grafen Richard von Poitiers im Jahre 1243 in London wurden rund 30 000 Mahlzeiten serviert. Die Ritter hatten ihre Banner und Schilde vor den Herbergen aufgehängt, veranstalteten zwischendurch Kampfspiele, und die Troßbuben zogen lärmend umher. Das Volk kam, staunte und durfte manchmal auch mitfeiern. Als im Jahre 1252 der König von England seine Tochter mit dem König von Schottland verheiratete, waren allein für das Hauptgericht 60 Mastochsen notwendig. Da die Festlichkeiten manchmal schon vor der eigentlichen Hochzeit begannen, beschloß im Jahre 1072 eine Kirchensynode in Frankreich, daß ein Brautpaar nüchtern zur Eheschließung erscheinen mußte, sonst wäre die Ehe ungültig.

Am Abend des ersten Tages der langen Hochzeitfeierlichkeiten wurde die Braut mit Musik zu ihrer Brautkammer gebracht, um dort die Ehe auch tatsächlich zu vollziehen, denn erst dann war sie gültig. Freundinnen und die Mutter halfen ihr beim Ausziehen und gaben gute Ratschläge, während ein Geistlicher die Brautkammer noch rasch segnete. Anschließend erschien der Bräutigam, und die Angehörige verließen die Raum. Jetzt war das Brautpaar allein, und es wurde ernst. Wurden Kinder verheiratet, mußten sie nach den Eheregeln ebenfalls

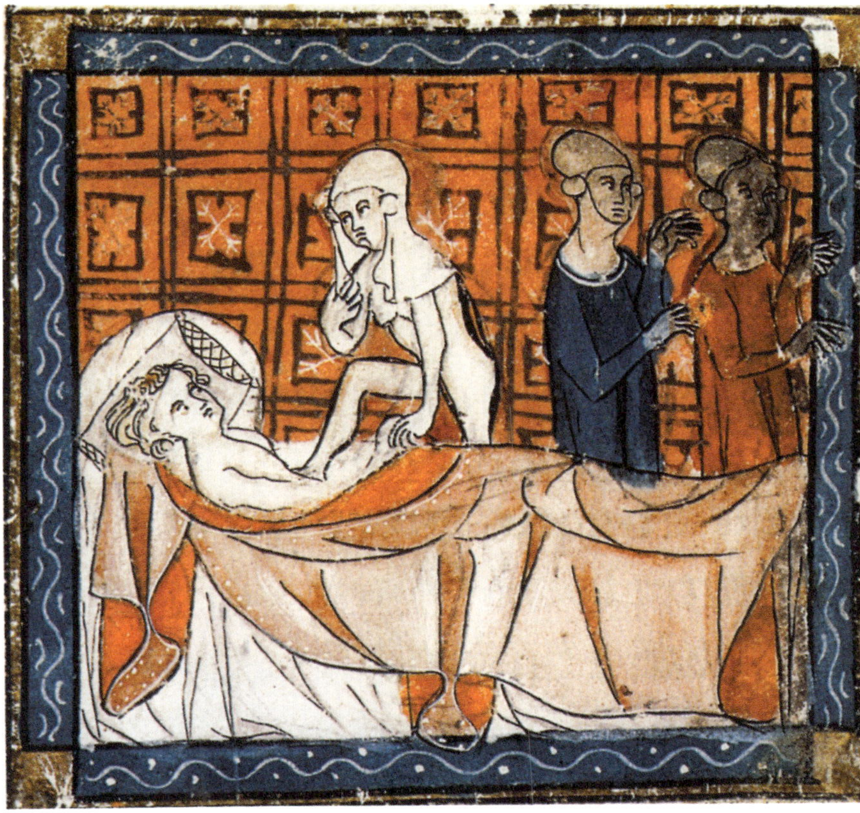

> Die Braut *wurde von Angehörigen ins Brautgemach geleitet.*

unter Zeugen gemeinsam in ein Bett gelegt werden. Es ist überliefert, daß in einem solchen Fall das Mädchen dem Jungen von seinen Puppen erzählte und der Junge dem Mädchen von seinen Falken. Diese Ehe war dennoch gültig.

Beim Standesdenken der Ritter mußte eine Ehefrau unbedingt als Jungfrau in die Ehe gehen, was allerdings nicht immer der Fall war. Aber auch hier fand man Abhilfe. Minnesänger berichteten, daß sich Bräute kurz vor der Hochzeitsnacht von Freundinnen ein kleines Taubenei ausblasen, mit frischem Tierblut füllen und mit Wachs verschließen ließen. Dieses kleine Ei hielt die Braut zuerst in ihrer Kleidung und später in der Hand versteckt. Sie mußte es nur im richtigen Augenblick zerdrücken, und schon hatte der Bräutigam den Beweis, eine Jungfrau geheiratet zu haben.

Am nächsten Morgen überzeugten sich dann die Angehörigen durch eine Besichtigung des Bettlakens von der Tugend der Braut, und das Fest ging um so heiterer weiter. Jetzt erhielt die Braut auch ihre Morgengabe, Geschenke und Vermögenswerte, die ihr der Bräutigam schon bei der Ehevermittlung versprochen hatte. Im Nibelungenlied schenkt zum Beispiel Siegfried seiner Kriemhild als Morgengabe den Nibelungenschatz. Zum Frühstück servierten die Köche des Gastgebers dem jungen Paar ein Brauthuhn. Anschließend folgte ein Kirchgang. Nach der Messe wurden oft Knappen, die dem jung vermählten Ritter zu Diensten waren, selbst zum Ritter geschlagen. Manche Hochzeitsfeste zogen sich bis zu einem Monat hin. Über die Hochzeit von Ritter Erec wird im Heldenlied »Erec und Eneide« erzählt, daß das Fest offiziell 14 Tage dauerte, es den Gästen aber so gut gefiel, daß sie noch einmal 14 Tage blieben.

Bezahlt wurde die ganze Angelegenheit vom Vater der Braut. War er finanziell überfordert, übernahm der Vater des Bräutigams noch einen Teil der Kosten. Viele Töchter konnten deshalb große Ausgaben bedeuten. Richtig teuer konnte es noch einmal bei der Verabschiedung der Gäste werden. Jeder Gast erhielt zum Abschied ein Geschenk, und bei wichtigen Gästen durfte der Gastgeber nicht kleinlich sein.

Trotz des Aufwandes für eine Hochzeit war eine Liebesheirat unter Rittern selten, denn es wurde die Meinung vertreten, daß die Liebe erst während der Ehe kommt und nicht vorher. Echte Liebesheiraten konnten sogar tragisch ausgehen. Noch heute ist die »love story« des deutschen Mittelalters bekannt, die Ehe zwischen Herzog Albrecht von Bayern und der schönen Badertochter Agnes Bernauer. Der Herzog war ein geachteter Ritter, gefürchtet im Kampf und gleichzeitig von noblem Aussehen. Er war der einzige eheliche Sohn Herzog Ernsts von Bayern, der außer ihm nur noch uneheliche Kinder hatte. Der Vater hatte Großes mit ihm vor und wollte ihn mit Anna von Braunschweig verheiraten. Doch Albrecht liebte mehr das lockere Leben und unverbindliche Frauengeschichten. Zum Fasching 1428 war Herzog Albrecht zu einem Turnier nach Augsburg aufgebrochen und wie immer erfolgreich gewesen. Nun ging er zur Entspannung in eine der Badestuben, die damals groß in Mode und eine Mischung zwischen Badeanstalt, Gesundheitszentrum und Bordell waren. Für das Personal der Badestuben galt das Sprichwort: »Der bader und syn gesint, gern houren und buoben sind.« (Der Bader und sein Gesinde sind gerne Huren und Bösewichte.) Wildfremde Männer und Frauen saßen dort gemeinsam nackt in großen Zubern mit warmen Wasser und ließen es sich wohl ergehen. Herzog Albrecht saß nun in der Wanne und entspannte sich; niemand wußte, wer er wirklich war. Er hatte bereits erfahren, daß der Bader Bernauer eine außergewöhnlich hübsche Tochter hatte, eine Frau wie aus einem Ritterepos; schön, elegant und mit langen blonden Haaren. Diese Agnes Bernauer sollte ihm nun den Rücken einseifen. Er verabredete sich später mit der schönen

Badertochter, und sie trafen sich immer wieder, schließlich zog sie zu ihm auf die Burg; Agnes war 18 Jahre alt und Albrecht 27.

Herzog Ernst erfuhr bald, was sein Sohn so alles trieb, doch er machte sich keine Sorgen, denn Sohn Albrecht hatte bisher immer wieder Liebschaften gehabt, die rasch vorübergingen. Was er allerdings nicht wußte: Herzog Albrecht hatte seine Agnes bereits heimlich geheiratet. Herzog Ernst veranstaltete nun in Regensburg ein großes Turnier, vor dem sich sein Sohn Albrecht aus Standesgründen nicht drücken konnte. Wie erwartet erschien Herzog Albrecht in prächtiger Rüstung auf dem Turnierplatz. Doch vier Ritter verweigerten ihm im Auftrag des Vaters die Teilnahme. Herzog Ernst ließ dem erstaunten Publikum mitteilen, sein Sohn, Herzog Albrecht, würde mit einer Badedirne in Sünde leben. Herzog Albrecht ließ den Vorwurf nicht auf sich sitzen und teilte öffentlich vor allen edlen Gästen mit, er sei mit Agnes Bernauer verheiratet. Das Publikum erstaunte, die Sensation war perfekt; die Tochter eines Baders war Herzogin geworden. Herzog Ernst war schockiert. Später streute er das Gerücht, die Agnes Bernauer sei eine Hexe und habe seinen Sohn mit Liebestränken verhext.

Als der Sohn im Oktober 1435 zu einer Einladung in Landshut weilte, schickte der Vater seine Schergen zur Burg, um Agnes festzunehmen. Ein Henker fesselte Agnes und warf sie über eine Brücke in die Donau. Doch Agnes konnte trotzdem noch schwimmen und versuchte, das Ufer zu erreichen. Da kamen die Henkersknechte gelaufen und drückten den Kopf der schönen Agnes, deren Schönheit sogar Dichter besungen hatten, mit Stangen solange unter Wasser, bis sie ertrunken war. Ein Bote eilte anschließend nach München, und in den Kammerbüchern der Stadt stand später geschrieben, »... daß man die Bernauerin gen Himmel gesandt hatte.«

Herzog Albrecht erfuhr erst nach seiner Rückkehr aus Landshut vom Tod seiner Ehefrau. Vor der Leiche seiner toten Agnes schwor er eine blutige Fehde und eilte umgehend zum Erzrivalen seines Vaters. Herzog Ludwig aus Ingolstadt lag mit seinem Vater in Fehde. Er wollte mit dessen Ritterheer gegen den Vater nach München ziehen, um ihn zum Kampf zu stellen. Herzog Ernst schaltete inzwischen Kaiser Sigismund ein und bat um Vermittlung, denn sein Sohn sei immer noch von der toten Bernauerin verhext. Der Kaiser ergriff für den Vater Partei und verhinderte die Fehde. Herzog Albrecht, der als Ritter so tapfer war, erschien seltsam gebrochen und heiratete zwei Jahre später standesgemäß Anna von Braunschweig. Ob er weiterhin noch von der schönen Agnes Bernauer sprach, ist nicht überliefert. Herzog Ernst war überzeugt, das Beste getan zu haben, und kümmerte sich später um die Kinder seines einzigen ehelichen Sohnes, der für die Erbfolge so wichtig war.

Nachdem die Kirche das Monopol der Eheschließung übernommen hatte, wurden auch Ehescheidungen schwierig. Von nun an hatten Kirchenherren zu entscheiden,

> BADESTUBEN *waren groß in Mode.*

wann eine Ehe wieder getrennt werden durfte. Im frühen Mittelalter genügten noch aus den germanischen Traditionen heraus Absichtserklärungen der freien Männer und Frauen, und schon war die Ehe getrennt. Zur Blütezeit des Rittertums konnten sich Ritter nur schwer von Ehefrauen trennen, die ihnen von der Sippe ausgesucht und aufgezwungen worden waren. Vielleicht liegt auch hier einer der Gründe, warum es so viele außereheliche Beziehungen und Kinder gab. Unter bestimmten Voraussetzungen war allerdings dennoch eine Ehescheidung möglich. Diese Voraussetzungen konnten von gesellschaftlich hochstehenden und vermögenden Leuten leichter erreicht oder auch konstruiert werden als von einem verheirateten Durchschnittsmenschen. Gewalt war kein Scheidungsgrund. Ein Ehemann durfte seine Ehefrau verprügeln, er durfte ihr nur keine Knochen brechen. Auch war normal, daß die Ehefrau vom Ehemann bevormundet wurde, sie war durch die Eheschließung in der »munt«, der Vormundschaft des Ehemannes, gleichgültig aus welcher gesellschaftlichen Schicht sie stammte.

Ein beliebter Scheidungsgrund war, plötzlich zu entdecken, daß beide Ehepartner miteinander verwandt waren. Hier wurden vom Hochadel sogar Gutachten konstruiert. Scheidungen waren auch möglich, indem behauptet wurde, die Ehe wäre nie vollzogen worden, es wäre also nie zu einem Geschlechtsverkehr gekommen. Diesem Argument beugten allerdings bereits die Hochzeitsrituale vor. Braut und Bräutigam wurden von Angehörigen zur Brautkammer geführt, und dann lungerten Zeugen vor der Tür, um zu hören, was passiert. Eine gute Idee für eine erfolgreiche Scheidung hatte der Graf von Nevers. Er versicherte glaubhaft, Hexen hätten ihm heimlich einen Zaubertrank gegeben, und er hätte deshalb in der Hochzeitsnacht die Ehe nicht vollziehen können. Ehefrauen brachten häufig vor, der Ehemann wäre impotent und sie müßten sich trennen, da sie sonst kinderlos bleiben würden. Ein beliebter Scheidungsgrund war auch, sich zu entschließen, in ein Kloster zu gehen. Mancher Ritter, der ständigen Kriege und Kämpfe überdrüssig, wählte diesen Weg. Aber auch Ehefrauen konnten zur Scheidung ein Kloster wählen. Es gab für sie sogar »lustige« Klöster, in denen es hoch herging.

Wichtigster Scheidungsgrund aber war die eheliche Untreue. Beide Seiten konnten dann

Skandal um den König

Wie in neueren Zeiten wurde mit den Ehegeschichten der Herrscher auch Politik gemacht. So verbreiteten die politischen Gegner des Salierkönigs Heinrich IV. wilde Geschichten über seine Ehe: König Heinrich IV. war gegen seinen Willen als Kind mit Berta von Turin verheiratet worden. Er vergnügte sich zwar mit Konkubinen, aber die Ehefrau wollte er trotzdem loswerden. Den Erzbischof von Mainz hatte er sogar beauftragt, in Rom wegen einer möglichen Scheidung anzufragen, doch das Ergebnis war negativ. Vom Domgeistlichen Bruno stammt der Bericht, daß der König einen guten Freund überzeugen konnte, mit der Königin Ehebruch zu begehen. Anschließend wollte der König dann entrüstet die Königin verstoßen. Dem Freund fiel es allerdings schwer, die Königin auf die Probe zu stellen, denn die begann langsam, den Braten zu riechen. Endlich wurde verabredet, daß die Königin einem Schäferstündchen zustimmte. Der König erschien mit dem Freund vor den Gemächern der Königin. Der Freund klopfte an die Tür und säuselte einige Komplimente. Die Königin öffnete, ließ den verkleideten Heinrich hinein und tat so, als würde sie ihn nicht erkennen. Danach schloß sie sofort die Tür, so daß der vermeintliche Liebhaber, der dem König als Zeuge über das Verhältnis berichten sollte, draußen bleiben mußte. Im Raum soll die Königin geschrieen haben, »Du Hurensohn, wie kannst du so frech sein und glauben, die Königin, die doch den stärksten Gemahl hat, werde mit dir Unzucht treiben?« Danach schlug sie mit einem Hocker auf den König ein. König Heinrich IV. wurde nie von Berta geschieden, und da er seine Nachfolge regeln mußte, gebar sie ihm zuletzt noch zwei Söhne.

den Partner verlassen. Auf Ehebruch stand die Todesstrafe, allerdings nur für die Frau. Erwischte beispielsweise ein Ritter seine Ehefrau mit ihrem Liebhaber in einer verfänglichen Situation, konnte er beide sofort töten. Auch der erwachsene Sohn durfte die Mutter töten, wenn er sie mit einem Liebhaber im Ehebett vorfand. Manche Ritter boten Freunden eine hohe Belohnung an, wenn sie versuchten, die Ehefrau »auf die Probe« zu stellen. Der Ritter kam dann wie verabredet in den Raum und schlug bei schlechter Laune die Ehefrau tot oder verjagte sie bei guter Laune von der Burg.

GEBURT, TAUFE UND KINDHEIT

Reicher Kindersegen war erwünscht, und eigentlich waren die Ehefrauen der Ritter meist schwanger. Da Mädchen sehr jung verheiratet wurden, war es nicht ungewöhnlich, wenn eine Frau im Verlauf ihres Lebens 15 oder sogar noch mehr Kinder zur Welt brachte. Kinder waren für die Altersversorgung der Eltern lebenswichtig und garantierten zusätzlich den Erhalt des Besitzes. Starb zum Beispiel ein Ritter kinderlos, wurde seine Witwe meist zu ihrer Sippe zurückgeschickt oder in ein Kloster gesteckt. Das Erbe teilte sich dann trotz Lehen die Verwandtschaft des Ritters, und Seitenlinien der Sippe versuchten, zusätzliche Macht zu gewinnen. Der kinderlosen Witwe blieb oft nur ihr garantiertes Wittum, das Vermögen, das sie bei der Hochzeit überschrieben bekam.

Die Geburt des Kindes wurde mit größter Spannung erwartet, und da die Ritterschaft meist vermögend war, wurden Hebammen auf die Burg geholt. Auch Frauen aus der Verwandtschaft kamen, um zu helfen. Spezialisierte Ärzte konnten sich meist nur hohe Fürsten leisten. Setzten die Wehen ein, wurde das Zimmer abgedunkelt und eine Wanne mit warmem Wasser vorbereitet. Heilige wurden angerufen, um zu helfen. Gab es bei der Geburt Komplikationen, waren Hebammen und Helferinnen meist machtlos. Durchschnittlichen Hebammen fehlten oft die genauen anatomischen Kenntnisse für eine wirkungsvolle Hilfe. Der wissenschaftliche Stand der Geburtshilfe im Mittelalter war bescheiden, und gegenüber der Antike hatte es sogar Rückschritte gegeben. Die Sterblichkeitsrate von Mutter und Kind waren recht hoch. Stand bei einer hohen Fürstin während der Geburt die Entscheidung an, daß entweder nur die Mutter oder nur das Kind überleben konnte, wurde die Mutter geopfert, und das Kind über einen Kaiserschnitt zur Welt gebracht. Eine neue Ehefrau fand ein Fürst schnell, das Kind aber garantierte den Fortbestand der Dynastie.

War das Kind geboren, wurde es sofort gebadet und anschließend gewickelt. Kinder wurden fest gewickelt, denn Hebammen glaubten, daß erst durch ein straffes Wickeln die Gliedmaßen gerade wachsen könnten. Der Begriff »Wickelkind« stammt aus dieser Zeit. Nun wurde der Vater ins Zimmer gerufen, oder ein Bote zum Vater gesandt. Der Vater begrüßte die Botschaft mit Jubel und gab dem Boten ein sogenanntes Botenbrot, eine besondere Belohnung, die je nach der Freude sehr reichhaltig ausfiel. Kaiser Heinrich III. schenkten dem Boten, der die Nachricht von der Geburt des Thronfolgers überbrachte, sogar den goldenen Becher, aus dem er gerade trank. Um sich zu erholen, blieb die Mutter anschließend rund acht Tage im Bett und schonte sich danach noch einige Wochen lang. Zahlreiche Königinnen sind bei der Geburt ihrer Kinder gestorben. Königin Gutta, die Ehefrau des böhmischen Königs Wenzel, verstarb

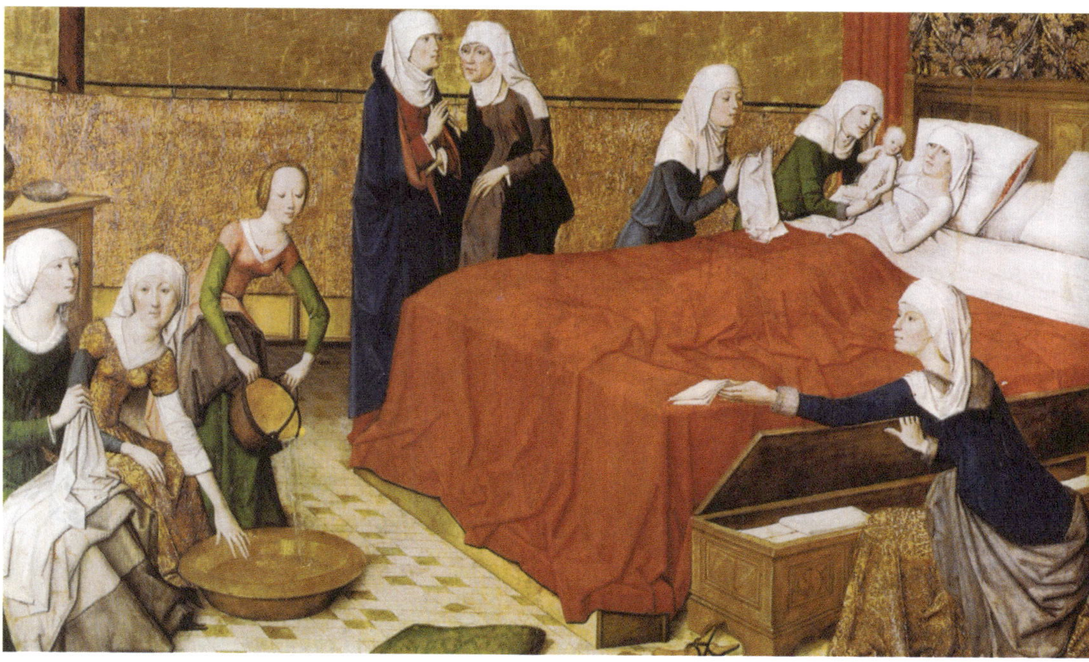

> Nach der Geburt *bereitete man ein Bad für das Neugeborene.*

im Jahre 1297, weil sie zu früh vom Wochenbett aufgestanden war, um in Prag der Krönung ihres Ehemannes beizuwohnen.

Das Kind wurde möglichst früh getauft, meist in der ersten Woche, da die Kindersterblichkeit hoch war und man fürchtete, daß ungetaufte Kinder nicht in den Himmel kämen. Die Feier wurde jedoch erst später nachgeholt, nach der »Aussegnung« der Mutter. Etwa 40 Tage nach der Niederkunft ging nämlich die Mutter in einer feierlichen Prozession zur Kirche, um Gott für die gute Geburt zu danken und sich segnen zu lassen. Vorher durfte sie das Haus nicht verlassen und mußte allerlei abergläubische Vorschriften beachten, um kein Unheil auf sich zu ziehen. Der feierlichen Taufe wohnten die Eltern bei und gaben dem Kind seinen Namen. Taufbecken waren im Mittelalter so groß wie Bottiche, denn das Kind wurde nackt völlig in das Wasser eingetaucht. Anschließend wurde es gesalbt, bekam etwas Salz in den Mund geträufelt und erhielt ein weißes Taufkleid. Der Taufe wohnten zahlreiche Gäste und Paten bei. Mit der Position der Eltern stieg häufig die Zahl der Paten. Oft wurden Wahrsager bestellt, um das Schicksal des Kindes vorauszusagen. Christentum und Heidentum konnten hier noch dicht beieinander liegen.

In vornehmen Familien wurde das Kind nach der Taufe Ammen übergeben, vor allem in Frankreich und Italien stillten die Ehefrauen der Ritter ihre Kinder nicht selbst. Die Amme kümmerte sich völlig um das Kind, wickelte es und stillte es etwa zwei Jahre lang zusammen mit ihrem eigenen Kind. Immer wieder wurde gemahnt, nur vorbildliche Frauen als Ammen zu nehmen, da man glaubte, daß der Säugling über die Milch auch Eigenschaften der Amme annehme. Mütter konnten durch eine solche Entfremdung oft kein inniges Verhältnis zu ihrem Kind aufbauen. Da sie außerdem nicht selbst stillten, wurden sie bald wieder schwanger.

Bis zum 5. Geburtstag starben rund 50 Prozent der Kleinkinder. Im Gegensatz zu den Kindern der einfachen Bevölkerung schliefen die Kinder der Ritter in Wiegen, waren gut gekleidet und gut genährt. Bei Bauern fehlte meist das Geld für eine Wiege, und die Kinder schliefen bei den Eltern oder bei älteren Geschwistern, wo sie häufig unbeabsichtigt im Schlaf erdrückt wurden.

Mädchen und Jungen blieben bis zum siebten Lebensjahr in den Frauengemächern der Burg und konnten ausgiebig spielen und auch vor der Burg herumtollen. Mädchen hatten Puppen oder kleines Kochgeschirr und Jungen Holzschwerter mit Stekkenpferden, aber auch Blasrohre und Pfeil und Bogen. Das Spielzeug war sehr einfach, aber auch vielfältig. So lieferte etwa der Töpfer Murmeln, die dann in eine aufgeblasene Schweinsblase gesteckt wurden, und schon gab es eine Rassel. Bei reichen Eltern war das Spielzeug oft sehr kunstvoll. Es gab sogar Marionettenfiguren für Ritterkämpfe. Meist konnten die Kinder, Jungen wie Mädchen, schon früh reiten. Prügelstrafen waren üblich, und es wurde argumentiert, zum Wohl des Kindes zu prügeln (»ye lieber kindt, ye größer ruotte«). Vor dem siebten Lebensjahr nahmen die Kinder an keinem Fest ihrer Eltern teil, sondern lebten mit ihren Ammen oder Kindermädchen zusammen; waren sie älter, saßen sie an eigenen Tischen. Nach dem siebten Lebensjahr begann die Erziehung. Die Kinder kamen oft zu befreundeten Rittern, was eine Entfremdung zu den Eltern nochmals förderte. Kinder mußten kleine Erwachsene sein und sich auch als Erwachsene benehmen, was noch lange nach dem Mittelalter fast bis in das 19. Jahrhundert üblich war. Bei Jungen kam es weniger auf Bildung, sondern mehr auf die Schulung von Härte und Kampfbereitschaft an. Mädchen wurden auf eine mögliche Ehe vorbereitet und lernten die Fertigkeiten, um einen Haushalt zu führen. Mit dem siebten Lebensjahr konnten Kinder sogar schon in ein Kloster gesteckt werden.

ERZIEHUNG UND KAMPFESÜBUNGEN

Bis zu ihrem siebten Lebensjahr konnten die Kinder der Ritter die Freuden und Freiheiten der Kindheit genießen, danach aber begann der Ernst des Lebens. Waren die Kinder in Kleinkindalter bereits durch Ammen von ihren Eltern entfremdet worden, so wurde die Entfremdung von nun an noch weiter verstärkt. Ausgedrückt wurde diese Entwicklung bereits in der Sprache. Eltern sprachen ihre Kinder mit »du« an, die Kinder aber mußten Vater und Mutter, die gesellschaftlich über ihnen standen, mit »ihr« anreden. Eine ranghohe Person durfte eine rangniedrige Person, auch wenn sie ihr völlig fremd war, stets mit »du« ansprechen, der umgekehrte Weg war dagegen sogar bei größter Vertrautheit unmöglich.

Zur Erziehung wurde der Sohn dem Hofmeister und die Tochter der Hofmeisterin sowie anderen Erziehern übergeben. Kinder wurden nicht eingeschult, sondern auf der Burg von Privatlehrern unterrichtet. Körperlich schwächliche Kinder konnten mit sieben Jahren bereits in ein Kloster gebracht werden. Waren sie dort tüchtig, stand ihnen aufgrund ihrer adeligen Herkunft der Weg bis zum Bischof oder Erzbischof oder bei den Mädchen zur Äbtissin offen. Andere Söhne und Töchter von Rittern kamen als Page oder Burgfräulein zu befreundeten Rittern des Vaters und wurden dort weiter erzogen. Sie alle sahen dann ihre Eltern, wie heutige Internatsschüler, nur noch von Zeit zu Zeit. Die breitere Bildung, die im Mittelalter bereits in Domschulen gelehrt wurde, fehlte im Lehrprogramm der deutschen Burgen völlig. Bei allen Schulungen durch private Erzieher und Lehrer kam es weniger auf die Vermittlung von Wissen an, sondern die Kinder der Ritter sollten an die höfischen Sitten und Gebräuche herangeführt werden. Söhne sollten vor diesem Hintergrund Karriere machen und Töchter einen standesgemäßen Ehemann finden können.

Höfische Sitten wurden im Mittelalter »hoveschheit« genannt. Aus diesem Begriff entwickelten sich später die Worte »höflich« und »hübsch«. Die Kinder mußten also am Ende ihrer Erziehung »hübsch höflich« sein, sie mußten sich sicher bei Hofe und im Umfeld der Oberschicht benehmen können. Sie sollten das nötige Selbstbewußtsein zur Aufnahme von wichtigen Kontakten sowie zum Erkennen und Nutzen von Vorteilen gewinnen. Der Wert der »Zucht« stand auf dem Lehrplan der Burg weit über dem Wert einer »allgemeinen Bildung«. Unter Zucht wurde im Mittelalter die »edle Bildung des Gemütes« und nicht ein breites Wissen verstanden. Den Kindern wurde durch höfische Zucht vor allen Dingen Standesbewußtsein vermittelt; sie mußten die tiefe Überzeugung gewinnen, etwas ganz Besonderes zu sein und das Recht zu haben, andere für sich arbeiten zu lassen.

DIE HÖFISCHE BILDUNG UND ERZIEHUNG

Die höfische Bildung bestand aus verschiedenen Fächern. Wichtig waren zunächst das gute Benehmen sowie Grundkenntnisse in Musik und vielleicht auch in der Literatur. Musikinstrumente sollten in Ansätzen gespielt werden können. Danach folgten Kenntnisse in Fremdsprachen. Deutsche Ritter mußten französisch sprechen können, um von der feinen Gesellschaft akzeptiert zu werden. Bereits im 12. Jahrhundert war es bei vermögenden Rittern üblich, für den Sprachunterricht der Kinder Franzosen zu engagieren. Selten erlernten Kinder außer Französisch noch Latein und Griechisch, doch es blieb stets bei schmalen Grundkenntnissen. Der Dichter Wolfram von Eschenbach konnte beispielsweise nicht schreiben, dafür aber neben deutsch auch französisch sprechen. Manchmal wurden Kinder zusammen mit ihren Hofmeistern ins Ausland geschickt, um dort vor Ort die Sprache zu lernen. Kinder von französischen Rittern kamen zum Beispiel nach Köln, um Deutsch zu lernen. Der Dichter Hugo von Trimberg beklagte im 13. Jahrhundert, daß viele Rittersöhne nach Paris fuhren, dort viel Geld ausgaben und wenig lernten.

Lesen und Schreiben wurden ebenfalls vermittelt, aber für nicht so wichtig gehalten, wie eine Fremdsprache zu erlernen. Es gab vermutlich nur wenige Ritter, die im Schreiben zu Meistern wurden. Waren sie vermögend, gab es Personal. Briefe ließ man sich sowohl vorlesen als auch schreiben. Mit Büchern beschäftigten sich Ritter kaum, sie zogen dafür in den Kampf. Bücher waren vor der Erfindung des Buchdrucks rar und teuer, die meisten waren ohnehin auf Latein abgefaßt und hatten geistliche Themen. Rittergeschichten und Gedichte ließ man sich von fahrenden Sängern vortragen. Wenn einem ein paar Verse besonders gut gefielen, konnte man sie meist nach mehrmaligem Hören auswendig. Ritter mit Schriftstellerqualitäten waren äußerst dünn gesät. Ehefrauen von Rittern konnten in der Regel besser lesen und schreiben als die ritterlichen Ehemänner. Kinder lernten schreiben, indem sie auf einem Wachstäfelchen mit einem Griffel Buchstaben für Buchstaben übten. Wichtig war natürlich auch die religiöse Erziehung, die vom Kaplan der Burgkapelle übernommen wurde. Die Erziehung in praktisch-wissenschaftlichen Fächern stimmte bei Jungen und Mädchen am Anfang weitgehend überein, blieb jedoch ebenfalls minimal. Sie war an der Verwertbarkeit für die Praxis orientiert und spaltete sich erst später auf. Mädchen lernten dann verstärkt den Haushalt zu führen und Jungen mehr die Fähigkeiten eines Ritters.

Als Knappe erhielt der angehende Ritter vielleicht noch weitere wissenschaftliche Informationen zu Themen wie etwa Geschichte, Geographie, Recht, Militärwesen oder, was für ihn später sehr wichtig war, Landwirtschaft und Viehzucht. Wollten ritterliche Eltern ihren Sohn bei einem Fürsten oder gar am Königshof unterbringen, schickten sie ihn mit dem Hofmeister zu berühmten Lehrern, die in den sieben freien Künsten unterrichteten oder sogar den italienischen Gelehrtenschulen angehörten. So wird beispielsweise in einer mittelalterlichen Erzählung ein Rittersohn nach Rom geschickt, um dort antike Philosophen zu studieren. Mit einem solchen Zusatzwissen war er für den Lehnsherr als Berater oder gar Gesandter geeignet. Für ein Studium an den im ausgehenden Mittelalter neu gegründeten Universitäten hatte ein angehender Ritter kaum Zeit, die Verpflichtungen aus seinem Lehen ließen ihm keine Ruhe. Zog es ihn dennoch zur Wissenschaft, mußte er andere Schwerpunkte setzen. Entweder konzentrierte er dann seine berufliche Laufbahn als Geistlicher auf die Kirche und Theologie, oder er war so vermögend, daß er ohne ritterliche Pflichten, aber auch ohne ein Lehen, als Privatgelehrter angenehm leben konnte. Außer Theologen studierten im Mittelalter nur noch Juristen und Mediziner.

Lernten die Kinder nicht gut, waren die Strafen streng und mit Prügel wurde nicht gespart. Die lebenslange Aufsässigkeit mancher Ritter ist vor diesem Hintergrund sogar verständlich. Etwa mit 12 bis 14 Jahren wurde der Rittersohn zum Knappen und verließ den Hofmeister, um bei einem anderen Ritter weiter ausgebildet zu werden. Die Töchter dagegen blieben meist bis zur Heirat mit ihrer Hofmeisterin verbunden. Sie vertrauten ihr oft mehr als der Mutter und zogen sie bei Liebeshändeln oder Intrigen zu Rate. Shakespeare beschreibt in »Romeo und Julia« die Vertrautheit der Kinder der Oberschicht mit ihren Ammen und Dienern.

Unter Anleitung ihrer Hofmeisterin lernten die Töchter, wenn die Söhne bereits Knappen geworden waren, nähen, spinnen und vor allen Dingen schneidern. Da reiche Edelfrauen nicht selbst im Haushalt arbeiteten, sondern ihn vom Truchseß führen ließen, beschäftigten sie sich meist mit feinen Handarbeiten, die gleichzeitig beliebte Geschenke waren. Sehr gerne wurde gestickt. Weben war für eine freie Frau unwürdig, es wurden von Mägden gefertigte oder gekaufte Stoffe verarbeitet. Manche Edelfrau schneiderte dann die Kleidung der Familie selbst. Für die Luxusgarderobe der Fürsten waren allerdings professionelle Schneider zuständig. Der berühmte Teppich von Bayeux soll angeblich ein Werk von Mathilde sein, der Ehefrau Wilhelms des Eroberers. Bei Hofe gehörten ausgewählte Töchter der Ritter zum persönlichen Personal der Herrscherfamilie, sie wurden zu Edeljungfrauen. Die Ehefrau eines Fürsten ging zum Beispiel niemals alleine aus, sondern ließ sich von mindestens zwölf Edeljungfrauen begleiten. Für diese Edeljungfrauen wurden eigene Anstandsregeln verfaßt. Sie durften neben anderen Vorschriften beim Sitzen niemals die Beine übereinanderschlagen, nicht laut lachen, nur im Damensitz reiten und nicht ungefragt reden. Kam eine hochstehende Persönlichkeit ins Zimmer, mußten sie sofort aufstehen. Ritter standen generell auf, wenn eine Edelfrau, aber auch eine Edeljungfrau in ein Zimmer trat. Die Dame erlaubte ihnen dann, sich wieder zu setzen.

BILDUNG UND WAFFENHANDWERK

Die geistige Erziehung der Rittersöhne blieb zwar bruchstückhaft, die körperliche Ertüchtigung dagegen war um so breiter angelegt und recht gut. Wurden Rittersöhne mit sieben Jahren dem Hofmeister übergeben, brachte man ihnen das Waffenhandwerk bei. Geistig orientierte, aber auch körperlich schwächliche Kinder hatten es in einer Ritterfamilie schwer und mußten sich früh für ein Klosterleben entscheiden.

Die Kinder mußten so früh wie möglich gut reiten können. Nur kräftige und gesunde Jungen konnten später mithalten, wenn die Abhärtung und die Gewöhnung an Strapazen und Entbehrungen bis zum äußersten getrieben wurde. Die körperliche Ertüchtigung begann mit Laufen, Klettern, Springen, Bogenschießen und Speer werfen. Danach wurde der Fechtmeister oder auch Schirmmeister aktiv, denn das Fechten mit Schwert und Schild hieß im Mittelalter »schirmen«. Zuerst wurde mit Holzwaffen gekämpft und später mit stumpfen Waffen aus Eisen. Die Übung stand im Vordergrund. Es gab immer wieder Übungskämpfe, um Schwert und Schild perfekt zu führen und alle Kampfsituationen zu verinnerlichen.

KAMPFTRAINING

Der Kampf war der eigentliche Lebensinhalt eines Ritters und die Verwaltung seines Lehens nur eine Nebenbeschäftigung. Nicht über die Wirtschaftskraft einer Burg berichteten Dichter, die im Lande umherzogen, sondern allein von den Taten und dem Ruhm der Burgherrn. Die Ritter der Tafelrunde ließen zum Beispiel bedenkenlos ihre Geliebten im Stich, wenn nach einem Kampf gerufen wurde. Gab es einmal keine Kämpfe, mußte der Ritter für den möglichen nächsten Kampf trainieren. Er war ein Berufskrieger, der seinen Standard halten mußte. Leibesübungen genossen ein hohes Ansehen, und es wurde deshalb auch keine Gelegenheit zum Training ausgelassen. Beliebt war wie schon in der Ausbildung der Knappen das Stemmen und Werfen von schweren Steinen, um die Armmuskulatur für den Schwertkampf zu stärken. Die in zahlreichen Kämpfen erfahrenen Ritter schunden sich in diesem Kampftraining ebenso wie die Rittersöhne, die gerade erst mit ihrer Ausbildung zum Erlernen des Waffenhandwerks begonnen hatten. Bei jedem Treffen von Rittern wurden große Anteile der Zeit für Trainingskämpfe genutzt. Aus dem Vergleich mit anderen Rittern mußten Schwächen in der eigenen Kampftechnik erkannt und beseitigt werden. Gleichzeitig durfte ein Ritter nicht wehleidig sein und mußten auch einiges an Verletzungen ertragen können. Narben waren Auszeichnungen. Um den mühsam erworbenen Ruf als guter Kämpfer zu behalten, durfte kein Turnier ausgelassen werden; der Turnierkampf war praktisch zwingend. Ritter, die nicht erschienen, galten als feige, und ein Feigling wollte keiner von ihnen sein. Ein Ritter, der an keinem Turnier teilnahm, war bald ein Kuhritter, der nur die Landwirtschaft und nicht den Ruhm und die Ehre im Sinn hatte. Ruhm war wie ein Türöffner und machte Fürsten und Landesherrn auf einen Ritter aufmerksam. Die Folge waren Anerkennung, Einfluß und ein großes Lehen.

Ein französisches Gedicht von Jean de Condé aus dem 14. Jahrhundert berichtet von einem Ritter, der auf seiner Burg in den Tag hineinlebte und keinen Kampfeswillen zeigte. Er wurde bald von allen Standesgenossen verachtet, und seine Feigheit sprach sich im Land herum. Da lernte der Ritter eine edle Dame kennen und verliebte sich in sie. Doch die Dame machte ihm klar, daß nur ein tapferer Kämpfer für sie in Frage kommen würde. Also strengte sich der Ritter an, und rasch redete das ganze Land von seinem Ruhm und seinen Taten.

Jeder Ritter strebte nach dem Ruhm des siegreichen Kampfes. Sogar in Situationen, in denen heute ein Kampf als beendet angesehen wird, wurde unter Rittern noch weitergekämpft. Überliefert ist ein Zweikampf zwischen dem Ritter Hermann und dem Ritter Guy aus dem Jahre 1127. Beide begannen ihren Kampf zu Pferd. Als es damit nicht mehr weiterging, wurde zu Fuß gekämpft. Bald waren die Waffen aber stumpf und verbogen, so daß schließlich gerungen wurde. Beide Kämpfer verkeilten sich ineinander und waren eigentlich erschöpft, doch aufgeben wollten sie nicht. Schließlich gewann Hermann, er hatte mit letzter Kraft Guy die Hoden abgerissen, so daß dieser verblutete.

MEDIZIN UND KRANKENVERSORGUNG

Wurde ein Ritter nach einer Fehde oder einem Turnier verletzt, mußte er meist unter katastrophalen hygienischen Bedingungen zu einem Kloster oder zu seiner Burg transportiert werden. In vielen Klöstern hatten Mönche medizinische Erfahrungen und konnten weiterhelfen. In den Krankenhäusern wurde der Patient zwar oft unter großer Aufopferung gepflegt, eine Therapie im heutigen Sinn gab es aber selten. Unabhängig von ihrer Erkrankung lagen in den Krankensälen meist zwei Patienten in einem Bett. Wurde ein Mensch krank, war es wichtig, zuerst den für diese Krankheit zuständigen Heiligen anzurufen. Operative Eingriffe waren den Mönchen verboten, und sie durften bei schweren Wundinfektionen keine lebensrettenden Amputationen durchführen. Auf dem Konzil von Tours im Jahre 1163 hatten Kirchenmänner den Satz geprägt, daß es die Kirche verabscheue, Blut zu vergießen. Leider galt diese Vorschrift auch für die Medizin und führte dazu, daß den Mönchen, die bisher als Ärzte tätig waren, die Chirurgie verboten wurde. Dadurch wurde Scharlatanen Tür und Tor geöffnet.

Für Chirurgen gab es keine umfassende Ausbildung, obwohl die Ritterschaft durch ihre Lebensweise eigentlich an einer Entwicklung der Chirurgie hätte interessiert sein

> DEN TEPPICH VON BAYEUX *soll die Ehefrau Wilhelms des Eroberers gestickt haben.*

müssen. Wurde ein Chirurg gerufen, war es daher meist ein Amateur, und manches Heilmittel stammte vom Jahrmarkt. Wurden dennoch Amputationen riskiert, verliefen sie häufig tödlich.

Am 24. März 1199 wurde der englische König Richard Löwenherz bei der Belagerung von Chaluz von einem Pfeil getroffen. Ein Begleiter berichtete, daß der Pfeil über die linke Schulter in den Hals ging. Sofort wurde Hilfe gerufen, doch der Wundarzt war eine Niete, denn der Pfeil brach beim Herausziehen ab, so daß die Spitze in der Wunde stecken blieb. Anschließend wurde die Pfeilspitze herausgeschnitten, was nicht fachgerecht geschah, denn die Wunde vergrößerte sich, und der Blutverlust nahm zu. Zuletzt hatte sich die Wunde noch entzündet, so daß der Hals schwarz wurde. An diesen schweren Komplikationen ist der König schließlich verstorben. Wenn schon Heerführer und Könige über so unfähige Ärzte verfügten, dann war ein einfacher Ritter oder gar Kriegsknecht noch weit schlimmer dran.

Chirurgenschulen gab es in Italien und Frankreich, aber nicht in Deutschland. In seiner Ausbildung studierte der Arzt des Mittelalters Bücher, die ihm vom arabischen und oströmischen Kulturkreis vermittelt worden waren, die Aussagen dieser Bücher waren unantastbar. Erst im 13. Jahrhundert wurden in Bologna erstmals seit der Antike zum Studium der Anatomie wieder Untersuchungen an Leichen zugelassen. Doch es dauerte lange, bis das erworbene Wissen zu den deutschen Rittern vordrang. Die besten Ärzte des Mittelalters kamen meist von auswärts, wo sie noch eine solide Ausbildung erhalten hatten; es waren Araber, Juden oder Griechen aus dem oströmischen Reich. Im 13. Jahrhundert wurde es Christen nach zwei Konzilen sogar verboten, einen jüdischen Arzt zu konsultieren, was allerdings Papst Bonifaz VIII. nicht davon abhielt, seinen jüdischen Leibarzt weiter zu behalten.

Auf seiner Burg wurde ein kranker Ritter von seiner Ehefrau, seinen Töchtern sowie den Burgfräulein gepflegt. Ein gutes Hygienewissen gab es noch nicht, die für Ritter typische eiserne Gesundheitskonstitution war deshalb gefordert. Krankenpflege gehörte zu den Aufgaben der Frauen einer Burg. Sie konnten Wunden verbinden und verstanden es auch, heilsame Kräuterextrakte zu mischen und Salben zu rühren. In vielen Rittergeschichten wird über die aufopfernde Pflege von verwundeten Rittern durch edle Burgfräulein berichtet, die manchmal durch ihre Erfahrungen medizinisch besser qualifiziert waren als etliche Ärzte.

Die mittelalterliche Medizin war wenig wissenschaftlich orientiert und eine Volksmedizin. Mystik und tatsächliche Erfahrungen wurden gemischt, und neben der Behandlung gab es noch Zauberformeln. Echte Fortschritte wurden überwiegend von einzelnen Persönlichkeiten erbracht, wie etwa Hildegard von Bingen in Deutschland oder Roger Bacon und Constantinus Africanus auf europäischer Ebene. Erfahrene Frauen, die Heilkräuter suchten und als Heilerinnen geschätzt waren, liefen stets Gefahr, als Hexe bezeichnet zu werden.

Einen teuren Arzt kommen zu lassen, konnte das ritterliche Gemüt arg strapazieren, denn Ärzte trauten sich zu, den Urin zu betrachten und dann zu verkünden, daß der Patient nicht mehr lange

Mittelalterliche Medizin

Gegenüber ihrem Standard in der Antike erlebte die Medizin im Mittelalter einen Rückschritt und in manchen Bereichen sogar einen Niedergang. Das beachtliche Wissen, das beispielsweise in Alexandria angesammelt worden war, ging später in Westeuropa in großen Teilen verloren und wurde nur von der arabischen Welt und von Ostrom erhalten. Die medizinische Forschung stand im abendländischen Mittelalter wie alle anderen Wissenschaften unter der Dominanz der Theologie. Wurde ein Mensch krank, war es wichtig, zuerst den für die Erkrankung zuständigen Heiligen anzurufen. Anschließend wurde das Seelenheil in Ordnung gebracht, und erst zum Schluß kümmerte sich der Arzt mehr schlecht als recht um die Erkrankung. Manche Ärzte trugen astrologische Tabellen mit sich, um über einen Krankheitsverlauf Auskunft zu erhalten. Häufig kam der Arzt mit einer vorgefaßten Meinung zum Patienten und suchte dann nur eine Bestätigung dieser Meinung. Markgraf Dedo war beispielsweise eindeutig zu dick und wollte abnehmen. Er zog seine Ärzte zu Rate. Doch statt ihm eine Diät zu verordnen, schnitten sie ihm den Bauch auf, um nach den Ursachen zu schauen. Der Markgraf überlebte den Eingriff nicht.

leben werde. Allein durch die Urinschau glaubten viele Ärzte eine Krankheit zu erkennen. Gleichzeitig liebte der Arzt Rituale. Ließ er zum Beispiel beim Patienten das Uringlas fallen, zeigte er an, der Fall ist hoffnungslos. Herzog Heinrich von Bayern, ein Bruder von Kaiser Otto der Große, schickte einmal den medizinisch gebildeten Mönchen im Kloster St. Gallen eine Urinprobe zur Untersuchung. Später kam die Meldung, ein Wunder sei geschehen, der Herzog sei schwanger.

TOTENGEDENKEN

Unter Rittern war das Sterben alltäglich, und jeder versuchte bereits zu Lebzeiten, sich auf den Tod vorzubereiten. Zu den Sorgen des Alters gehörte deshalb auch die Furcht vor dem Höllenfeuer. Verstarb ein Ritter auf seiner Burg oder dem Ort, wo er auch bestattet werden sollte, dann wurde der Tote in wertvolle Stoffe gehüllt und auf eine kunstvoll gearbeitete Bahre aus kostbarem Holz, – meist Ebenholz verziert mit Elfenbein – gelegt; er wurde, wie noch heute üblich, aufgebahrt. Toten Fürsten zog man das volle Ornat an, und vom verstorbenen englischen König Heinrich II. wird berichtet, daß er die Krone sowie die Insignien seiner Macht trug. Wohlriechende brennende Kerzen, die zwei Tage und zwei Nächte brannten, wurden zu Ehren eines toten Ritters aufgestellt, und bedeutende Standesgenossen hielten die Totenwache. An die Armen wurden Almosen und Essen verteilt. Als im Jahre 1290 der Sohn des Herzogs von Bayern bei einem Turnier zu Tode kam, weil der Gegner versehentlich eine scharfe Lanze benutzt hatte, wurde eine außergewöhnlich pompöse Leichenfeier veranstaltet. Es kamen viele Fremde, weil der Herzog großzügig Speisen verteilen ließ. Drei Bischöfe lasen damals hintereinander drei Messen.

Zur eigentlichen Beerdigung trug der tote Ritter selten eine kostbare Garderobe, sondern er wurde häufig in sehr einfacher Kleidung, manchmal sogar mit einer Mönchkutte beerdigt. Die heilige Elisabeth von Thüringen nähte als gute Tat noch zu deren Lebzeiten Totenkleidung für arme Leute. Einfache Leute erhielten meist einen kargen Holzsarg und die Edlen des Reiches einen mächtigen Steinsarg, einen Sarkophag. Grabstätte war in der Regel eine Kirche, meist die eigene Burgkapelle, und bei Fürsten entweder ein Dom oder eine eigens errichtete Grabeskirche. Aus Demut ließen sich manche Ritter auch vor der Kirche begraben. Nach der Totenmesse wurden an Arme sowie Mönche und Nonnen Almosen verteilt, damit sie für das Seelenheil des Verstorbenen beteten. Dreißig Tage nach dem Tod und jährlich zum Todestag wurden erneut Trauerfeierlichkeiten abgehalten und das Grab geschmückt. Manche Ritter überschrieben Klöstern Vermögenswerte, aus deren Erträgen Messen für das Seelenheil gelesen wurden. Über das Grab wurde zum Schmuck der Kirche eine kunstvoll gearbeitete Grabplatte gelegt, und bei bedeutenden und mächtigen Leuten ein besonderes Grabdenkmal, eine Tumba, errichtet. Zahlreiche Kirchen besitzen noch heute solche prächtigen Grabdenkmäler. Sie befinden sich meist in einem Grabgewölbe oder im Hauptraum der Kirche, können aber auch als halbplastische Darstellung in die Kirchenwand eingearbeitet sein. Über das Denkmal von König Rudolf von Habsburg im Dom zu Speyer schrieb der Chronist Ottokar von Steiermark im 13. Jahrhundert: »Ein Bild schön und rein aus einem Marmorblock geschlagen ... einem Manne so gleich.«

Die Menschen des Mittelalters trauerten nach außen hin intensiver als die Menschen der Gegenwart. Es war üblich, die Trauer hinauszuschreien, sich die Haare zu raufen und die Kleider zu zerreißen. Möglicherweise gab es sogar professionelle Klageweiber, wie sie auch in anderen Gesellschaften vorkommen. Durch die Trauer sollte noch einmal die Bedeutung des Verstorbenen unterstrichen werden. Im Rolandslied heißt es, 20 000 Ritter seien ohnmächtig geworden, als sie vom Tod des tapferen Rolands erfuhren, der ein Neffe Karls des Großen gewesen war.

Starb ein Ritter fern der Heimat, wurde die Leiche einbalsamiert. Was allerdings die alten Ägypter noch gut konnten, gelang im Mittelalter nicht immer. Als der englische König Heinrich I. in Frankreich verstorben war, wurde ein Metzger beauftragt, die Leiche haltbar zu machen. Der Metzger jedoch hatte den Toten nur eingesalzen, so daß er bald fürchterlich stank. Einzelne Teile der Leiche wurden deshalb in Ledersäcke eingenäht und bestattet. Rainald von Dassel, Erzkanzler und damit sozusagen die rechte Hand Kaiser Friedrichs I. Barbarossa, wurde nach seinem Tod gekocht, damit sich das Fleisch von den Knochen ablösen ließ. Die Knochen wurden anschließend im Dom zu Köln beerdigt. Kaiser Friedrich I. Barbarossa

> GRABBILD *König Rudolfs von Habsburg*

> Aus Demut *ließ sich mancher Ritter auch vor der Kirche begraben.*

verstarb im Jahre 1190 bei einem Kreuzzug. Seine Begleiter steckten den Toten zunächst in ein Faß Essig, um ihn haltbar zu machen. Nachdem die Methode nichts half, wurde die Leiche des Kaisers ebenfalls gekocht. Das Fleisch wurde in der Stadt Antiochia bestattet und die Knochen in der Stadt Tyros. Einfache Ritter, die bei Kreuzzügen zu Tode kamen, wurden meist vor Ort beerdigt, sie hatten jedoch die Gewißheit, daß ihre Seele direkt in den Himmel aufsteigen würde. Als Anna, die Gemahlin von Rudolfs von Habsburg, im Jahre 1281 starb, wurde sie sorgfältiger einbalsamiert. Ihre Eingeweide kamen in einen Ledersack, und ihr Körper wurde mit Sand und Asche gefüllt. Danach wurde der Sarg feierlich mit 40 Pferden von Wien nach Basel überführt, 400 Ritter begleiteten die Verstorbene.

ALLTAGSLEBEN AUF DER BURG

War ein Ritter einmal nicht im Krieg oder mit seinem Lehnsherrn unterwegs, so konnte er das Alltagsleben genießen und seine Gästen empfangen. Das Alltagsleben konzentrierte sich allerdings auf den Tag, denn nachts herrschte auf der Burg Ruhe. Meist gingen der Burgherr und seine Familie früh zu Bett und standen auch früh wieder auf. Räume künstlich zu beleuchten war im Mittelalter sehr aufwendig, so daß Sonnenauf- und untergang das tägliche Leben bestimmten. Nachts schliefen der Ritter und seine Ehefrau gewöhnlich ohne Bekleidung. Der Mann trug nur eine Art Kopftuch und die Frau eine Nachthaube, die häufig reich mit Bändern geschmückt war. Flöhe, Läuse und anderes Ungeziefer konnte sich dann nicht so schnell in den Haaren festsetzen. Da Ritter ihr langes Kopfhaar im Spätmittelalter meist gelockt trugen, ist außerdem anzunehmen, daß die Haare für die Nacht manchmal gewickelt und am Morgen mit der Brennschere nachbehandelt wurden. Überliefert sind Lockenwickler bei der Ritterschaft nicht. Dennoch treffen solche Annahmen vermutlich zu, denn von

> Der Ritter *und seine Ehefrau badeten gemeinsam.*

reichen Stadtbürgern, die gerne das Verhalten der Ritterschaft kopierten, ist bekannt, daß sie sich oft am Abend die Locken für den nächsten Tag drehten.

REINLICHKEIT

Nach dem Erwachen wurde noch im Bett ein Morgengebet gesprochen, denn jeder Tag mußte sowohl mit einem Gebet begonnen als auch beendet werden. Da während der Nacht die Kemenaten meist ausgekühlt waren, warfen sich beide nach dem Aufstehen einen Pelz um und wiesen die Dienerschaft an, Wasser zum Waschen zu bringen. Da man über Tag vielleicht mit Landwirtschaft oder Kampftraining beschäftigt war, war die Morgenwäsche nicht sehr ausführlich, und das Bad verschob man auf den Abend, besonders vor einem Sonn- oder Feiertag oder vor einem Festmahl.

Im Gegensatz zu den leibeigenen Bauern und auch zu vielen Stadtbewohnern war bei Rittern das Bedürfnis nach Reinlichkeit groß. Sauberkeit galt sogar als ein Zeichen von Reichtum und als Abgrenzung gegenüber den verschmutzten Bauern. Noch bei den Franken im frühen Mittelalter sah das völlig anders aus, und die Oberschicht nahm es mit der Reinlichkeit nicht sehr genau. Arabische Gesandte am Hof von Karl dem Großen berichteten, daß sich dort die Menschen nur selten wuschen und ihre oft verdreckten Kleidungsstücke kaum wechselten. Von Karl dem Großen ist bekannt, daß er keine feine Seidengarderobe liebte, sondern am liebsten eine Wollhose und eine Jacke aus einem Schaffell trug. Am Hof von Kaiser Otto II. stellte ein Gesandter der Kalifen von Bagdad erstaunt fest, daß sich die Menschen nur etwa zweimal im Jahr wüschen.

Der Orient bescherte Mitteleuropa die Freuden des Badens. Insbesondere nach den Kreuzzügen gehörte das Baden für Ritter zum Lebensgenuß und war nicht selten ein gesellschaftliches Ereignis. Besaß eine Burg kein eigenes Bad, wurde eine Badewanne in die Schlafgemächer getragen und mit warmem Wasser gefüllt. Um im Raum Wohlgerüche zu verbreiten, wurden Rosenblätter in das Badewasser gestreut. Der Ritter und seine Ehefrau badeten zusammen. Waren Gäste auf der Burg, badeten Männer und Frauen ebenfalls gemeinsam. Auf Bildminiaturen und Fresken aus dem Mittelalter wird wiederholt dargestellt, wie jeweils ein Mann und eine Frau zusammen in einer Badewanne sitzen und Erfrischungsgetränke zu sich nehmen. In den Abenteuern des Parzival wird dem jungen Helden von seinen verschiedenen Gastgebern auch mehrmals ein Bad angeboten. Einmal wurde für ihn zu diesem Zweck eine Badewanne ins Zimmer getragen. Kaum saß er in dem nach Rosen duftenden Wasser, als zwei Jungfrauen in das Zimmer kamen, um ihm beim Baden zu helfen. Als sie ihm ein Badelaken zum Abtrocknen anboten, war es ihm allerdings peinlich, aus der Wanne zu steigen. Ritter hatten deshalb manchmal im Schambereich ein Tuch zu einer Art Lendenschurz verknotet. Frauen aus Ritterfamilien waren wenig prüde. In einer Rittergeschichte wird beispielsweise erzählt, wie der französische Ritter Meleranz in der freien Natur unter einer Linde plötzlich ein Dame in einem Badebottich überraschte. Die Dienerinnen flohen erschrocken und ließen ihre Herrin allein. Doch die Dame selbst blieb gelassen und forderte den fremden Ritter auf, ihr beim Abtrocknen zu helfen und die Kleidung zu reichen. Anschließend verlangte sie noch, der Ritter sollte die aufdringlichen Fliegen vertreiben, damit sie in Ruhe einschlafen konnte.

Fromme Menschen dagegen schreckten oft vor einem Bad zurück, denn sie wollten ihren sündigen Körper sogar vor sich selbst verborgen halten. Die heilige Elisabeth von Thüringen beschloß einmal, ein Bad zu nehmen. Sie führte das Vorhaben jedoch nicht aus, denn sie wollte sich weiter kasteien und sich kein angenehmes Lebensgefühl verschaffen. Es gibt einen Bericht über eine edle Dame, die in einer unerwiderten Liebe zu einem frommen Mönch entbrannte. Doch der Mönch schreckte sie von einer näheren Kontaktaufnahme ab. Er roch übel, war schmutzig und hatte dazu noch Läuse.

War auf der Burg ein Bad eingerichtet, waren Dampfbäder sehr beliebt. Sie wurden insbesondere nach den Kreuzzügen populär. Der Burgherr lud zu solchen Bädern gerne Gäste ein und machte das Baden zu einem Fest. Knechte übergossen zunächst heiße Steine immer wieder mit Wasser, bis die gesamte Badestube mit Wasserdampf ausgefüllt war und immer wärmer wurde. In diesem Wasserdampf saßen dann die Badenden ähnlich wie in einer Sauna und schwitzten.

Nach dem Bad entfernten sich die Damen oft die Körperhaare und versuchten, die Haut mit allerlei Mittelchen zu glätten. Junge Männer rasierten sich im Gesicht, während Ältere sich den Bart mit einer Brennschere kräuselten. Anschließend entspannten sich Damen und Herren noch auf Ruhebetten. War der Körper abgekühlt und sorgfältig abgetrocknet, erschienen Dienerinnen und Diener, um beim Ankleiden zu helfen.

HAARTRACHT

Auf die Schönheit der Haare wurde großen Wert gelegt. Sie mußten vor allen Dingen lang sein, und sowohl die Damen als auch Herren ließen sich für die Morgentoilette viel Zeit. Kämme gab es in verschiedenen Größen, sie waren aus Horn oder Elfenbein und meist sehr schmuckvoll gearbeitet. Mit sehr engen Kämmen wurden Läuse entfernt und mit den weiten die Frisur in Ordnung gebracht. Alle Utensilien zur Körperpflege befanden sich in kunstvoll verzierten Kästen mit Elfenbeinintarsien und stellten für jede edle Dame einen kostbaren Besitz dar.

Schönheitspflege

Intensives Schminken war bei edlen Damen verpönt, war aber trotzdem verbreitet, und manche Frauen versuchten sich bei Festlichkeiten gegenseitig zu übertrumpfen. Bei Witwen galt das Schminken als völlig unangebracht, denn sie mußten keinem Liebsten mehr gefallen. Rote Schminke wurde aus dem Rotholz der Färber hergestellt und weiße Schminke aus einer Mischung von Weizenmehl und Fett. Beide Cremes wurden mit einem Tuch aufgetragen und waren nicht gut haltbar. Um Wirkung zu erzielen, mußten die Farbtönungen außerdem dick aufliegen. Minnesänger erinnern sich wiederholt, daß bei der geringsten Feuchtigkeit die Schminke auslief und sich klebrig auf der Haut verteilte. Kein Burgfräulein konnte es sich nach einem Fest leisten, ihrem verehrten Ritter zum Abschied wirkungsvoll hinterherzuweinen. Sie wäre auf einmal »häßlich« geworden. Nach einer Erzählung kitzelte ein Ritter seiner Liebsten mit einer Feder über das Gesicht und erschrak, wie sich diese Feder auf einmal verfärbte und auf der Haut unschöne Streifen auftauchten. Kleine Federn konnten sogar an der Schminke kleben bleiben, denn die edlen Frauen und Burgfräulein waren regelrecht angestrichen. Die Gesichtsfarbe der Jungfrauen wurde bereits gepriesen, wenn diese nach Weingenuß leicht zu erröten begannen und gleichzeitig ihre Zurückhaltung gegen allerlei Abenteuer verschwand. Gegen den schlechten Atem durch faule Zähne wurde geraten, insbesondere vor Festlichkeiten Anis, Fenchel oder Kümmel zu essen. Schlich sich ein Ritter heimlich zur Kemenate, wurden deshalb rasch noch allerlei Kräuter gekaut, und auch die Herzensdame beugte dem Mundgeruch vor.

Spiegel wurden wie heute bereits aus Glas gefertigt, sie waren allerdings nicht sehr groß, denn große Glasscheiben konnten noch nicht hergestellt werden. Wandspiegel gab es aus diesem Grund nicht. Alle Spiegel mußten mit der Hand gehalten werden, so daß Damen gekämmt wurden und sich dabei ausgiebig betrachteten. Diese kleinen runden Spiegel waren meist in einen sorgfältig geschmückten Bronzerahmen eingepaßt. Eitle Burgfräulein trugen ihren Spiegel häufig in einer Gürteltasche mit sich und hatten ihn ständig greifbar. Bauern konnten sich keinen Spiegel leisten und kämmten sich deshalb gegenseitig. Wenn eine Bauersfrau ihren Ehemann kämmte, zeigte sie ihm ihre Zuneigung. Auf der Burg dagegen ließen sich die Damen von ihren Kammerzofen frisieren und auch schminken.

> Die berühmte Stifterfigur *zeigt ein Gebende mit einer Krone.*

Junge Mädchen trugen in Deutschland ihre langen Haare als Zöpfe mit eingeflochtenen Bändern. In Frankreich dagegen war es üblich, daß junge Mädchen ihre langen Haare offen und wallend den Rücken herunterfließen ließen.

Nach der Vermählung wurde die Frisur gewechselt. Die Haare der Frauen waren nun kunstvoll nach oben getürmt und wurden häufig mit Haarteilen verstärkt. Dichter machten sich über geschmacklos aufgetürmte Haartrachten lustig, die nach ihrer Meinung eine von ihnen hoch verehrte Ehefrau mehr verunstalteten als schmückten. Da oft Haare von toten Frauen zu Haarteilen verarbeitet wurden, gab es gegen einen solchen Haarersatz heftige Anfeindungen. Als die Ehefrau eines Kaisers einmal vor dem Zu-Bett-Gehen ihre vielen Haarteile abgelegt hatte, ließ der Kaiser schnell Ritter kommen, um die Haarteile zu verbrennen. Er schimpfte und meinte, er wollte kein totes, sondern ein lebendiges Eheweib im Bett haben. Eine Kopfdeckung war nur bei verheirateten Frauen üblich. Junge Mädchen trugen keine Kopfbedeckung, sondern schmückten ihre Haare lediglich mit einem Kranz aus frischen Blumen. Bei Festlichkeiten wurden in komplizierte Zopffrisuren zusätzlich noch Haarbänder eingeflochten.

Die verheiratete Frau legte zu festlichen Anlässen ein Gebende an, eine Kopfbedeckung aus einem straffen Tuch, das um das Kinn herumging und das Gesicht förmlich einwickelte. Auf das Gebende setzten sich die Ehefrauen von Fürsten noch einen oder auch mehrere Kronenreifen auf, während sich die Ehefrauen von Rittern auf dem Kopf mit Schmuckketten begnügen mußten. Die berühmte Stifterfigur Uta aus dem Naumburger Dom zeigt deutlich ein Gebende mit einer Krone. Im Sommer konnte ein Gebende wegen der Hitze allerdings lästig sein und wurde deshalb nur bei besonderen Festlichkeiten verwendet. Im Alltag trug die Ehefrau einen Schleier, der auf der Seite über beide Ohren bis zur Schulter herunterhing und »Rise« genannt wurde. Manche Prediger sahen Unheil auf die Gesellschaft zukommen, wenn Frauen ein gelbes Gebende oder eine gelbe Rise anlegten. Diese Farbe erinnerte sie zu sehr an Gold und wurde deshalb als zu kostbar angesehen. Eine solche gelbe Kopfbedeckung sollte nach Predigermeinung den Jüdinnen und Pfaffenhuren überlassen bleiben. Der Prediger Berthold von Regensburg unterstellte sogar, daß sich sehr aufwendig und prunkvoll gekleidete Frauen für ihr Herz schämen müßten.

KOCHEN UND MAHLZEITEN

Jeden Tag wurden zwei Mahlzeiten eingenommen, die erste nach dem Gottesdienst etwa gegen neun Uhr und die zweite am späten Nachmittag. War der Ritter nicht wie so oft unterwegs, sondern hielt sich für einige Zeit auf seiner Burg auf, konnte das Frühmahl opulent sein. Während er auf dem Feldzug meist nur Brot aß, so wurden zuhause bereits am Morgen Brot mit Fleisch und Saucen sowie Wein serviert. Manche Ritter verlangten auch schon zum Frühmahl ein mehrgängiges Essen, so daß die Köche schon in der Nacht an der Feuerstelle standen. In der Regel stammte das Fleisch vom Schwein oder Rind, allerdings wurde gerne auch Wild verzehrt. Dichter beschreiben, daß auch Singvögel gegessen wurden. In Frankreich lag im Spätmittelalter der Fleischverbrauch eines Ritters bei rund 100 Kilogramm pro Person und Jahr, etwa viermal so hoch wie bei einem Bauern. Nach dem Frühmahl ruhte der Ritter meist noch für eine Weile und ging erst anschließend seinen Geschäften nach.

Die zweite Mahlzeit wurde zwischen drei und sechs Uhr am Nachmittag eingenommen. Die Familie und auch die Gäste ließen sich für diese Mahlzeit viel Zeit, und es wurde noch lange geplaudert und über Abenteuer berichtet. Während Bauern meist Getreideprodukte aßen, war bei den vermögenden Rittern die Küche sehr vielseitig. Zunächst wurde eine Suppe gegessen. Anschließend wurde das oft sehr üppige Hauptgericht serviert. Meist gab es wieder Fleisch sowie Zutaten aus Rüben oder Kohl, aber auch Milchprodukte. Zu speziellen Salatgerichten gibt es dagegen heute nur wenige Hinweise; rohes Essen galt allgemein als ungesund, was bei den hygienischen Verhältnissen seinen Sinn hatte. In Frankreich waren Salate aus Brunnenkresse bekannt. Weißbrote aus Weizenmehl stellten als »simele« (Semmel) eine Beilage dar. Obst kam aus nahen Streuobstwiesen, wobei Birnen und Äpfel gerne gekocht und zu Gelee, Konfitüre oder Sirup verarbeitet wurden. Im Wald wurden Nüsse, Eßkastanien und hauptsächlich Beeren gesammelt. Fisch war eine klassische Fastenspeise, denn das Mittelalter kannte etwa 70 Fastentage im Jahr. Im Herbst stammte das Fleisch von frisch geschlachteten Schweinen und Rindern, die nicht über den Winter durchgefüttert werden konnten. Der Herbst war deshalb die Zeit der Schlachttage, und es wurden auch Dauerwürste produziert. In Winter wurde schließlich das eingelagerte Salzfleisch verzehrt. Dazwischen gab es immer wieder Wild, dessen Jagd ausschließlich dem Adel zustand. Hirschbraten wurde mit Speck zubereitet, auch Wildschweine waren begehrt, und Hasen wurden oft zu Pasteten verarbeitet. Geflügel wie Hühner oder Gänse galt als Leckerbissen, und man hatte keine Scheu, sogar Kraniche, Reiher und Schwäne zu braten. Die Krönung eines Festessens aber war ein Pfauenbraten, serviert mit Pfeffersauce.

Zum Nachtisch gab es Honigkuchen, Gewürzkuchen und sogar gefüllte Torten, Zucker gab es in Deutschland erst im Spätmittelalter, er wurde über Venedig aus arabischen Ländern eingeführt und war dementsprechend teuer. Gerne wurden auch Krapfen in Fett gebacken und mit Zimt bestreut. Daneben lagen noch Brot und Käse auf den Tischen, wobei französische Ritter bereits sehr viele Käsearten, darunter auch Schafskäse, kannten. Äpfel und Birnen galten als Abschluß einer Mahlzeit und sollten den Magen schließen, oft wurden sie in Weinsoße

> Grossen Wert *legten die Ritter bei Tisch auf die Etikette.*

gekocht. Das Essen wurde meist sehr stark gewürzt, denn der verschwenderische Einsatz von Gewürzen bedeutete Reichtum. Bei Festmählern konnte das Essen deshalb recht scharf sein und viel Durst produzieren. Gewürze waren teuer und kamen meist aus exotischen Ländern. Eine kleine Dose Safran war beispielsweise soviel wert wie eine Kuh, und ein Pfund Muskatnuß sogar soviel wie sieben Ochsen. Um anzugeben, wurde sogar der Wein gepfeffert, und um richtig anzugeben, wurden Spanferkel mit Blattgold dekoriert. Bei einem spektakulären Festmahl beklagte sich einmal der Koch, daß es für ihn kaum möglich wäre, die gewünschten 300 Eichhörnchen rechtzeitig zu erhalten. Da die Teilnehmer solcher Festessen häufig schon älter waren, hatte der Koch schließlich auch zu bedenken, daß die meisten von ihnen nicht mehr alle Zähne hatten, zumal sich Ritter gerne prügelten.

Getrunken wurden leichtes Bier, Met, Fruchtsäfte und vor allen Dingen Wein. Wein hatte vor fast allen Getränken den Vorteil, daß er sich konservieren ließ und nicht schimmelte wie Fruchtsäfte oder faulig wurde wie abgestandenes Wasser. Rheinwein und Frankenwein waren beliebt, und der Moselwein wurde sogar bis nach Frankreich verkauft. Bayerische Weine und Weine aus anderen Gegenden hatten dagegen keinen guten Ruf. Wer unter weitgereisten Rittern als Kenner gelten wollte, ließ seinen Wein aus Frankreich oder Italien kommen. Fürsten schließlich boten ihren Gästen häufig einen Wein an, den sie noch vom Heiligen Land kannten; beliebt waren Weine aus Zypern.

TISCHGESCHIRR UND TISCHSITTEN

Hatte ein Ritter mehrere Gäste, wurde meist an einer Festtafel gespeist. Eßtische wurden dazu in den Saal getragen und mit weißen, oft reichbestickten Leinentüchern bedeckt. Hastig und ohne Tischtücher zu essen, galt sogar in einem Zelt inmitten von kriegerischen Handlungen als unschicklich. Manche Fürsten zogen mit ihrer kompletten Hofausstattung in den Krieg, damit nach der Schlacht stilvoll gegessen und gute Manieren demonstriert werden konnten. Als Karl der Kühne, Herzog von Burgund, im 15. Jahrhundert gegen die Schweizer Eidgenossenschaft eine wichtige Schlacht verlor, erbeuteten die Schweizer sein Feldlager einschließlich vier Zentner Tafelgeschirr aus feinstem Silber. Waren die Tischtücher endlich straff gezogen, wurde auf jedem Platz nach französischer Art eine Serviette ausgelegt, dazu ein kleines Brot sowie Messer und Löffel. Wenn man weniger vornehm aß, brachte jeder seinen eigenen Löffel und sein Messer mit. Gabeln waren im Mittelalter noch nicht üblich. Lagen sie dennoch auf dem Tisch, wurden sie nur zum Tranchieren benötigt. Salzfässer standen in größerer Zahl mitten auf den Tisch, daneben auch kleine Schüsseln, die sich die Gäste nach eigenem Wunsch nehmen konnten. Manchmal aßen zwei Gäste zusammen aus einer Schüssel. Die Gerichte selbst wurden mit großen Schüsseln aufgetragen und Saucen in zusätzlichen Gefäßen.

Bauern und Bürger verfügten im Mittelalter für die Küche nur über Holzgeschirr oder Tonwaren. Ein Ritter dagegen ließ seine Tafel mit Zinngeschirr decken, und wenn er vornehm war, sogar mit Silbergeschirr. Da die Kirche verboten hatte, Geld gegen Zinsen zu verleihen, legten Ritter nicht benötigte Vermögenswerte häufig in Silbergeschirr für die Tafel und in anderen Kostbarkeiten an. Der Bischof von York in England hinterließ nach seinem Tod im Jahre 1182 unter anderem auch Silbergeschirr für eine große Tafel. Dieses Silbergeschirr wurde extra für den Gastgeber angefertigt und war mit persönlichen Insignien verziert. Tafelaufsätze, manchmal aus reinem Silber gefertigt, sollten den Tisch verschönern und stellten häufig Tiere, etwa Greifen oder Drachen, dar. War die Tafel aufgehoben, wurde das Geschirr nachgezählt, denn auch arme Ritter konnten zu den Gästen gehören.

Getrunken wurde aus einem Gefäß mit dem Namen »Kopf«, einem rundlichen Becher mit Deckel; der Napf dagegen hatte keinen Deckel. Aus dem Kopf entwickelte sich später der Humpen. An verschiedenen Stellen des Tisches wurde auch ein Trinkschiff plaziert, ein Trinkgefäß in Form eines Schiffes, aus dem manche Gäste wie heute bei einem Stiefel gemeinsam tranken. Alle diese Trinkgefäße konnten aus Glas, Holz, Silber oder sogar aus Gold gefertigt sein. Im Parzival werden bereits Trinkschalen aus Glas erwähnt. Die Krönung der feinen Lebensart waren Trinkgefäße, die aus Halbedelsteinen geschnitten wurden, sie kamen meist aus dem oströmischen Reich. Edelsteinzierat an Trinkgefäßen war wichtig, denn von Edelsteinen hieß es, sie könnten Gift anzeigen oder neutralisieren. Auch deshalb wurden Edelsteine von Fürsten gesammelt.

War die Tafel gedeckt und das Essen in der Küche fertig, kam der Truchseß, der Herr der Küche, mit einem Stab feierlich zum Gastgeber, kniete nieder und meldete, daß die Mahlzeiten bereit stünden. Der Gastgeber bat nun seine Gäste um Ruhe und befahl, das Waschwasser zu reichen. Ein Hornsignal ertönte, und der Kämmerer der Burg kam mit zahlreichen Edelknaben herein. Bei einem Hochzeitsmahl in Frankreich ritten im Jahre 1237 sogar Spielleute auf Pferden in den Saal und verkündeten mit Trompeten, daß das Essen aufgetragen werde. Bei den Gästen, angefangen vom ranghöchsten unter ihnen, kniete nun ein Edelknabe mit einer Schüssel nieder, während der zweite mit einer Kanne Wasser über die Hände des Gastes goß. Anschließend wurden die Hände mit der Serviette trockengerieben und diese um den Hals gehängt. Waren Damen anwesend, gingen die Edelknaben zuerst zu ihnen und verwendeten Rosenwasser. Die Wasserkannen, »Aquamanile« genannt, waren oft kleine Kunstwerke. Im Jahre 1255 schenkte Königin Margarethe von Frankreich dem

> Die Wasserkannen *(Aquamanile) waren oft kleine Kunstwerke.*

König von England ein goldenes Waschgeschirr, das in der Form eines Pfaus gearbeitet und mit Edelsteinen besetzt war.

Danach gingen die Gäste nach ihrer Rangordnung zu Tisch, dabei saß der Fürst mit seiner Ehefrau stets erhöht. Nur Adelige durften mit einem König speisen. Bei einem weniger komplizierten Gastmahl der Ritter war es eine besondere Auszeichnung, neben einem Ritter plaziert zu werden. Meist speisten die Männer für sich allein, und nur als besondere Ehrung wurden an zusätzlichen Tischen auch Damen zugelassen. Erst im Spätmittelalter saßen Damen und Herren in einer bunten Reihe zusammen. Kinder durften nicht an einem Festmahl teilnehmen. Wünschte ein Gast allerdings, ein Kind des Hausherrn zu sehen, wurde es vom Hofmeister geholt und vorgestellt.

Der Truchseß bediente den Gastgeber und den ranghöchsten Gast persönlich, während für die anderen Gäste wieder Edelknaben oder Pagen zuständig waren. Eine ganz besondere Ehre lag vor, wenn die Ehefrau des Gastgebers einem Gast das Essen reichte. Gebratene Vögel wurden am Spieß hereingetragen, und die übrigen Braten bereits zerlegt. Der Minnesänger Walther von der Vogelweide beschwerte sich einmal, die Köche würden die Bratenscheiben zu dünn schneiden. Die Edelknaben mußten die Vögel vor dem Gast tranchieren und auch das restliche Fleisch in kleine Bissen zerlegen, denn es wurde mit den

Händen gegessen, und nur für Suppen und Soßen gab es einen Löffel. Dann knieten die Pagen nieder und überreichten das Essen. Sie mußten außerdem stets dafür sorgen, daß genügend Essen zur Verfügung stand. Andere Edelknaben brachten den Wein. Viele Edelknaben hatten Angst, daß ihnen durch das ständige Niederknien die Hosenträger reißen könnten. Dann gab es unter den Gästen Gelächter, und ein Edelknabe hatte sich für lange Zeit blamiert, wenn die Hose langsam über die Kniekehle zum Knöchel rutschte.

Bei einem guten Festmahl konnten sieben bis acht Gänge serviert werden. Herzog Karl der Kühne von Burgund veranstaltete im Jahre 1473 für den deutschen Kaiser in Trier ein Festmahl mit 33 Gängen.

Bei jedem großen Festmahl spielten im Hintergrund Musikanten, allerdings manchmal ein bißchen zu laut. Bei einer Königskrönung in Aachen (1442) beschwerte sich ein Gast, daß die Spielleute so laut wären, daß das Haus bald einstürzen würde. Ranghohen Gästen war erlaubt, bei der Musik mitzusingen. Sie hoben dann die Stimmung, wenn die restlichen Gäste im Chor einfielen.

Großen Wert wurde auf die Etikette gelegt. Dabei ist es schon erstaunlich, auf was eine so vornehme Gesellschaft aufmerksam gemacht werden mußte: Kein Gast sollte beispielsweise das Essen mit zwei Händen in sich hineinstopfen und mit vollem Mund reden, auch sollte er nicht vom Teller des Nachbarn essen. Ein Gast, der trinkt, sollte nicht während des Trinkens fragen, ob er den Becher weiterreichen dürfte. In Schriften wie »Tanhausers Hofzucht« oder »Wiener Tischzucht« wurden für den Adel Verhaltensregeln zu einem Festmahl dargelegt.

Noch heute spreizen manchmal ältere Damen im Kaffeehaus den kleinen Finger von der Hand ab, wenn sie eine Tasse Kaffee trinken. Dieser Brauch geht bis auf das Mittelalter zurück. Früher gab es keine Taschentücher, und es wurde deshalb mit der Hand einfach auf den Boden geschneuzt. Feine Damen der Gesellschaft taten zwar das gleiche, nahmen dafür aber nicht wie üblich die ganze Hand, sondern nur den kleinen Finger. Begrüßten sie anschließend Standesgenossen, streckten sie den kleinen Finger ab.

War das Festmahl beendet, wurde die Tafel im wahrsten Sinn des Wortes tatsächlich aufgehoben und die Tischplatte hinausgetragen. Edelknaben kamen erneut, um den Gästen Wasser zum Waschen der Hände zu reichen. Da mit den Händen gegessen wurde, war dies unbedingt notwendig. Anschließend wurden Wein, Konfekt und Obst gereicht. Leicht angetrunkene Damen und Herren gingen nach draußen oder zum Aborterker, wo sie durch die zugige Luft schnell wieder nüchtern wurden. Der Rest plauderte von Kriegserlebnissen und vergangenen Abenteuern. Im Heldengedicht »Lohengrin« wird ausführlich beschrieben, wie nach dem Essen Damen und Herren tanzten, zusammen weiter tranken und versuchten, sich näher zu kommen. Für einen Ritter war es nach einem solchen Fest kein Makel, total betrunken zu sein und sich zu übergeben. Machte sich Müdigkeit breit, wurde ein Schlaftrunk angeboten. Die Gäste wurden zu den Kemenaten begleitet, auch waren inzwischen Schlafgelegenheiten im Saal hergerichtet worden. Ranghohe Gäste führte der Gastgeber persönlich zur Kemenate. Daneben ist erstaunlich, daß auch Burgfräulein gesetzte Ritter zur Schlafkammer brachten und niemand kontrollierte, ob sie nicht mit hineingingen. Im »Parzival« wird beschrieben, daß der Ritter schon ausgezogen im Bett lag, als plötzlich vier junge Damen kamen und ihm Obst und Wein brachten. Reste des großzügigen Festessens wurden am nächsten Tag an die Armen verteilt.

MODEN, TRACHT UND BEKLEIDUNG

Der Adel des Mittelalters, insbesondere die Ritter, legte großen Wert auf eine angemessene Kleidung, die sie von der übrigen Bevölkerung unterschied. Unfreien war es verboten, bestimmte Kleidungsstücke zu tragen, und ihre Kleidung durfte nicht zu farbenfroh sein. Modische und farbige Kleidung stand nur dem Adel zu. Es wurden sogar Bestimmungen erlassen, die den Bauern die Farbe und den Schnitt ihrer Kleidung vorschrieben. Nichts durfte besonders auffallen, und die Grundfarben mußten auf dunklen Tönungen beschränkt bleiben. Ein Ritter dagegen mußte bereits aus der Ferne als Ritter zu erkennen sein, auch wenn er keine Rüstung trug. Da die Adeligen nicht hart körperlich arbeiteten, wurde farbige Kleidung bei ihnen nicht so schnell schmutzig und konnte sich durchsetzen.

Manche Annehmlichkeiten der modernen Kleidung fehlten im Mittelalter völlig. So gab es an der Kleidung keine Taschen. Niemand konnte beispielsweise ein Taschentuch, Geld oder andere Kleinigkeiten in der Hosen- oder Jackentasche unterbringen. Statt dessen hing am Gürtel ein kleiner Beutel, auch Almosentasche genannt, der aus Leder, Samt oder Stoff sein konnte und häufig reich geschmückt war. Außerdem gab es an der Kleidung, was heute schwer vorstellbar ist, keine Knöpfe. Jedes Kleidungsstück wurde durch Riemen oder Bänder zusammengehalten. Den endgültigen Halt garantierte meist erst der Knoten, aus dem sich später der Begriff Knopf ableitete. Zog sich ein Mensch an, mußte er früher ständig »nesteln«: Ein Riemen, der »Nestel«, wurde durch ein Schnürloch gezogen und dann an einem Stift oder einer Einfassung verknotet. Auf vielen mittelalterlichen Bildern sind an Kleidungsstücken kurze Schnüre mit solchen Verknotungen zu erkennen. Noch Luther trug an seiner Kleidung keinen einzigen Knopf, sondern mußte wie jeder Mensch seiner Zeit »nesteln«. Nadeln in Form von Fibeln, Spangen oder Broschen boten eine weitere Möglichkeit, der Kleidung Sitz zu geben und sie zusammenzuhalten. Der Mantel, den die Mitglieder eines mittelalterlichen Hofes über dem Rock trugen, wurde beispielsweise in Brusthöhe von einer Brosche gehalten. Eine ganz kleine Nadel war das Heftel, das heute noch als Metallhäkchen an manchen Kleidungsstücken vorkommt. Fibeln, Spangen und Broschen konnten sehr kunstvoll gearbeitet sein und bestanden beim Adel aus kostbaren, häufig mit Edelsteinen besetzten Materialien.

Zwischen Rittern und ihren Ehefrauen waren in der Mode keine großen Unterschiede zu erkennen. Beide trugen einen Rock (»cotte«), der während der Blüte es Rittertums bis zum Knöchel reichte. In ihrer Farbigkeit war die Kleidung der Ritter auffallend, in ihrem Schnitt allerdings eintönig. Der Rock des Mannes war am Oberkörper fest geschnürt und fiel von der Hüfte abwärts in Falten. Spangen und ein Gürtel hielten ihn zusammen. Vorne und hinten besaß der Rock einen Schlitz, damit der Ritter leichter ein Pferd besteigen und reiten konnte. Parzival im gleichnamigen Heldengedicht kleidete sich mit einem scharlachroten Rock aus feinem Tuch. Scharlach war die allgemeine Bezeichnung für einen englischen Wollstoff, der nicht unbedingt rot sein mußte; Purpur nannte man dagegen rote Seidenstoffe.

In unserer Zeit hat der Begriff Rock eine Aufspaltung erfahren. Bei der Frau beschreibt er ein Kleidungsstück für die untere und beim Mann für die obere Körperhälfte, allerdings ist der früher bekannte schwarze Rock des Mannes (zum Beispiel der »Gehrock«) heute nicht mehr in Mode.

Der Stoff war meist aus Wolle gewebt und wurde häufig in einer grellen Farbe gefärbt, es gab aber auch Stoffe mit Mustern und Streifen in unterschiedlichen Farben. Diese Muster waren nicht eingewebt, sondern aufgenäht. Sehr beliebt war auch Kleidung im »mi-parti«, das heißt »in der Mitte geteilt«: Ein Hosenbein war beispielsweise aus rotem, das andere aus schwarzem Stoff. Streifen dagegen hatten keinen guten Ruf, auf mittelalterlichen Bildern bezeichnen sie oft Judas oder andere negative Figuren.

Über dem Rock trug der Ritter bei Kälte eine Art Mantel, den »Surkot«, der oft mit Pelzen gefüttert war, manchmal eine Kapuze hatte und im Schnitt einem Überhang glich. Bei der Kleidung wurde auf Farbkontraste geachtet. War der Mantel zum Beispiel grün, dann war der Rock rot oder auch umgekehrt. Der Wappenrock war ein Rock ohne Ärmel, der weit geschnitten war und über der Rüstung getragen wurde. Auf ihm befand sich wie eine Visitenkarte das Wappen eines Ritters. So konnte man Freund und Feind auch bei geschlossenem Helm schon von weitem unterscheiden. In Deutschland gab es im 15. Jahrhundert einen Rock mit dem merkwürdigen Namen Hänslein, der in der Länge mehr einer Jacke glich und ganze oder halbe Ärmel besaß.

Unter dem Rock trug der Ritter ein Hemd, deshalb auch die Redewendung: »Das Hemd ist mir näher als der Rock.« Dieses überwiegend weiße Hemd glich in Form und Schnitt dem Rock, bestand jedoch meist aus Leinen. Zur Unterkleidung gehörten schließlich noch eine Unterhose, die aus einem Stoffstück gewickelte und von einem Strick gehaltene »Bruche«, sowie ein Gürtel, an dem an Bändern zwei Beinhosen befestigt waren. Heute würde man sagen, der Ritter trug einen mehr oder weniger verführerischen Strumpfhalter. Diese Beinhosen mußten nämlich wie Strümpfe dicht anliegen, denn der Ritter wollte Bein zeigen. Gottfried von Straßburg schrieb zum Beispiel: »Hosen aus rotem Scharlach zog man dem Tapferen an, Herrje, wie schön waren seine Beine.« Später wurde aus den beiden Beinhosen das einheitliche Kleidungsstück Hose, allerdings wird heute immer noch von einem Paar Hosen gesprochen, obwohl nur eine

> Zur Rittermode *gehörten hohe Damenhüte und Schnabelschuhe.*

> DER ROCK DES MANNES *schrumpfte auf die Länge einer Jacke.*

einzelne Hose gemeint ist. Die Herrenmode spielt hier auf die lange vergangene Ritterzeit an.

Während des gesamten Mittelalters trugen Frauen lange Kleidung, das Burgfräulein mit einem »Minirock« gab es nicht. Bei der Herrenmode war eine Bewegung der Rocklänge zunächst von oben nach unten und dann wieder von unten nach oben zu beobachten. Im frühen Mittelalter war der Rock des Mannes noch kurz, dann wuchs er in der Länge nach unten, blieb jahrhundertelang in Knöchelhöhe und begann erst im Spätmittelalter, langsam wieder kürzer zu werden. Zum Ende des Mittelalters schließlich war der Rock des Mannes so kurz wie heute manche Jacke, und es wurde eine Art Pluderhose mit vielfältigen Verzierungen getragen. Fromme Männer beklagten nun, daß der Rock des Mannes nicht mehr den Schambereich bedecken, sondern geradezu modellieren würde, der Begriff des Hosenteufels kam auf.

Im Verlauf des 11. Jahrhunderts geriet auch die Damenmode in Bewegung. Die Ärmel der Damenkleider wurden weiter und länger, während der Gürtel verstärkt die Figur betonte. Im folgenden 12. Jahrhundert wurde der Oberkörper durch Schnüre noch weiter hervorgehoben, und die Frau begann Dekolleté zu zeigen. Gleichzeitig wurden Ärmel und Rock erneut länger. Ärmel konnten regelrecht pendeln, während der Rock beim Gehen gerafft werden mußte. Im 13. Jahrhundert wurde zum Rock noch eine Schleppe, ein »swanz«, getragen. Diese Schleppe konnte recht lang sein und zierte meist die festliche Kleidung. Sofort fingen Prediger an, über die Schleppe zu toben, und brachten sie mit dem Teufel in Verbindung. Ein päpstlicher Gesandter versuchte vergeblich, ihre Länge zu begrenzen. Aber auch über die Männermode erregte sich die Kirche und beklagte die nackten Beine über modischen Stiefeln. Am Ende des 13. Jahrhunderts hatte sich beim Adel ein ausgesprochener Kleiderluxus entwikkelt, so daß an einigen Höfen sogar Beschränkungen vorgeschrieben wurden. Zu manchen Festlichkeiten wurden an der Kleidung sogar kleine Glöckchen oder Schellen angenäht. Als in Europa die Pest ausbrach, war es vorübergehend vorbei mit der farbenfrohen und aufwendigen Kleiderpracht.

Großen Wert legten die Menschen des Mittelalters noch auf Schuhe und Hüte. Insbesondere Damenhüte konnten beachtliche Ausmaße erreichen und manchmal einem Turm gleichen. Auffallend waren die Schnabelschuhe, die im Laufe der Zeit immer länger wurden, aber mit dem Ende des Mittelalters verschwanden. Bei Schnabelschuhen konnten die Schuhspitzen soweit verlängert sein, daß sie manchmal hochgebunden werden mußten. Um ungestört über eine schmutzige Straße laufen zu können, wurden unter extrem langen Schnabelschuhen Holzsandalen angeschnallt. Der Adel hatte das Recht, noch längere Schnabelschuhe zu tragen als die Bürger in der Stadt. Die Schuhe eines Fürsten waren 2 ½ Fuß lang, die eines Barons 2 Fuß, die eines Ritters 1 ½ Fuß und die eines einfachen Stadtbürgers 1 Fuß. Ein Mensch, der gerne mehr sein möchte, als er eigentlich ist, und dies nach außen präsentiert, lebt seitdem auf großem Fuß.

DIE JAHRESZEITEN

Keine Jahreszeit war auf einer Burg so gefürchtet wie der Winter. Der Ritter mit seiner Familie sowie alle restlichen Bewohner froren dann in der Kälte der feuchten Mauern und hofften, nicht krank zu werden. Für die Küche wurde nun auf eingelagerte Vorräte zurückgegriffen, und nichts schmeckte mehr frisch. Meist gab es

Salzfleisch oder Rauchfleisch, und Frischfleisch nur nach der Jagd. Schlechte Lebensmittelqualitäten wurden von nun an durch kräftige Gewürze überdeckt. Wenige Räume konnten überhaupt geheizt werden, und die Menschen rückten eng zusammen. Es wurde nicht nur draußen früh dunkel, sondern nahezu alle Räumlichkeiten einer Burg blieben wegen der mit Läden verrammelten Fenster auch den Tag über finster. Die Menschen gingen früh zu Bett und versuchten, wenn es draußen stürmte oder schneite, sich im Stroh oder unter dicken Decken warm zu kuscheln. Ab November war ein Ritter gewöhnlich nicht mehr unterwegs, und auch sein Lehensherr verlangte nur noch in Ausnahmefällen ein Treffen. Sogar Fehden wurden unterbrochen und auf das kommende Frühjahr verschoben. Überraschungsangriffe konnten dennoch nie ausgeschlossen werden, so daß Wachsamkeit geboten war. Der Ritter blieb während der kalten Jahreszeit bei seiner Ehefrau und den Kindern, er mußte keine Turniere mehr bestreiten und ging zur Abwechslung manchmal auf die Jagd. Viele Transporte von Gütern verliefen allerdings leichter als vorher, denn das schlechte Wegenetz war steinhart gefroren und hielt auch schwere Wagen gut aus. Ansonsten vergnügte sich die Familie an den langen Abenden mit zahlreichen Spielen, oder es wurden Geschichten erzählt. Besuch kam immer seltener, und insbesondere Höhenburgen waren über Monate von ihrer Umwelt abgeschnitten. War für Gefangene immer noch kein Lösegeld gezahlt worden, mußten sie von nun an in einem frostigen Verlies sitzen.

Der Beginn des Frühlings wurde herbeigesehnt und die zunehmende Tageslänge freudig begrüßt. Das Leben und die Lebensfreude der Menschen tauten mit den ersten kräftigen Sonnenstrahlen wieder auf. Begannen die Pflanzen dann auch noch, erste Blätter und Blüten anzusetzen, trieb es die Burgbewohner in die Natur. Nun wurden Blumen gesammelt und dem Gesang der Vögel gelauscht. Um den Husten und den Vitaminmangel der Winterzeit zu behandeln, wurde nach ersten frischen Kräutern gesucht. Da die meisten Menschen abergläubisch waren, lauschten sie am Frühlingsbeginn den Rufen des Kuckucks, denn aus ihnen konnte angeblich auf die noch zu erwartende Lebenszeit geschlossen werden. Im Freien fanden nun auch die ersten kleinen Feste und Frühlingsfeiern statt. Hauptsächlich französische Ritterromane schildern, wie am Frühlingsbeginn der fahrende Ritter im Wald die von der Natur schwärmenden Jungfrauen in kleinen Zeltlagern traf und sie anschließend verführte. Die Burgfräulein gehörten Jagdgesellschaften an und wollten das Töten der Tiere nicht miterleben. Aber auch die Pflichten des Burgherrn durften nicht vernachlässigt werden. Mit den leibeigenen Bauern und den Pächtern wurde über die kommende Ernte, das Vieh und die Abgaben gesprochen. Daneben waren Reisevorbereitungen zu treffen, denn ab Ostern mußte der Besuch von Turnieren eingeplant werden, und auch der Lehnsherr wollte sich einen Überblick über sein Heer verschaffen. Offene Rechnungen mit Erzrivalen konnten nun wieder in Fehden beglichen werden. Dazwischen kehrte der Ritter immer wieder zurück, um sich mit Arbeiten an der Burg zu beschäftigen oder um die Entwicklung der Aussaat auf den Feldern zu verfolgen und den wachsenden Viehbestand zu prüfen. Ulrich von Hutten beklagte einmal, daß sich Ritter in den Alltäglichkeiten verlören und für Abenteuer keine Zeit mehr hät-

> Die Parforcejagd *war ein gesellschaftliches Ereignis.*

ten, denn immer wieder mußten Äcker umgegraben, Böden bewässert und Bäume gepflanzt oder geschnitten werden.

Im Sommer mußte der Ritter alle seine Abenteuer, Kriegszüge und Streitigkeiten erneut unterbrechen. Die Gründe waren nicht wie im Winter Schnee oder Kälte, sondern Sommerzeit war Erntezeit. Die Zukunft jeder Burg hing vom Ertrag der Ernte ab, und jeder Ritter mußte seine Bauern motivieren und überwachen. Bereits die Franken verschoben ihre Kriegszüge auf das Frühjahr und waren bestrebt, im Sommer zur Erntezeit wieder zuhause zu sein. Zwar war die Sommerzeit für kleinere Fehden und Überfälle ideal, doch die Ernte war wichtiger als der Krieg. Sogar Erzrivalen verzichteten meist darauf, ihren Feinden die Ernte niederzubrennen, denn sie waren damit beschäftigt, sich um die eigene Ernte zu kümmern. In den warmen Sommermonaten herrschte gewöhnlich Friede. Tagsüber war die Familie mit der Landwirtschaft beschäftigt, und an den lauen Abenden traf man sich im Baumgarten vor der Burg, es wurden Vergnügungen und Liebschaften gepflegt.

Im Herbst konnte die wertvolle Ernte endlich eingefahren werden, und die Vorratshäuser wurden erneut gefüllt. In sonnigen Gegenden wurde zusätzlich Wein gelesen und die Trauben gekeltert. Jetzt war auch an die beliebten Schlachtfeste zu denken, und es gab große Essen. In der Zeit um das Martinsfest (11. November) brachten die Bauern außerdem ihre Abgaben zur Burg, und es hieß nun, Buch zu führen und alles aufzuschreiben. Zum Herbst kamen immer häufiger Händler, um ihre Güter zu verkaufen oder Bestellungen anzunehmen; viele große Märkte und Messen fanden um diese Zeit statt. Waren die Felder endlich abgeerntet, konnten prächtige Jagden veranstaltet werden. Schließlich drängten auch die alten, noch ungeklärten Streitereien auf eine Lösung, und es wurde Zeit, erneut die Schwerter zu kreuzen. Spätsommer und Frühherbst boten ideale Zeiten für einen Krieg. Alltägliche Arbeiten waren getan, und der Wunsch nach Abenteuern wurde wieder aktuell. Ließen sich Kriege und größere Kämpfe nicht vermeiden, wurden sie meist auf die Zeit zwischen Ende August und Ende September gelegt. Manche Schlachten wurden nach Wetterlage regelrecht abgesprochen, um endlosen Streitigkeiten endlich ein Ende zu setzen. Der Herbst war auch Reisezeit. Es war am Tage nicht mehr so heiß, so daß auch große Strecken bewältigt werden konnten, und auf den Wegen lag nicht mehr soviel Staub wie während der Sommerhitze. Ritter begaben sich jetzt auf Reisen, so daß die Ehefrauen erneut die Leitung der Burg übernehmen mußten. Manche freuten sich bereits heimlich auf ritterlich Freunde, die jetzt ebenfalls unterwegs waren und sie ungestört besuchen konnten. Im Winter mußte der Ritter dann wieder zuhause sein.

AUF DER JAGD

Die Jagd war ein Privileg des Adels und eine Lieblingsbeschäftigung der Ritter. Oft wurden Gäste eingeladen, und die Jagdgesellschaften waren einige Tage unterwegs. Die Jagd erfüllte viele Aufgaben. Einmal konnte der Ritter zeigen, wie gut er körperlich in Form war und daß er sich auch vor wilden Tieren nicht fürchtete.

Gleichzeitig imponierte er den Damen, die eine Jagdgesellschaft begleiteten. Daneben wurde die Geselligkeit gepflegt, und schließlich gab es noch frisches Fleisch, was insbesondere im Winter willkommen war. Jeder Knappe mußte das edle Waidwerk beherrschen und das Wild fachgerecht zerlegen können. Er konnte seinen Mut und lang trainierte Geschicklichkeiten zeigen und schauen, wie die Burgfräulein auf ihn reagierten. Wurde dabei ein mächtiger Lehnsherr auf ihn aufmerksam, war es um so besser, denn nun konnte er Karriere machen.

Das Jagdrecht erhielt der Ritter gewöhnlich von seinem Lehnsherrn. Es gibt sogar Urkundenfälschungen, um das Jagdrecht im Umkreis von Burgen zu erwerben. Die fränkische Adelsfamilie Guttenberg übte ein nicht verliehenes Jagdrecht trotzig als Gewohnheitsrecht aus und hatte regelmäßig Ärger mit dem Bischof von Bamberg, der immer wieder für jeden erlegten Hirsch aus dem Familienbesitz Schafe oder Kühe pfänden lassen wollte.

Der Jägermeister hatte mit seinen Gehilfen alle Vorbereitungen zur Jagd zu treffen und sich bei großen Parforcejagden auch um die Hunde zu kümmern. Zur Hundemeute gehörten meist Bracken, weiße, schlanke Hunde mit wenigen Fellflecken, die an langen Leinen aus Seide geführt wurden, sowie Windhunde, die zur Tierhatz abgerichtet waren. Gewöhnliche Hofhunde waren weniger angesehen als edle Jagdhunde. Im Schwabenspiegel, einem Rechtsbuch aus dem 13. Jahrhundert werden sieben Hunderassen aufgezählt, die den Waidmann begleiten durften. Die Hunde waren wertvoll; wurde ein solcher Hund getötet, mußte eine festgeschriebene Buße bezahlt werden. Verwundete Hunde wurden deshalb auch sorgsam gepflegt. Die Tiere lebten in Ställen und Zwingern und wurden besser ernährt als mancher Leibeigene. Jagdhunde für den Herrn aufzuziehen galt als eine Ehre. Besonders geschätzt wurde der Mut der Hunde, wenn sie furchtlos das Wild angriffen. Jäger hielten vor der Jagd die Hundemeute mit Peitschen in Schach. Der Jägermeister trug gewöhnlich einen grünen Rock, der kürzer war als bei einem Ritter, dazu eine feste Hose mit Gamaschen und einen Jagdmantel. Für das Auswaiden und Abbalgen des Wildes führte er ein großes Messer mit sich. Die gewöhnlichen Jagdwaffen waren Spieße, Wurfspeere, Armbrüste sowie Pfeil und Bogen. Ritter trugen zusätzlich noch ihr Schwert, das sie auch bei Einladungen nie ablegten. Mit Spießen wurden Bären, Wildschweine oder das mächtige Wisent erlegt, während Hirsche und Rehe mit einem Wurfspeer gejagt wurden. Mit Pfeil und Bogen oder der Armbrust wurden meist kleinere Tiere geschossen. Jeder Jäger hatte ein Jagdhorn, um der Meute Signale zu geben oder um zum Sammeln zu blasen.

PARFORCEJAGD

Die Praforcejagd war ein gesellschaftlichen Ereignis und glich einer Hetzjagd zu Pferd. Leithunde spürten die Spur des Wildes auf, und die gesamte Meute folgte anschließend. Die Hunde wurden zunächst an Leinen geführt und durften erst später, nach dem Kontakt zum Wild, frei laufen. Die Tiere reagierten auf die Signale von Hörnern und Fanfaren. Nach dem Ende der Jagd mußte der Jägermeister die Hunde wieder einfangen. Das Wild wurde auf den Jäger zugetrieben, der es dann tötete. War das Wild nur verwundet, wurde es von der Hundemeute bis zur totalen Erschöpfung gehetzt.

Graf Hubertus begegnete nach der Legende in den Ardennen einem Sechzehnender, den er durch seine Hundemeute hetzen ließ. In einem Dickicht blieb der Hirsch erschöpft stehen und drehte sich um. Plötzlich leuchtete zwischen seinem Geweih ein Kreuz auf, und eine mächtige Stimme verkündete: »Wenn du dich nicht besserst, Hubertus, und ein heiliges Leben anfängst, fährst du zur Hölle!« Hubertus sprang sofort vom Pferd und fiel auf die Knie. Danach verließ er alle seine Güter und wurde zu einem frommen Mann, der später sogar heiliggesprochen wurde.

Jeder Jäger, der einen Hirsch erlegt hatte, durfte eine der anwesenden Damen küssen. Den Hirsch fachgerecht zu zerlegen war eine anerkannte Kunst, die jeder Ritter schon als Knappe lernte und perfekt beherrschen mußte. Es gab Unmutsäußerungen, wenn sich ein Jäger wie ein Metzger an das Werk machte. Gottfried von Straßburg beschreibt ausführlich, wie Tristan große Bewunderung erfuhr, weil er einen getöteten Hirsch so perfekt zerlegen konnte. Das Zeremoniell, erlegtes Wild kunstgerecht aufzuteilen, wurde Curée genannt. Jedes zerlegte Teil erfüllte dabei bestimmte Aufgaben und stand bestimmten Personen zu; das Herz erhielt zum Beispiel eine schwangere Frau und der Jäger das Fell, andere Teile wie Lunge und Eingeweide waren für die Hunde bestimmt. Die heutige englische Fuchsjagd ist das letzte Überbleibsel der großen Parforcejagden des Mittelalters.

PIRSCHJAGD

Die Pirschjagd glich mehr einem Zweikampf zwischen Mensch und Tier als einem Angriff durch die Meute. Bei dieser Jagdform ließ der Jäger das Wild nicht aufscheuchen, sondern saß entweder auf dem Anstand und lockte die Tiere an, oder er pirschte sich direkt an sie heran. Es gab keine sicheren Feuerwaffen, sondern der Kampf erfolgte direkt mit dem Spieß und Schwert. Ein Armbrust- oder Bogenschuß konnte das Wild nicht immer kampfunfähig machen, so daß es um so aggressiver zur Gegenwehr überging. Jeder Jäger mußte dann zeigen, daß er kämpfen konnte. Ein Ritter, der einen Bären erlegt hatte, bewies seinem Lehnsherrn Mannesmut und zeigte, wie gut und furchtlos er tatsächlich im Nahkampf Mann gegen Mann war. Großtiere wie Bär oder Wisent blieben stets dem Hochadel vorbehalten. Auf der hochadeligen Froburg im Schweizer Jura konnten beispielsweise Knochenreste von 61 Bären nachgewiesen werden. Bei Pirschjagden gab es zahlreiche Unfälle, und die Jäger waren bereits vor Beginn entsprechend abergläubisch. Schrie eine Krähe vor der Jagd, war Schlimmes zu befürchten, und es verlangte viel Mut, die Jagd fortzusetzen. Große Tiere wurden allerdings auch in Fallen gefangen und dann relativ gefahrlos getötet.

FALKENJAGD

Die edelste aller Jagdformen war die Jagd mit dem Falken. Für den Ritter war der Falke ein Statussymbol, und er trug ihn auch bei wichtigen Veranstaltungen auf dem Arm. Eine Verordnung aus dem Jahre 818 stellt klar, daß ein gefangener Ritter alles verlieren durfte, nur sein Schwert und seine Falken mußten ihm gelassen werden. Auch zum Einlösen von Lösegeldforderungen durfte kein Falke veräußert werden, der Ritter war dann verpflichtet, dem Vogel die Freiheit zu geben. Ein Bischof konnte seinen Falken mit zum Hochamt nehmen, und Grafen setzten ihn gar auf den Altar. Der Falke hatte Privilegien wie der Adel.

Die Jagd mit dem Falken, die Beize, war ausschließlich dem Adel vorbehalten, und bereits Karl der Große hatte den Unfreien verboten, mit einem Falken zu jagen. Unerlaubt einen Falken zu fangen hatte in England und in anderen Ländern die Todesstrafe zur Folge. Die Dressur eines Falken wurde als Kunst angesehen.

Friedrich II. und das Falkenbuch

Kaiser Friedrich II. verfaßte ein berühmtes Buch zur Falkenjagd, »Über die Kunst mit Vögeln zu jagen«, das als eines der schönsten Bücher des Mittelalters gilt und noch heute die Qualitäten eines anerkannten wissenschaftlichen Werkes besitzt.

Friedrich, der als ein Mensch gilt, der die Renaissance vorwegnahm, setzte sich über viele Konventionen hinweg. Ihm wurde vorgeworfen, er würde mit heidnischen Sarazeninnen Unzucht betreiben. Seine Zeitgenossen nannten den Kaiser wegen seiner Bildung und Talente »stupor mundi«, das Staunen der Welt. Er konnte nicht nur lesen, sondern auch heute noch anerkannte wissenschaftliche Bücher schreiben und stand einer Dichterakademie vor. Daneben entwickelte er völlig neuartige Staatsideen, schaffte die Gottesurteile ab und sprach mehrere Sprachen, unter ihnen sogar die Sprache der Heiden, nämlich fließend arabisch.

> FRIEDRICH II. *auf einer Abbildung in seinem Falkenbuch.*

> *Ausschnitte aus dem Falkenbuch* FRIEDRICHS II.

Große und seltene Falkenarten standen allein dem König zu. Dies traf zum Beispiel für den Gerfalken zu, den Lieblingsvogel der Könige und des Hochadels. Ritter mußten sich als Lehnsnehmer bei einer Beize mit untergeordneten Falkenarten begnügen. An einer Falkenjagd durften sich auch Edelfrauen aktiv beteiligen und nicht wie bei Parforcejagden nur mitreiten. Maria von Burgund, Ehefrau des Habsburger Herrschers Maximilian, stürzte bei einer Beize vom Pferd und zog sich so schwere Verletzungen zu, daß sie später starb.

An einem königlichen Hof hatte der Oberfalkenmeister etwa 50 Falkner unter sich, die ungefähr 300 Falken betreuten. Beizhunde scheuchten die Tiere, die ein Falke zu schlagen hatte, auf und brachten auch die erlegte Beute zu ihrem Herrn. Mit Falken wurden nahezu alle Vogelarten, aber auch Hasen gejagt. Die edelste aller Beizen war die Reiherbeize. Sie wurde von Trompeten- und Paukensignalen unterstützt. Vor einer Beize marschierte ein Zug von Falknern und edlen Gästen wie zu einem Schauspiel auf. Voran ritt der Oberfalkenmeister, ihm folgte eine Musikergruppe und danach kam der König mit seinen hochrangigen Gefolge. Den Abschluß bildete ein Zug von Falknern, die jeweils einen der Falken auf dem ausgestreckten Arm trugen. Hunde scheuchten die Reiher auf, und anschließend wurden die Falken losgelassen. Der König und seine Gäste beobachteten aufmerksam die Luftkämpfe, und immer wenn der Falke einen Reiher angriff, setzte die Musik zum Tusch an. Wurde ein Reiher geschlagen, durfte sich der edelste der ritterlichen Gäste eine Feder vom Hinterkopf des Vogels an den Helm stecken. Reiher, die eine Beize verletzt überlebt hatten, wurden gesundgepflegt und erhielten vor ihrer Rückkehr in die Freiheit am Fuß einen kleinen Ring. Es wird behauptet, daß es Reiher gab, die an den Füßen so viele Ringe hatten wie ein schönes Edelfräulein an den Fingern.

KULTURELLES LEBEN AUF DER BURG

Vielleicht als Abwechslung zu einem kriegerischen Leben wurden auf Burgen zahlreiche kulturelle Aktivitäten gepflegt. Gäste wurden gerne empfangen und viele Feste gefeiert, denn sie brachten Abwechslung in den häufig eintönigen Alltag, bei dem es nicht nur um Heldentaten, sondern viel häufiger um die Bestellung der Felder oder um Arbeiten an der Burg ging. Durch seine Reisen, die Besuche beim Lehnsherrn und auch durch die regelmäßige Teilnahme an Turnieren war der Ritter allerdings am kulturellen Puls seiner Zeit.

In seiner Blütezeit dominierte das Rittertum die weltliche Kultur des Abendlandes. Es war die Dichtung, die das kulturelle Leben der Ritter bestimmte, und weniger die Kunst oder die Architektur. Diese höfisch-ritterliche Dichtung vermittelte dem Ritter Vorbilder, an die er glaubte und mit denen er sich identifizieren konnte. Es ist heute erstaunlich, wie sehr einst die rauhe und gewalttätige Welt der Ritter von so zarter Poesie wie dem Minnegesang beeinflußt werden konnte. Dies war zunächst keine geschriebene Poesie, sondern Minnesänger trugen die ritterlichen Dichtungen vor und begleiteten sich dabei auf Fiedeln oder Harfen. Sie reisten von einer Burg zur anderen und traten auch bei den Fürstenhöfen auf. Ihre Veranstaltungen glichen im modernen Sinn einer Art Dichterlesung oder einem Liedermacherkonzert. Außerhalb der Kirchen und

Klöster gab es im Mittelalter kaum Bücher, und nur Fürsten konnten sich die teuren handgeschriebenen Werke für den privaten Bedarf leisten. Dichtung wurde als ein kulturelles Ereignis in der Regel mündlich vorgetragen und vorgesungen.

Der Minnegesang stammte ursprünglich aus Frankreich und wurde zuerst in einer Sprache präsentiert, die heute kaum noch gesprochen wird und fast ausgestorben ist. Bereits vor dem 11. Jahrhundert reisten in Südfrankreich die Troubadoure von Burg zu Burg und trugen ihre dichterischen Gesänge in provenzalischer Sprache vor, eine Sprache, die keinen französischen Dialekt darstellt, sondern so eigenständig wie beispielsweise das Italienische ist. Es war die erste europäische Dichtung, die unabhängig von der Kirche war, und damit die erste weltliche Lyrik nach der Antike. Heute gilt sie wegen ihrer Formkunst als Weltliteratur. Anhand von mythologischen Stoffen, die hauptsächlich aus der Antike und aus keltischen Sagen stammten, besangen die Troubadoure das ideale Ritterleben und fanden ein begeistertes Publikum. Heute sind rund 470 Troubadoure mit Namen bekannt. Von Südfrankreich aus trat der Gesang der Troubadoure seinen Siegeszug durch das Abendland an. Die Sänger reisten weit und kamen bis nach Italien, Nordfrankreich und Deutschland. Im deutschen Sprachraum wurden ihre Anregungen begeistert aufgenommen, und bald führten deutsche Minnesänger den Minnegesang zu einer neuen Blüte. Ihre Sprache war Mittelhochdeutsch.

MINNE UND MINNESÄNGER

Ritter waren durch ihr Ethos freien Frauen gegenüber außergewöhnlich galant und von deren Schönheit begeistert. Sie benötigten für ihr Selbstwertgefühl nicht nur die Anerkennung durch Standesgenossen und Lehnsherrn, sondern auch die Bewunderung der von ihnen besonders verehrten Frauen. Der Begriff des »gentleman« oder des Kavaliers stammt aus der Ritterzeit; ebenso »einer Frau den Hof machen«, womit die besondere Verehrung der Frauen bei Hofe gemeint war. In der Achtung und Anerkennung der Frau gab es allerdings Widersprüche. Hochgeschätzt war die fremde freie Frau, sie stand gesellschaftlich auf einer Ebene mit dem Ritter und war ihm nicht untergeordnet. Die eigene Ehefrau und die Töchter dagegen waren zwar nach außen hin ebenfalls freie Frauen, aber sie waren durch den Status der Ehe und der Familie dem Ritter untergeordnet. Es konnte passieren, daß ein Ritter die eigene Ehefrau verprügelte, während der die Ehefrauen von Standesgenossen sowie deren Töchter auf das höchste verehrte.

NIEDERE UND HOHE MINNE

Das Wort »Minne« stammt aus dem Mittelhochdeutschen und bedeutet liebendes Gedenken oder Liebe als Ideal. In der Gesellschaft der Ritter wurde zwischen einer niederen

> Ritter *machten Damen den Hof.*

Minne und einer hohen Minne unterschieden. Mit der niederen Minne hatte sich zunächst kaum ein Dichter beschäftigt, über so etwas sprach »man« nicht, jedenfalls nicht öffentlich. Es war die Beziehung eines Ritters zu einer Frau einschließlich Erotik und Sex. »Nieder« war diese Minne oft auch im gesellschaftlichen Sinn, denn Frauen aus den niederen Ständen waren für den Ritter oft leichter zu haben. Wenn er einer Magd oder eines Bauersfrau nachstellte, konnte diese sich oft kaum entziehen oder fühlte sich von dem hohen Herrn geschmeichelt. Rache des Ehemannes war kaum zu fürchten. Allerdings gaben sich viele Ritter aus Standesgründen nicht mit Frauen aus dem niederen Volk ab.

Auch die niedere Minne hat aber ihren Weg in die Dichtung gefunden: Der Minnesänger Walther von der Vogelweide beschreibt, wie sich Frau und Mann auf der Heide zur Liebe treffen:

> Minnesänger
trugen die ritterlichen Dichtungen vor.

> Walther von der Vogelweide
der berühmte Minnesänger

Under der linden
an der heide,
dâ unser zweier bette was,
Dâ muget ir vinden
schône beide
gebrochen bluomen unde gras.

Die niedere Minne ist aber noch immer ein verschwiegenes Thema, denn am Ende des Gedichts sagt die Frau: Daz er bî mir laege /wessez iemen/(nu enwelle got!), sô schamt ich mich. – Daß er bei mir lag, wüßt' es jemand (da sei Gott vor!), so schämte ich mich.

In seinen Affären war der Ritter sehr diskret und betrog seine Ehefrau nur heimlich. Er hätte sonst nicht nur sie, sondern ihre adeligen Verwandten gekränkt und eine Fehde riskiert. Auf manchen Burgen war oft allein der Burgherr verheiratet, doch es gab außer ihm auch unverheiratete Schwestern sowie unverheiratete erwachsene Töchter, die vielleicht erotischen Abenteuern nicht abgeneigt waren.

Die hohe Minne dagegen beschäftigte sich mit der schwärmerischen Liebe, die körperlich unerfüllbar bleiben mußte. Minnesänger priesen immer wieder die hohe Minne und beschrieben, wie sich der Ritter verehrungsvoll der edlen Frau näherte und ihre Wünsche zu verstehen suchte. Erschien ein Minnesänger zu einem Fest, wurden die Ritter durch seinen Vortrag erst richtig in Stimmung gebracht. Kunstvolle Minnekästchen wurden bei solchen Anlässen den edlen Frauen als Geschenk überreicht. Der edle Ritter und die begehrte Frau schwärmten anschließend voneinander, – und dabei blieb es. Bei der hohen Minne spielte sich auf beiden Seiten die Liebe ausschließlich im Kopf ab; es wurde geschwärmt und verehrt. Die Liebe war ein Traum, der nicht durch die Realität einer normalen Mann-Frau-Beziehung zerstört werden durfte. Die niedere Minne war deshalb für das Bett und die hohe Minne für das Herz.

Ulrich von Lichtenstein beschrieb, daß seine Freude groß war, als er sah, wie seine Herzliebste ihre feinen Hände in einer Schüssel wusch. Sofort eilte er herbei und trank von dem Wasser. Heute werden Frauen solche Verehrungen vermutlich nicht mehr erleben. Es gab sogar symbolische Hochzeiten. Um Mitternacht trafen sich vermummt der tapfere Ritter und die edle Frau in der Burgkapelle, um vor ebenfalls vermummten Zeugen so zu tun, als würden sie heiraten. Die Fähigkeit der Ritter, einer edlen Frau so richtig den Hof zu machen, kam auch in fremden Kulturen an. Ein arabischer Dichter berichtete über die Ehefrau eines Sarazenenfürsten, die einem fränkischen Ritter das Leben gerettet hatte. Als sie der Ehemann nach dem Grund fragte, meinte sie, der Ritter sei ihr im Liebensdienst verschworen und sie habe ihn retten müssen. Eleonore von Poitou, immerhin die Ehefrau eines Königs, rief einmal edle Frauen zu einem

»Liebenshof« ein, um zu klären, ob Minne und Ehe miteinander zu vereinbaren seien. Die Damen kamen zu der Ansicht, daß die Ehe zwar die Behaglichkeit und die Versorgung des Lebens garantiert, daß die Minne aber der Sehnsucht des Herzens dient und dem Leben eine romantische Seite gibt.

DIE STUFEN DER MINNE

Ein Ritter durchlief bei der Suche nach seiner idealen Minne vier Stufen. Trug er ein grünes Band am Helm, dann war er ein Suchender. Doch niemand wußte, wen er suchte. War das Band weiß, dann hatte ihn eine edle Frau erhört. Er konnte ihr jetzt seine Liebe gestehen und durfte auf eine Antwort hoffen. Bei der nächsten Stufe war das Band rot, denn der Ritter und die edle Frau hatten sich ihre Liebe gestanden. Die Krönung war schließlich ein gelbes Band. Jetzt durfte der Ritter sogar die edle Frau in die Kemenate begleiten und ihr beim Ausziehen helfen; ob es dann tatsächlich bei der hohen Minne blieb, sei dahingestellt. Pikant war die Angelegenheit wegen ihrer Heimlichkeit, weil der Ritter einerseits bereits verheiratet war und andererseits niemand wußte, wen er mit dem Bänderschmuck verehrte. Bei älteren Rittern mit jungen Ehefrauen nagte vermutlich geradezu quälend das Mißtrauen, wenn junge Ritter mit Bändern am Helm bei einem Turnier um die Ehefrau herumschlichen. Vermutlich gehörte es für einige Ritter zum Nervenkitzel, wenn Ehemänner vor Eifersucht rasend wurden und das Leben so richtig gefährlich war. Denn erwischte ein Ritter seine Ehefrau mit einem Fremden im Bett, durfte er beide töten. Doch solche Risiken gehörten zur Minne wie die Heimlichkeit. Ein mißtrauischer Ehemann hatte einmal, bevor Gäste kamen, seine Ehefrau in der Kemenate eingeschlossen. Doch ein mutiger Ritter wußte Rat, er ließ der Ehefrau einen großen Korb Blumen bringen, in dem er sich selbst versteckt hatte.

Ludwig der Springer, ein junger und als sehr gutaussehend beschriebener Ritter hatte bei einem Fest Adelheid, die Ehefrau des Pfalzgrafen Friedrich von Sachsen kennengelernt. Beide suchten nach einem Verhältnis und gaben sich nicht mit der hohen Minne zufrieden. Doch Adelheid konnte sich nicht einfach scheiden lassen, denn der Ehemann war zu mächtig. Sie sann deshalb nach einer List: Eines Morgens saß Friedrich im Garten der Burg in einem Badezuber, als plötzlich vom nahen Wald Jagdsignale erklangen. Adelheid rannte herbei, um mit ihm zu schimpfen. Sie warf Friedrich vor, er würde baden, während draußen seine besten Hirsche abgestochen würden. Wütend stieg der Pfalzgraf aus dem Zuber, zog einen Mantel an, packte Schwert und Speer und ritt in den Wald. Dort traf er Ludwig den Springer. Friedrich sah in ihm den Wildfrevler und ging sofort auf ihn los. Allerdings bedachte er nicht, daß er unter dem Mantel überhaupt keine Rüstung trug. Er verlor den ungleichen Kampf. Als später seine Leiche vor Trauergästen aufgebahrt wurde, soll Adelheid nach den Notizen der Chronisten bitterlich geweint haben. Anschließend heiratete sie

Ludwig den Springer und sie hatten zusammen »vier wackere Söhne« und »drei allerliebste Töchter«.

EIFERSÜCHTIGE RITTER

Die einstige Verbreitung der sogenannten Venusgurte oder Keuschheitsgürtel wird in vielen Veröffentlichungen übertrieben dargestellt. Sie waren früher lange nicht so geläufig, wie heute angenommen, dennoch gab es sie, und zwar überwiegend im 14. Jahrhundert. Die Zeit der Kreuzzüge mit einer manchmal jahrelangen Abwesenheit des ritterlichen Ehemanns war somit nicht die Zeit der Keuschheitsgürtel. Bei reichen Handelsherren, die ebenfalls viel reisen mußten, waren sie sogar häufiger in Gebrauch als bei Rittern. Hauptabnehmer waren hohe Fürsten. Sie waren ihren meist jüngeren Ehefrauen gegenüber mißtrauisch und glaubten nicht, daß deren Verehrer sich so bedingungslos an die hohe Minne hielten. Beim einfachen Ritter spielte außerdem die Macht eine Rolle. Wurde die Ehefrau von einem Fürsten angehimmelt, konnten es kein Ritter wagen, sich mit einem so mächtigen Geliebten anzulegen. Also verpaßten sie bei einer längeren Abwesenheit der Ehefrau einen meist italienische »Venusgurt«. Damit konnte sie zwar flirten, aber keinen Geschlechtsverkehr vollziehen.

Als das Mittelalter praktisch schon zu Ende war, berichtete im 16. Jahrhundert ein französischer Chronist über die Erfahrungen von König Franz I. mit einem Keuschheitsgürtel. Der König war beim Volk sehr beliebt, doch noch mehr liebte er die Frauen, denn er hatte eine Affäre nach der anderen. Bei einem Besuch auf der Burg Emeraude soll sich der König erfolgreich an die schöne Ehefrau des abwesenden Burgherrn herangemacht haben. Die edle Frau gab dem König zu verstehen, daß sie gerne seinen Wünschen nachkommen würde, doch sie sei »gepanzert«. Franz I. wußte sofort, um was es ging, und ließ den Goldschmied Neri kommen. Die edle Frau wurde

Die ideale Frau

Minnesänger beschrieben wiederholt die für die Ritterzeit ideale Frau und kamen zu überraschenden Übereinstimmungen. Wie zu allen Zeiten, so mußte auch bei den Rittern die ideale Frau zunächst eine Schönheit sein. Denn in den großen Ritterepen und Gesängen des Mittelalters waren die Helden immer schön und die Bösen immer häßlich. Fieslinge hatten einen Buckel und einen viel zu dicken Kopf, Hexen waren rothaarig. Nach der Meinung der Minnesänger war die ideale Frau schlank, gut gebaut und mittelgroß. Vor allen Dingen aber hatte sie lange blonde Haare, die in natürlichen Locken über die Schultern fielen. Ihre Haut war glatt und blaß und nur an den Wangen leicht gerötet, die Nase gerade und die Lippen voll und leuchtend rot. Die Beschreibungen gingen schließlich bis in die letzten Einzelheiten weiter, so daß die Minnesänger vermutlich auch Wunschvorstellungen projizierten. Die Edle ging in kleinen Schritten und zog am Kleid ein Schleppe hinter sich her. Begegnete sie dem Helden, senkte sie rasch den Blick, damit dieser richtig wild auf sie wurde. Die Schrift »Die Lehren der Winsbeckin« gab Anweisungen, wie junge und edle Damen besonders gut bei tapferen Männern ankamen. Hatte ein Ritter eine solche Schönheit als Tochter, mußte er sich nicht über ausbleibende Gäste beklagen. Auch Recken, die vom Kämpfen müde waren, wurden wieder lebendig, wenn sie eine solche Schönheit sahen. Wer allerdings mit einer solchen Frau verheiratet war, mußte bei Turnieren genau beobachten, welche Farbbänder die Ritter an ihren Helmen trugen.

diskret mit Tüchern zugedeckt und nur ihr Unterkörper blieb frei. Der Goldschmied erkannte den Keuschheitsgürtel sofort als ein Werk seines Mailänder Kollegen Andrea Dossi, das er leicht öffnen könne. Nach einigen Handgriffen war der Keuschheitsgürtel tatsächlich offen. Der König gab Neri eine reiche Belohnung und machte ihm klar, daß es für seine Gesundheit sehr förderlich sei, wenn er sich nicht mehr an das erinnern würde, was er eben gesehen habe. Dennoch erfuhr später der Chronist Clément Marot von der Geschichte.

Aus der Frankenzeit ist folgende Geschichte überliefert: Der Merowingerkönig Chilperich pflegte gegenüber seiner Ehefrau Fredegunde eine rauhe Herzlichkeit. Eines Tages überraschte er Fredegunde, wie sie sich gerade über einen Holzzuber beugte und sich die Haare wusch. Rauh wie er nun einmal war, trat er seiner Frau in den Hintern, so daß sie kopfüber in den Zuber fiel. Doch Fredegunde meinte nur: »Was machst du da, Landerich!«. Landerich war ihr Liebhaber, doch hinter ihr stand gerade der Ehemann. Sie hob voller Schreck ihren Kopf aus dem Wasser und sah, wie der Ehemann wütend und fluchend davonging. Sie wußte, daß ihr geliebter Landerich jetzt nur noch wenige Stunden zu leben hatte. Sofort rannte sie zu ihm. Doch Landerich erholte sich schnell von dem Schock und eilte mit seinen Mannen zur Königsburg. Noch bevor Chilperich die Anweisung gegeben hatte, Landerich zu hängen, warfen sie den König heimlich über die Burgmauer.

RITTERLITERATUR

In unserer Zeit sind Ritter die Helden von Romanen, die viele begeisterte Leser finden. In der Sparte der Abenteuerliteratur besetzen Rittergeschichten große Anteile. Zu ihrer Zeit haben sich Ritter ebenfalls mit Literatur beschäftigt. Im hohen Mittelalter gab es sogar Werke in deutscher Sprache, die sich Ritter entweder vorlesen ließen oder sogar selbst lasen. Während der tristen Winterzeit wurde gern gelesen. Vorgelesen wurde auch zur Sommerzeit, wenn die Gesellschaft im Grünen lagerte. Ältere Töchter, die bereits im Lesen ausgebildet waren, haben häufig solche Aufgaben übernommen. Handschriften waren jedoch sehr teuer. Es gibt Hinweise, daß sie manchmal beim Lehnsherrn ausgeliehen wurden.

Die Ritterromane sprachen jeden an: Ritter konnten in der Phantasie den Abenteuern der Helden folgen, und die Edelfrauen mit den Liebenden leiden. Beliebt waren Heldenepen, die direkte Vorbilder für ein Leben voller Abenteuer lieferten. Während der Zeit um das Jahr 1160 entstand zum Beispiel das Nibelungenlied. Ein noch heute verbreitetes und bedeutendes Werk, dessen Dichter jedoch unbekannt ist. Das Werk geht auf uralte Motive und Stoffe zurück und berichtet von heldenhaften Kämpfen bis zum totalen Untergang. Es schildert den feigen Mord an dem edlen Helden Siegfried und die kämpferische Rache seiner Witwe Kriemhild, die in einem Blutrausch endet. Das Kudrunlied aus der Zeit um 1240 stammt ebenfalls von einem heute unbekannten Dichter. Es verarbeitet wie das Nibelungenlied sehr alte Vorbilder und berichtet von tapferen Helden in schweren Kämpfen an der Nord- und Ostsee, vom Brautraub und von aufwühlenden Sturmfahrten. Möglicherweise bildeten hier Sagen der Wikinger das Vorbild.

Von anderen Heldenepen sind die Autoren bekannt. In dem Werk »Eneid« von Heinrich von Veldeke (um 1140–vor 1200) werden Turniere, Zweikämpfe und Schlachten beschrieben. Graf Heinrich von Schwarzburg lieh sich einmal eine unvollendete Abschrift dieses Werkes von einer Hofdame der Gräfin von Kleve aus und fand es so spannend, daß er es immer wieder las und erst sieben Jahre später zurückgab. Hartmann von Aue (um 1170–nach 1210) hinterließ gleich mehrere Werke, die sich mit Ritterpflichten beschäftigen sowie mit Rittern und Edelfrauen, die durch die Minne miteinander verbunden sind. Wolfram von Eschenbach (um 1170–1220) schrieb schließlich ein Meisterwerk. Im »Parzival« ist der Ritter auf der Suche

Die Sprache

Die Menschen des Mittelalters sprachen Mittelhochdeutsch mit starken regionalen Dialekteinfärbungen. Die Sprache der Literatur war allerdings einheitlich. Die Ausdrucksweise war sehr direkt und entsprach dem prallen Leben. Feine oder unfeine Wort gab es nicht, es wurde geredet, wie der Schnabel gewachsen war. Noch zur Zeit von Martin Luther wurde sehr deftig gesprochen und kein Blatt vor den Mund genommen. Luther schaute bei seinen Schriften dem Volk aufs Maul, um das wirkliche Leben zu beschreiben. Im Mittelalter war es noch direkter. Es wurde nicht um etwas herum, sondern ohne Umschweife über etwas geredet. Hemmungen oder sprachliche Tabus gab es weniger als heute. Sogar der feinen Gesellschaft wurde geraten, beispielsweise bei einem Festessen den möglichen Blähungen einfach freien Lauf zu lassen und die dabei entstehenden Geräusche einfach durch lautes Husten zu übertönen. Wie derb im Mittelalter sogar in der gesellschaftlichen Oberschicht geredet wurde, soll das folgende Beispiel zeigen. Der Text stammt von Oswald von Wolkenstein (um 1377–1445), ein Ritter und Dichter aus Südtirol. Ritter Oswald war einmal in ein Verlies geworfen worden und schildert nun seine Erfahrungen:

»Ein alter Schwabe namens Blank,
der saß mir allzu dicht auf meiner Pelle!
Mein Gott, wie grauenhaft der stank!
Der hat mir meine Lage kaum verschönert.
Am Bein ein offenes Geschwür,
der Atem kam ihm faulig aus dem Maul,
dazu hat er die Luft versaut
von hinten raus, am Arsch, ganz unerträglich.
Ersöffe dieser Kerl im Rhein,
es wäre mir nur recht!
Der Peter Heizer und sein Weib,
der Blank, ein Schreiber (jeden Tag besoffen!) –
in der Gesellschaft kam's mir hoch,
wenn wir das Brot gemeinsam tunken mußten.
Es wurd' gerülpst, es wurd' gefurzt:
ein Arschfagott, das dort den Grundton gab;
ein Büchsenrohr mit zuviel Pulver,
das dann beim Zünden auseinanderkracht.
Mit vollem Schwung schiß da herum
ein jeder, hemmungslos ...
Noch einer war in diesem Loch:
der Kopp. Den hätt' ich gerne stummgemacht!
Der schnarchte wie ein Russenbär,
sobald ihn der Traminer flachgelegt ...
Wär' ich ein Weib – um keinen Preis
würd' ich mit dem da schlafen.«

nach dem Heiligen Gral (einem wundertätigen Kelch) und muß zahlreiche Abenteuer bestehen. Während dieser Suche durchlebt er eine innere Reifung. Von Gottfried von Straßburg (um 1200) stammt »Tristan und Isolde«. Ein weiteres bedeutendes Werk, das für zahlreiche spätere Werke bis hin zur Oper zum Vorbild wurde und das von den Abenteuern zweier Liebender berichtet.

Der höfische Minnegesang in deutscher Sprache brachte ebenfalls zahlreiche Meister hervor. Der erfolgreichste unter ihnen war Walther von der Vogelweide (um 1170–1230), der neben Wolfram von Eschenbach als der überragende Dichter des Mittelalters gilt. Seine Werke huldigen ohne übersteigerte Künstlichkeit der Schönheit der Frauen und dem inneren Adel eines großen Charakters. Er trug seinem Publikum die Texte in Versen vor und konnte in einer vollendeten Poesie mit einfachen Worten auch Alltäglichkeiten sehr exakt beschreiben:

Ich saß auf einem Steine:
Da deckt ich Bein mit Beine,
Darauf der Ellenbogen stand;
Es schmiegte sich in meine Hand
Das Kinn und eine Wange
...

Heute muß sich die deutsche Literatur des Mittelalters hinter keiner anderen Epoche verstecken.

GAUKLER UND FAHRENDES VOLK

Bei den großen Festen der Ritter kamen regelmäßig Musikanten, Gaukler und sonstiges fahrendes Volk zusammen. Manche von ihnen boten ein regelrechtes Programm an und zogen vergleichbar einem Wanderzirkus von Burg zu Burg. Es gab Jongleure mit Bällen und mit Messern, aber auch Gruppen, die akrobatische Turnübungen machten. Andere produzierten ganze Reihen von Saltos oder liefen auf Händen, während sich einzelne wie Schlangen verrenken konnten. Die Künste der Feuerspucker oder Messerschlucker wurden häufig angeboten. Sogar sogenannte Klopffechter traten auf, Landfahrer, die sich wie römische Gladiatoren bei Bedarf verprügelten und blutige Schaukämpfe vorführten. Bei abseits gelegenen Burgen, wo selten Gäste empfangen wurden, war das Publikum nicht verwöhnt und klatschte bei solchen Veranstaltungen gerne Beifall. Gebildete Vaganten wußten oft lange Ritterepen auswendig und trugen sie in großer Dramatik vor. Zauberer konnten zwar ihr Publikum verblüffen, lebten allerdings gefährlich. War ein geistlicher Herr oder ein Glaubenseiferer unter den Zuschauern, konnte leicht der Vorwurf der Hexerei aufkommen, und der Zauberer wurde dann dem Gericht zugeführt.

Gern gesehen wurden Programme mit Menschen und Tieren. Erfahrene Gaukler konnten Hunde tanzen lassen oder auf dressierten Kühen reiten. Begehrt waren Auftritte mit exotischen Tieren, wie etwa kleinen Affen, die mehr Aufsehen erregten als die Darbietung selbst. Kunstreiter mußten dagegen etwas von ihrem Fach verstehen, denn Ritter kannten sich gut mit Pferden aus. Die edlen Herren waren deshalb besonders erstaunt, wenn Pferde plötzlich gegen Bälle traten oder Bälle in ein bestimmtes Ziel schubsten. Im Jahre 1237 war eine Pferdedressur zur Hochzeit von Mathilde, der Tochter des Herzogs von Brabant, eine echte Sensation. Während der Festlichkeiten hatte ein Gaukler zwei Seile aufgespannt, über die ein Pferd balancierte.

Gaukler mit ganz außergewöhnlichen Fähigkeiten waren stets die Hauptattraktion, konnten aber auch übel hereingelegt werden. Ein Possenreißer hatte bei der Hochzeit des Grafen Arnold von Ardres behauptet, er könne ohne Unterbrechung ein großes Faß Bier leertrinken. Seine einzige Bedingung war, er müßte mit dem Mund unter dem nur leicht geöffneten Spundloch des Fasses liegen und dabei gleichzeitig auch urinieren können. Der Graf versprach dem Possenreißer für diese Leistung ein Pferd. Tatsächlich trank der Possenreißer das Faß Bier ohne Pause leer; es lief förmlich durch ihn hindurch, denn er urinierte im gleichen Maße, wie er trank. Als das Faß endlich geleert war, verlangte er sein Pferd. Doch der Graf trieb einen bösen Scherz. Er ließ von Dienern ein Folterpferd, einen Balken mit vier Füßen, bringen. Der Possenreißer wurde auf das Folterpferd gesetzt und anschließend zum Gaudi der Gäste aufgehängt, um ihn dann endgültig leerlaufen zu lassen.

Üble Scherze durch den Gastgeber waren allerdings die Ausnahme. Meist erhielten Spielleute und anderes fahrendes Volk für ihre Darbietungen Geschenke, Geld oder Kleidungsstücke. Denn auch sie sollten zufrieden sein und die Freigiebigkeit des Herrn loben. Bei großen Festessen durften sie sich manchmal sogar die Reste einpacken. Vor manchen Gauklern mußten sich Burgherren allerdings auch hüten. Erzfeinde schickten gerne Spione, die sich als Gaukler oder Spielleute verkleideten, um dann die Burg auszuspionieren.

SPORT UND FREIZEITVERGNÜGUNGEN

Sport war für Ritter in erster Linie Körperertüchtigung, denn sie mußten als Berufskrieger fit für den Kampf sein. Alle Aktivitäten sollten zu einer körperlichen Leistungssteigerung führen und bestanden in der Regel aus Laufen, Springen, Klettern, Schwimmen und Speerwerfen, außerdem wurde mit Pfeil und Bogen sowie Armbrüsten geschossen. Der gesamte Körper sollte ertüchtigt und für einen Kampf reaktionsschnell gemacht werden. Gefragt waren weni-

> *Meist wurde eine Art* POLONAISE *getanzt.*

> DAS BALLSCHLAGEN *ähnelte dem amerikanischen Baseball.*

ger Rekorde, sondern mehr die Schulung von Geschicklichkeit, Härte, Zähigkeit und Durchhaltevermögen. Bei allen Aktivitäten waren die ritterlichen Sportler weder wehleidig noch zimperlich mit sich selbst, Risiken wurden ohne Bedenken in Kauf genommen. Reiten konnten Ritter meist schon als Kinder und begannen früh mit Geschicklichkeitsübungen zu Pferd. Alle diese reiterlichen Übungen wurden nicht als Sport gesehen, denn das Pferd war in erster Linie ein Transportmittel und ein Kampfgefährte. Gerne wurden auch schwere Steine gestemmt, um die Armmuskulatur für den Schwertkampf zu stärken. Knappen führten im Burghof oft Ringkämpfe aus, um sich von den Burgfräulein beobachten und feiern zu lassen. Ritter können als vielseitige und hochtrainierte Sportler ähnlich einem Zehnkämpfer angesehen werden, die allerdings nicht als Selbstzweck, sondern für den Kampf Kraft und Geschicklichkeit sammeln wollten. Bei der Jagd und in regelmäßigen Schaukämpfen wurden dann die Erfolge des sportlichen Trainings überprüft.

BALLSPIELE

Zur Freizeitgestaltung sowie als Zeitvertreib gab es verschiedene Ballspiele, die gleichzeitig die Geschicklichkeit und ein gutes Augenmaß förderten. Im Burggarten wurden schwere Steinkugeln ähnlich wie bei einem Boulespiel auf ein Ziel geworfen. Daneben gab es noch spezielle Kugelspiele und das Ballschlagen, ein Spiel mit einem harten Lederball, der mit einer Keule zielgenau geschlagen wurde. Ähnlich wie beim amerikanischen Baseball wurde ein Ball zugeworfen und dann möglichst weit weggeschlagen. Gefährlich war das Scheibenspiel, bei dem eine brennende Scheibe durch die Luft geschleudert wurde. Durch ein Scheibenspiel brannte im Jahre 1090 das Kloster Lorsch ab. Eine Art Tennis spielten Ritter bereits im frühen 14. Jahrhundert. Dabei wurde der Ball zunächst ohne Schläger mit der flachen Hand geschlagen, erst Ende des 15. Jahrhunderts kam ein Schläger hinzu. Die frühen Tennisspieler waren sehr standesbewußt, denn das Spiel durfte nur von Adeligen und dem Klerus gespielt werden. Wagten es Bürgerliche, sich an einem Spiel zu beteiligen oder es einfach selbst zu spielen, wurden sie bestraft.

TANZEN

Tanzen war bei Frauen und Männer gleichermaßen beliebt und gehörte zur Geselligkeit, es wurde sogar Tanzunterricht erteilt. Bei jedem festlichen Tanz ging ein Vortänzer voraus und gab den in Reihen angeordneten Gästen die Schritte an. Meist wurde eine Art Polonaise in gehüpften Schritten getanzt, bei der sich Tänzerinnen und Tänzer nur leicht die Hände hielten oder kurz berührten. Reigentänze wie der »Hoppaldei« waren weniger angesehen, denn sie galten als Tänze der »tölpelhaften« Bauern. Außerdem waren Bauerntänze für den Adel zu wild. Grobe Bauernburschen warfen beim Tanz gerne die Mädchen um und zogen die Röcke hoch. Über höfische Tänze mit Namen wie »Covenanz« oder »Ridewanz« gibt es heute außer dem Namen keine Beschreibungen mehr. Landgraf Hermann von Thüringen nahm auf der Wartburg gerne Dichter und Musikanten auf, die bei ihm neue Tänze entwickelten, die sich anschließend bald im Land verbreiteten. Bei manchen Tänzen wurde auch gesungen oder geklatscht. Echter Paartanz zwischen Mann und Frau kam jedoch erst im 15. Jahrhundert auf und erregte umgehend das Mißtrauen der Geistlichkeit, die ein Verbot anstrebte. Sogar über aus heutiger Sicht harmlose Festtänze regten sich fromme Prediger auf und vermuteten Teufelswerk. Konrad von Megenberg meinte: »... und zu dem lautstarken Getöne springen die Mädchen um die Wette, indem sie wie Hirschkühe die Hinterkeulen grob und unanständig bewegen.«

WÜRFELSPIELE, BRETTSPIELE UND ANDERER ZEITVERTREIB

An den langen Winterabenden, aber auch bei Festlichkeiten oder sonstigen Treffen waren Würfelspiele sehr beliebt. Der Würfel war eine Domäne der Männer, und es wurden bei solchen Spielen auch hohe Geldsummen gesetzt und verloren. Sogar berufsmäßige Würfelspieler zogen im Land umher. Das Würfelspiel wurde als »Spielteufel« verdammt und der Untergang der Ritterschaft prophezeit. Kritiker sprachen von den »drei Weh« (Würfel, Wein und Weiber), an denen die Ritter noch zugrunde gehen würden. Kaiser wie Otto der Große oder Friedrich II. sowie Könige wie der Franzose Ludwig IX. versuchten das Würfelspiel zu verbieten, doch nichts half. Trotz der Geldverluste und der immer wieder provozierten Schlägereien wurde weiter gewürfelt. Bischof Wibold von Cambray wollte schließlich den Spielteufel mit seinen eigenen Waffen schlagen und erfand ein geistliches Würfelspiel, das allerdings nur wenige so richtig erfreuen konnte, denn der ganze Nervenkitzel beim Würfelspiel lag eben im »Zocken«, dem riskanten Wetteinsatz von Geld und Gut.

Würfel waren aus Elfenbein oder Knochen gefertigt und wie heute an jeder Seite mit einer Zahl von eins bis sechs markiert, wobei ebenfalls wie heute die Summe der gegenüberliegenden Seiten immer sieben ergeben sollte. Gespielt wurde mit je drei Würfeln auf einem Würfelbrett aus Marmor. Nach einer Legende hatte der heilige Petrus einst beobachtet, daß der Teufel seine Hölle gerade einmal nicht persönlich bewachte. Er ging sofort zum Höllentor, um arme Seelen zu retten. Den Türwächtern gab er ein Würfelspiel, und es wurde umgehend um die armen Seelen gespielt. Somit hatte das Würfelspiel in diesem Fall auch seine guten Seiten, denn es half den armen Seelen. In einem Ritterroman wird erzählt, daß beim Krönungsfest von König Artus einige seiner Ritter ihr Geld beim Würfeln verloren hatten. Sie liehen sich deshalb Geld und gerieten bald untereinander in Streit.

Menschen ohne Spielermentalität bevorzugten Brettspiele. Sie waren an den langen und tristen Winterabenden sehr beliebt und lenkten auf Höhenburgen von den Gefühlen der Einsamkeit ab. Unter ihnen gab es im Mittelalter bereits eine reiche Auswahl. Sie ähnelten dem heutigen Mühle-Spiel, dem Dame-Spiel und dem Trictrac, bekannt war auch das Schachspiel. Die Spielsteine oder Spielfiguren waren aus Hirschgeweih, Bergkristall, Elfenbein und manchmal sogar aus Walroßzahn. In seiner einfachsten Form bestand ein Spiel aus einem Holzbrett und kleinen Holzscheiben. Die Spielpläne wurden oft auch an einem festen Ort angebracht und gehörten zum Beispiel zur Dekoration von Tischplatten oder im größeren Format von Fußböden. Gerne wurde in den Fensternischen der dicken Burgmauern gespielt, wo die Spielplatte direkt in die Fensterbank eingeritzt war. Dort findet man häufig das Mühle-Spiel, dessen Spieler so abwechselnd auf die Spielfläche und die Ferne der Landschaft schauen konnten. Trictrac hieß früher Wurfzabel und wurde mit drei Würfeln gespielt. Zur Spielplatte gehörten kostbare Figuren, die, wie manche Dichter behaupteten, aus Edelsteinen gefertigt sein konnten; bei Ausgrabungen sind Bergkristallfiguren ans Licht gekommen. Das Spielprinzip des Wurfzabel war in etwa mit dem heutigen Backgammon vergleichbar. Schlugen Burgbewohner vor, sie wollten »trütscheln«, dann wünschten sie sich ein bestimmtes und heute nicht mehr bekanntes Brettspiel.

Der König aller Brettspiele war jedoch das Schachspiel, das früher auch Schachzabel hieß. Es stammte ursprünglich aus Indien, war allerdings bereits im 10. Jahrhundert in Mitteleuropa bekannt. Schach war in der Oberschicht sehr beliebt und das Spiel des Adels. Das Spiel verdeutlichte die Hierarchien der mittelalterlichen Gesellschaft, denn auch beim Schach war der Bauer am wenigsten wert. Bereits Anfang des 12. Jahrhunderts zählte der Chronist Petrus Alfonsi die Fähigkeit, Schach zu spielen, zu den sieben Tugenden eines Ritters. Das Schachspiel gehörte zur ritterlichen Erziehung und sollte das militärische Denken schärfen, während Fürstenkinder durch Schach das Regieren lernen sollten. Im Gegensatz zu heute wurde früher beim Schach häufig um Geld gespielt, so daß das Spiel bei Predigern bald einen schlechten Ruf hatte. In einer Sittenlehre des Mittelalters wird jungen Männern geraten, dem Schachspiel zu entsagen (»schachzabel soltu fliehen«). Auf reichen Burgen konnte das Schachbrett aus Gold oder Silber gefertigt sein, und die Figuren wurden mit kostbaren Materialien sehr kunstvoll gestaltet. Die Figur des heutigen Springers verkörperte früher ein Ritter.

Andere Spiele benötigten kein Spielgerät. »Blinde Kuh« und »Hasch mich« waren bei jungen Mädchen sehr beliebt. Das Spiel »Ein König wird gewählt« hatte einen ausgeprägten psychologischen Charakter. Ein Spieler wird zum König bestimmt und muß dann wahrheitsgemäß auch die delikatesten Fragen seiner Mitspieler beantworten. Beim Reiterspiel mußten gewöhnlich die Jungen auf allen vieren über den Boden kriechen, während jeweils ein Mädchen auf ihrem Rükken saß. Mit einem Bein mußten dann die Mädchen versuchen, ihre Gegnerinnen vom »Pferd« zu stoßen. Wer zuletzt noch auf seinem Jungen saß, hatte gewonnen. Aus Norditalien stammte das Spiel mit der Minneburg. Aus Möbeln und anderen Gegenständen wurde mit Hilfe von verschiedenen Stoffen eine »Minneburg« errichtet, die ausschließlich von jungen Mädchen besetzt war. Junge Männer mußten diese Burg erobern, dabei warfen die Mädchen mit Äpfeln, Birnen und Nüssen oder schütteten den jungen Männern einfach Parfum über den Kopf. Ein reicher Fürst ließ für seine Töchter sogar eine kleine, architektonisch korrekte Minneburg aus Holz bauen.

AUF DEM TURNIER

Für die Welt des Mittelalters war das Turnier mehr als ein Kampfspiel mit Waffenübungen zwischen Rittern. Es war ein großes gesellschaftliches Ereignis, das sich meist über mehrere Tage hinzog und zu dem ein Ritter einfach erscheinen mußte, um von seinen Standesgenossen anerkannt zu werden. Das Turnier war nicht nur Leistungsvergleich der Kampfbereitschaft, sondern auch eine Kontaktbörse. Auf dem Turnier wählten Könige und Fürsten jene Ritter aus, denen sie

> Die Edelfrauen *beobachteten die Turniere mit großem Interesse.*

später ihrer besondere Gunst zukommen ließen. Auch die Edelfrauen beobachteten die Szene mit größtem Interesse, denn vieles geschah dort im Namen der Minne. Auf Turnieren starteten Ritterkarrieren. Könige, Fürsten und mächtige Lehnsherren veranstalteten regelmäßig Turniere, um sich einen

Überblick über den Leistungsstand ihrer Ritter zu verschaffen. Zu den bekannten Turnieren kamen auch fremde Ritter, um die Liste ihrer Ruhmestaten zu erweitern.

Da viele Turniere immer wieder von tödlichen Unfällen begleitet wurden, versuchte die Kirche in mehreren Konzilien, die Turniere abzuschaffen, was allerdings nie gelang. Sie drohte mit der Exkommunikation und dem Kirchenbann, obwohl sich auch eigene Repräsentanten nicht an den Vorschriften hielten. Der Abt des Klosters Lesterps bei Limoges in Frankreich galt sogar um das Jahr 1198 als einer der eifrigsten Teilnehmer an den Turnieren dieser Gegend. Vielen Rittern, die bei einem Turnier zu Tode kamen, verweigerte die Kirche ein christliches Begräbnis.

Ritter Eustachius de Calquilla trat im Jahre 1193 nach einer schweren Turnierverletzung noch sterbend in einen Orden ein, um ein Begräbnis als Mönch zu erhalten. Freunde zogen ihm rasch eine Mönchskutte an, so daß er als Mönch und nicht als Ritter verstarb. Graf Konrad, Sohn des Markgrafen Dietrich von der Lausitz, wurde im Jahre 1175 bei einem Turnier schwer verletzt und starb an der Verletzung. Der Erzbischof von Magdeburg wies alle Geistlichen an, ihm ein kirchliches Begräbnis zu verweigern. Dagegen setzte der Vater des toten Grafen alle Hebel in Bewegung, um dennoch ein Begräbnis zu erreichen. Er hatte Erfolg, als er auf die letzte Beichte des sterbenden Sohnes hinwies. Tatsächlich hatten Freunde des schwer verletzten Grafen einen Mönch gerufen, dem der Graf in seiner Beichte versprochen hatte, nie mehr im Leben an einem Turnier teilzunehmen. Als der Mönch die Beichte bestätigte, wurde endlich ein Begräbnis in geweihter Erde erlaubt. Zur gleichen Zeit verlangte die Kirche allerdings auch, daß Ritter auf Kreuzzügen für sie in das Heilige Land ziehen sollten, um dort für die Befreiung der heiligen Stätten zu kämpfen und eventuell zu sterben. Graf Florentius IV. von Holland, der im Jahre 1234 bei einem Turnier so unglücklich vom Pferd fiel, daß er an den Verletzungen starb, erhielt zum Beispiel kein kirchliches Begräbnis. Freunde begruben ihn in einem kleinen Wäldchen und errichteten dort ein Denkmal.

DAS GROSSE TURNIER AUF DEM MAINZER HOFFEST

Turniere wurden meist in Verbindung mit besonderen Festen oder Ereignissen veranstaltet. Eines der berühmtesten Feste des Mittelalters war die Schwertleite der Söhne von Kaiser Friedrich I. Barbarossa an den Pfingsttagen des Jahres 1184 in Mainz. Mainz, dessen Geschichte bis in die Römerzeit zurückreicht, war für mittelalterliche Verhältnisse eine größere Stadt. Außerdem war die Stadt der Sitz des

> KAISER MAXIMILIAN I. *ließ besonders prachtvolle Turniere abhalten.*

Erz- und Reichskanzlers sowie ein bedeutender Ort für politische Entscheidungen. Der Mainzer Erzbischof war der wichtigste Vertreter der Kirche im Reich. Zur Schwertleite der Kaisersöhne traf sich an diesen Pfingsttagen die abendländische Ritterschaft, und es wurde geschätzt, daß vielleicht 70 000 Ritter in der Stadt waren. Zählt man das Gefolge der Ritter, die Geistlichen neben ihrem Gefolge und die Vertreter anderer Stände hinzu, kamen vermutlich über hunderttausend Menschen zusammen. Die Stadt war für diesen Ansturm zu klein, und es wurden zusätzliche, reich geschmückte Zeltstädte und provisorische Holzhäuser errichtet. Könige und Fürsten versuchten, sich mit ihren Prunkzelten gegenseitig zu übertrumpfen. Auf allen Rheinauen und dem Gelände jenseits des Rheins lagerten Ritter, die sogar aus weit entfernten Ländern angereist waren. Auf der bereits damals existierenden Rheinbrücke herrschte reger Verkehr. Große Scharen von Rittern waren aus Frankreich, Spanien, England, Italien oder auch aus östlich liegenden Ländern gekommen. Der Herrscher von Böhmen ließ sich von rund 2000 Rittern begleiten. Der Landgraf von Thüringen, ein Neffe des Kaisers, kam mit 1000 Rittern, ebenso wie der Pfalzgraf Konrad bei Rheine, ein Bruder des Kaisers. Zum Gefolge des Herzogs von Sachsen gehörten rund 700 Ritter, und der Herzog von Österreich hatte sich mit etwa 500 Ritter auf den weiten Weg nach

Mainz begeben. Jeder Ritter trug seine Prunkrüstung mit allen Fahnen und Wappenzeichen. Aus allen Gegenden reisten Menschen an, um das Schauspiel zu bewundern.

> Beim Puneis *prallten die Ritter mit gesenkten Lanzen aufeinander.*

An Pfingstsonntag gab es bereits Streit. Die Frage war: Wer trägt das Reichsschwert beim Festgottesdienst im Dom, in dem sich fast alle wichtigen Repräsentanten des Abendlandes versammelt hatten? Alle großen Fürsten wollten es tragen. Zuletzt fiel Graf Balduin von Hennegau aus Luxemburg die Ehre zu. Pfingstmontag erhielten dann zwei der Söhne des Kaisers die Ritterweihe. Sie kamen in einer feierlichen Prozession vom Dom zu den Rheinwiesen, wo das Zeremoniell stattfand. Zuvor hatte der Erzbischof die Schwerter geweiht. Anschließend erfolgte ein Fest, von dem noch Jahrhunderte später gesprochen wurde. Rund 20 000 Ritter hatten sich zum Turnier gemeldet. Ursprünglich war auf den

Rheinwiesen in Ingelheim bei Mainz ein Lanzenturnier vorgesehen gewesen, das aber abgesagt wurde, weil zu viele hohe Kirchenfürsten in Mainz waren. Zu einem Turnier mit Lanzen kam es daher nicht, sondern es wurden ungefährliche Schaukämpfe mit stumpfen Waffen vorgeführt. Höhepunkt war ein Schaureiten in Prunkrüstung, an dem die Ritter, die Fürsten und sogar der Kaiser teilnahmen. Essen, Trinken und Zerstreuung sowie später auch Geschenke gab es im Übermaß. Ritter saßen in großen Weinzelten und zechten. Immer wieder legten Schiffe mit Wein und Essen an. Überall spielten Musikanten, und Gaukler traten auf. Bedeutende Dichter, Minnesänger und Troubadoure, die ebenfalls angereist waren, wie der Deutsche Heinrich von Veldeke oder der Franzose Guyot de Provins, berichteten später, daß es ein solches Fest »seit dem großen Alexander« (Alexander dem Großen) nicht mehr gegeben hatte. Die Sächsische Weltchronik schrieb sogar über das Mainzer Hoffest: »Dat was de groteste hochtit en, de ie em Dudischeme lande ward.« (Das war das größte Fest, das jemals in Deutschland gefeiert wurde.)

Am Pfingstdienstag ereignete sich jedoch ein Mißklang, der das Gelingen des Festes beeinträchtigte. Eines der für die vielen Gäste errichteten Holzhäuser war während einer plötzlichen Windböe zusammengebrochen, und es gab 15 Tote. Sogleich wurde daran erinnert, Gott habe die Menschen, die so viel Prunk gesehen hatten, an ihre Ohnmacht erinnern wollen.

TEILNAHME AM TURNIER

Die Teilnahme an einem Turnier unterlag strengen Regeln. Jeder Ritter mußte sich zuerst bei einem Herold melden, der prüfte, ob der Kandidat überhaupt für eine Teilnahme geeignet sein könnte. Der Kandidat mußte ein echter Ritter sein und kein Hochstapler, der nur vorgab, zur Ritterschaft zu gehören. Der Herold arbeitete im Auftrag eines Landesherrn und hatte sich in einer Lehrzeit von etwa sieben Jahren mit dem Adel des Landes vertraut gemacht. Er kannte alle Wappen und konnte allein aufgrund des Wappens entscheiden, ob ein Ritter zugelassen werden durfte oder nicht. Kam ein Ritter von weit her, war die Entscheidung schwierig, denn das Wappen war in der Regel unbekannt. Aber auch hier gab es einen Ausweg. Jeder Herold hatte ein Wappenbuch, das auch die Wappen von Rittern aus fremden Gegenden enthielt. War das Wappen dort vergezeichnet, wurde der Ritter zum Turnier zugelassen. Auch fremde Ritter konnten deshalb an Turnieren teilnehmen. Sie machten die Kämpfe sogar spannend, denn kaum jemand konnte ihre kämpferischen Fähigkeiten einschätzen. Fremde und kampferprobte, aber auch allgemein bekannte Ritter wurden als Attraktion zu Turnieren eingeladen. Solche Einladungen wurden von Boten schriftlich übermittelt. Hauptsächlich im 12. und 13. Jahrhundert erschienen Ritter prächtig herausgeputzt zu den Turnieren. Es war eine Modenschau wie heute zu manchen Tanzveranstaltungen, nur wurde nicht getanzt, sondern gestochen. Besonders herausgeputzt waren die Damen, die sich für die Veranstaltung häufig eigens neue Kleider schneidern ließen. Sie präsentierten sich mit ihrem gesamten Schmuck und versuchten, Ritter zu gewinnen, die sie besonders verehren würden. Viele Ritter traten für eine verehrte Edelfrau auf, die ihnen oft ein Tuch an die Lanze knotete. Es heißt, daß ein Ritter einmal einen Schuh seiner Dame an die Lanze gebunden hatte.

Sogar ältere Ritter konnten sich bei einem Turnier wieder jung fühlen. Im Jahre 1280 nahm Otto von Haslau im Alter von 80 Jahren an einem Turnier teil und schlug sich nach der Meinung von Chronisten recht wacker. Der Urenkel dieses kämpferischen Ritters erhielt bei dem gleichen Turnier seine Ritterweihe, so daß sich der Urgroßvater an die eigene Jugend erinnert fühlte.

Die Heilbronner Richtlinien zur Teilnahme an einem Turnier, die von der Ritterschaft aus Franken, Schwaben, Bayern und dem Rheinland als verbindlich anerkannt wurden, schrieben vor, daß jeder Ritter seinen Schild mit Wappen sowie seinen Helm mit allem Zierat zur Begutachtung ausstellen mußte. Außerdem mußten sich die Turnierteilnehmer in einem Turnierbuch eintragen. Kamen berechtigte Einwände, etwa wegen unstandesgemäßer Herkunft, konnte ein Ritter von einem Turnier ausgeschlossen werden. Eine erneute Zulassung erfolgte in solchen Fällen nur, wenn alle vorgetragenen Einwände ausgeräumt waren. Um falschen Anschuldigungen vorzubeugen, verlor jeder Ritter, der einen Standesgenossen zu Unrecht von einem Turnier ausschließen lassen wollte, seine Ausrüstung und sein Streitroß. Erfolgte die falsche Anschuldigung durch ein Mißverständnis, mußte der betreffende Ritter gegenüber dem Beschuldigten unter Zeugen sein Bedauern ausdrücken. Ein Gesandter des Herolds teilte anschließend die Entschuldigung allen Turnierteilnehmern mit, und die Angelegenheit war ausgeräumt. Waren Anschuldigungen jedoch zu Recht erfolgt, konnten neben dem Ausschluß vom Turnier noch zusätzliche Strafen verhängt werden. Der betroffene Ritter mußte »auf der Schranke« sitzen. Auf den Zaun des Turnierplatzes wurde ein Sattel gelegt, und der bestrafte Ritter mußte sich auf den Sattel setzen, was sein gesellschaftliches Aus bedeutete. Eine solche Strafe wurde verhängt, wenn ein Ritter einer Edeljungfrau die Ehre genommen hatte, beispielsweise wenn er ihr die Ehe versprochen und sich anschließend aus dem Staub gemacht hatte. Ein Ausschluß erfolgte auch, wenn er als Feigling oder Ketzer aufgefallen war oder wenn er eine Ehefrau, Schwester oder Tochter unehrlich entführt hatte. Wegelagerei oder Straßenraub bedeutete ebenfalls einen Ausschluß, so daß bekannte Raubritter an keinem Turnier teilnehmen durften.

Während des Turniers wohnten die Ritter in Herbergen oder Zelten, vor denen ihre Banner und Schilde standen. Türen waren mit Blumen und frischem Laub geschmückt, immer wieder wurden Gäste und lange nicht mehr gesehene Freunde empfangen.

Zu einem Turnier wurden auch Preise ausgeschrieben, die keinen hohen materiellen Wert haben mußten. Oft waren es Tiere wie Jagdhunde, Bären oder edle Falken, manchmal auch Kränze, Taschen oder Gürtel. Alle diese Preise hatten einen hohen symbolischen Wert, denn andere Ritter wußten, daß der Besitzer eines solchen Preises einmal als Sieger aus einem Turnier hervorgegangen war. Der gewonnene Preis bedeutete eine fortdauernde hohe Ehre, und die gesammelten Beweise für Kämpfe und Abenteuer, die »Aventiuren«, bereicherten den Lebenslauf. Stifterinnen der Preise waren in der Regel Ehefrauen von Fürsten oder andere Edelfrauen, die mit dem Preis auch ihre Gunst auf den Sieger übertrugen. Manchmal bestand der Turniergewinn nur aus dem Kuß einer edlen Frau oder den Küssen einer Schar von Edeljungfrauen. Dichter beschrieben, daß nicht selten der Turniersieger sogar die Hand einer Edeljungfrau und damit ein Erbe als Preis erhielt.

DER TAG DES TURNIERS

Am Tag des Turniers zogen die Ritter nach einer Messe und einem ausgiebigen Frühstück feierlich und in Begleitung ihrer Dienerschaft zum Kampfplatz. Manche Fürsten rückten sogar in Heeresstärke an. Graf Balduin von Hennegau brachte im August 1175 gleich 200 seiner Ritter und 1200 Fußsoldaten zu einem Turnier mit. Bezahlte Rufer eilten den Rittern voran und berichteten den Zuschauern über die Heldentaten und die zahlreichen Aventiuren des jeweils einziehenden Ritters. Um die Kampfplätze waren Tribünen aufgebaut, auf denen hochrangige Zuschauer und vor allen Dingen die verehrten edlen Damen saßen. Zuschauer aus dem gemeinen Volk wurden durch Schranken vom Betreten der Kampfplätze abgehalten. Manchmal gab es vor dem eigentlichen Turnier noch Knappenspiele, bei denen ältere Knappen Wettkämpfe wie das Ringstechen vorführten. Dabei versuchten sie, vom Pferd aus mit einer Lanze einen kleinen Ring zu treffen.

Am Beginn eines Turniers gab es meist eine nachgestellte kleine Schlacht. Beim »Puneis« prallten zwei Fronten von Rittern mit gesenkter Lanze aufeinander und versuchten, sich gegenseitig aus dem Sattel zu werfen. Bei einem Turnier wurde mit stumpfen Waffen gekämpft, dennoch gab es immer wieder schwere Unfälle mit Toten, zu denen manchmal auch hohe Fürsten gehörten. König Heinrich II. von Frankreich wurde zum Beispiel bei einem Turnier getötet. Im Gegensatz zu einer echten Schlacht waren beim Puneis die Lanzenspitzen nicht scharf, sondern mit einer stumpfen Platte, Krönchen genannt, bedeckt. Einen Gegner nicht zu treffen wurde »failieren« genannt und brachte einem Ritter viel Spott ein. Ritter, die noch im Sattel saßen, sammelten sich nach dem ersten Zusammenprall zu einem neuen Puneis, zersplitterte Lanzen wurden rasch ersetzt. Waren alle Lanzen zerbrochen, wurde in Frankreich mit einem stumpfen Schwert weitergekämpft und in Deutschland mit einem Streitkolben, dem Bengel. Jede der beiden Parteien hatte einen oder zwei Befehlshaber und bestand nicht selten aus bis zu 400 Rittern. Beim Friesacher Turnier vom 13. Mai 1224 brachten Herzog Leopold von Österreich und seine Mitstreiter insgesamt 9 Fürsten und 397 Ritter zusammen. Sie kämpften gegen Markgraf Heinrich von Istrien, der mit seinen Mitstreitern 8 Fürsten und 300 Ritter um sich sammeln konnte. Der Kampf mit der Lanze und die späteren Zweikämpfe wurden wie bei einer echten Schlacht vom Feldgeschrei begleitet, wobei jede Partei ihre eigenen Rufe hatte. Dabei mußte stets Mann gegen Mann gekämpft werden, und es war verpönt, daß sich viele auf einen einzelnen stürzten. So genannte Grießwarte hatten die Aufgabe, die Kampfregeln zu kontrollieren, denn es kam manchmal vor, daß sich Ritter in ihrer Kampfeswut gegenseitig schwer verletzten oder sogar töteten. Warf ein Grießwart zwischen zwei Streithähne einen Stock, mußte der Kampf sofort unterbrochen werden.

Weniger beliebt war ein anderer Gruppenkampf, der Buhurt. Er glich dem Puneis, war allerdings nicht so gefährlich, denn die teilnehmenden Ritter waren nicht voll gerüstet, sondern trugen Holzschwerter und Lederrüstungen. Der Tjost dagegen war kein Gruppenkampf, sondern ein Zweikampf. Dabei galoppierten zwei Ritter mit angelegten Lanzen aufeinander los und versuchten, sich gegenseitig aus dem Sattel zu heben. Da fast jeder Ritter seinen Kampf einer edlen Dame widmete, fand der Tjost bei den Zuschauern viel Interesse. Jeder der beiden Ritter war durch sein Wappen zu identifizieren. Vielgerühmte Kämpfer hatten eine Fangemeinde, die ihnen zujubelte.

Fahrende Ritter, die von Turnier zu Turnier reisten und durch ihren hohen Trainingsstand meist gewannen, nannte man »Glücksritter«. Ein gewisser William Marshall, ein zweitgeborener englischer Ritter ohne Erbansprüche und Verehrer der vielgerühmten Eleonore von Aquitanien, soll angeblich insgesamt etwa 500 Ritter auf Turnieren besiegt haben. Sein Lanzenstoß soll stets perfekt gezielt gewesen sein.

Eine Lanze konnte bis zu sechs Meter lang sein, und es erforderte schon einige Kraft, um sie überhaupt waagerecht zu halten. Ein Gegner konnte recht gut aus dem Sattel gehoben werden, wenn es gelang, mit der Lanze den Halsbereich zu treffen. Dann rutsche sie zum Helm hoch und hob den Ritter aus dem Sattel. Eine weitere recht gute Stelle zum Abwerfen war jene Stelle am Schild, wo der Schildgriff außen vernietet war. Das Krönchen der Lanze konnte sich hier verkanten, und der Ritter wurde ebenfalls hochgehoben. Bei Treffern auf der Panzerung rutschte die Lanze meist zur Seite, und der Stoß ging am Oberkörper vorbei. Auf ein Knie oder gar auf das Streitroß zu zielen, war nach den Turnierregeln verboten. Um einen direkten Zusammenstoß der Pferde zu vermeiden, waren beide Parteien durch eine Schranke getrennt. Ritter und Roß waren stets schwer gepanzert. Fiel keiner der beiden Ritter vom Pferd, wurde der Tjost wiederholt. Tüchtige Ritter konnten dabei einige Lanzen demolieren, ohne vom Pferd zu fallen. Dafür gab es Ehrentitel »Waldzerstörer«. Der Ritter, der die meisten Duelle siegreich beendet hatte, wurde zum Turniersieger ausgerufen. Nicht selten beriet aber auch eine Kommission, wer zum Sieger bestimmt werden sollte.

SIEGER UND BESIEGTE

Für siegreiche Ritter konnte ein Turnier sehr lukrativ sein, denn sowohl das Pferd als auch die Rüstung des besiegten Gegners standen dem Sieger zu. Außerdem wurde am Beginn jedes Turniers ein Lösegeld ausgehandelt, das bei einem Zweikampf der Verlierer dem Sieger zu zahlen hatte. Häufig übernahm der Lehnsherr für seine Ritter diese Zahlungen. Glücklose Ritter konnten ein Turnier völlig ohne Pferde verlassen, während erfolgreiche Ritter gleich eine Herde von erbeuteten Pferden mitnahmen. Häufig hieß das für den Verlierer, daß er zu einem Geldverleiher gehen und einen Kredit aufnehmen mußte, denn die verlorene Ausrüstung konnte natürlich vom Sieger wieder zurückgekauft werden. Für arme, aber kampferprobte Ritter ergab sich aus Turnieren eine echte Verdienstmöglichkeit. Viel Ehre errang allerdings ein Ritter, wenn er großzügig auf seine Beute verzichtete.

Der polnische Ritter Rimatovsky von Lublin versprach einmal bei einem Turnier dem Gegner, der ihn besiegen konnte, 1000 Gulden als Belohnung. Schließlich trat Herzog Christoph von Bayern gegen ihn an. Der Herzog war kräftig wie ein Stier, und es wurde ihm nachgesagt, er könne einen Stein von drei Zentnern Gewicht aufheben. Am Beginn des Tjost stellte der Herold fest, daß der polnische Ritter mit Gurten am Sattel angeschnallt war. Bei einer echten Schlacht war das Anschnallen zwar üblich, bei einem Turnier jedoch verboten. Also mußte der polnische Ritter die Gurte lösen und wurde vom Bayernherzog prompt aus dem Sattel gehoben. Der siegreiche Herzog war großzügig, verzichtete auf seine Beute und half dem niedergestreckten Gegner bei Aufstehen. Diese Ritterlichkeit stärkte seine Ehre, und die Edelfrauen warfen ihm Blumen zu.

Um einer Edelfrau zu imponieren, forderte Ritter Ulrich von Lichtenstein bei einer Reise von Venedig nach Böhmen unterwegs alle Ritter, die er traf, auf, sich mit ihm im

Kampf zu messen. Jedem Ritter, dessen Lanze an ihm zerbrach, versprach er als Belohnung einen goldenen Ring. Sollte er selbst verlieren, dann würde der Sieger alle Pferde erhalten, die er mit seinen Knappen mit sich führte. Sollte er allerdings gewinnen, brauchte sich der Verlierer nur in alle vier Himmelsrichtungen zu verbeugen, um der von ihm so verehrten edlen Frau zu gedenken. Ritter Ulrich brach am 25. April 1227 zu seiner Reise auf und hatte bis zum 23. Mai insgesamt 307 Lanzen zerbrochen und 271 Ringe verteilt. Die verehrte edle Frau hat ihn allerdings nie erhört.

DAS LETZTE TURNIER

Das letzte Turnier der Weltgeschichte wurde 1839 in England vom Earl of Eglington zu Ehren von Königin Viktoria veranstaltet. Die Ritter waren Nachfahren von echten englischen Rittern des Mittelalters und waren teilweise mit dem Zug zu dem Turnier angereist. Sie trugen eigens für die Veranstaltung gefertigte Rüstungen, während die Damen ihre zahlreichen Juwelen präsentierten. Einige der geplanten Veranstaltungen fielen allerdings aus, denn es herrschte Dauerregen und Matsch auf dem Turnierplatz. Mit einem Ritter des Mittelalters hätten es vermutlich die Ritter des 19. Jahrhunderts in einem Tjost nicht aufnehmen können.

RITTERFAHRTEN UND KRIEGSZÜGE

Nach dem Ritterschlag begab sich der junge Ritter zunächst auf Reisen, um sich der Verwandtschaft zu präsentieren und um neue Kontakte zu knüpfen. Empfehlungen waren wichtig, denn von nun an luden ihn auch die Fürsten zu ihren Tafeln ein. Er mußte sich häufig auf Turnieren sehen lassen und durfte nichts versäumen. Abenteuer waren geradezu unerläßlich, denn er mußte Ruhm und Ehre vorweisen können; ein Ruf mußte ihm vorauseilen. In der Regel erhielt ein Ritter von dem Fürsten, der ihn zum Ritter geschlagen hatte, auch einen ersten Wunsch erfüllt. Für andere und ältere Ritter war er nun ein möglicher Schwiegersohn, um die Töchter unter die Haube zu bringen. Vielleicht konnte er sogar eines Tages mit einem eigenen Lehen rechnen. Aufgrund seiner neuen Würde war er mit Gefolge unterwegs und führte gleich mehrere Pferde mit sich, wobei ein Packpferd seine neue schwere Rüstung trug.

Die Straßen des Mittelalters waren eine Katastrophe. Niemand fühlte sich für sie so richtig zuständig, und entsprechend sahen sie auch aus. Dennoch wurde in regelmäßigen Abständen von allen möglichen Herren Zoll kassiert. Um den Zustand der Straßen kümmerten sich die Geldeintreiber allerdings nur selten. Reste des einst so vorzüglichen römischen Straßennetzes gab es nur links des Rheins, doch die einst so guten Straßen waren ungepflegt, weil sie niemand richtig reparierte. Außerhalb des Netzes der Römerstraßen, also rechts des Rheins, war der Zustand der Straßen dürftig, sie waren im besten Fall mit Holzbohlen markiert oder aus Kies und Schotter aufgeschüttet. Ihnen fehlte meist der solide Unterbau, so daß sie nach schweren Regenfällen für einige Zeit nicht mehr passierbar waren und zuerst abtrocknen mußten. Aus heutiger Sicht entsprachen sie Feldwegen oder zufälligen Naturpfaden. Die Trassenführung war selten sorgfältig geplant worden, sondern hatte sich aus Gewohnheiten ergeben. Reisen war eine Strapaze. Im Frühjahr ging es durch den Schlamm, im Sommer durch den Staub, im Herbst erneut durch den Schlamm und im Winter durch Schnee und Glatteis. Zum Vergnügen reiste im Mittelalter kaum jemand. Menschen waren nur unterwegs, wenn es unbedingt notwendig war und sie sich auch vor Überfällen nicht fürchteten.

Für Heeresbewegungen gab es allerdings bereits Fernstraßen, die Königsstraßen. Sie waren einigermaßen befestigt und besaßen einen Unterbau. Schon Karl der Große hatte begonnen, sie anlegen zu lassen, und seitdem wurde dieses neue Straßennetz erweitert und auch einigermaßen gepflegt. Sogar Fernstraßen waren gerade so breit, daß zwei Fuhrwagen aneinander vorbeikamen; in der Regel etwa 2,40 Meter. Zwar schrieb der Sachsenspiegel, eine Rechtssammlung aus dem 13. Jahrhundert, vor, daß der wenig beladene Fuhrwagen dem schwer beladenen ausweichen sollte, doch kaum einer hielt sich daran. Häufig zogen Begegnungen Streit nach sich, denn viele beharrten auf ihr Recht, und niemand sah ein, auszuweichen. Außerdem waren in Waldgebieten und fernab von Siedlungen Fernstraßen höchst gefährlich. Allerlei Gesindel war unterwegs und versuchte zu stehlen.

Gefürchtet waren Raubritter, auch Heckenreiter genannt, weil sie versteckt hinter Hecken auf eine günstige Gelegenheit zum Überfall warteten und dann in einer Blitzaktion angriffen. Sie überfielen allerdings nur in Ausnahmefällen kleinere Reisegruppen. Ihr Ziele waren meist größere Kaufmannszüge mit reichen Handelswaren, denn nur bei diesen gab es wirklich etwas zu holen. Alle Waren wurden gestohlen, mitreisende Kaufleute wurden zusätzlich gefangengenommen und erst gegen ein Lösegeld wieder freigelassen. Götz von Berlichingen, ein noch heute bekannter Raubritter mit deftiger Sprache, überfiel einmal erfolgreich einen Handelszug und nahm gleich 30 Händler gefangen, die er nun für eine Lösegelderpressung erst festsetzen mußte. Sein Verlies aber war nicht groß genug. Danach meinte er verzweifelt: »Da hab ich Hühner und keinen Korb.«

RITTER AUF REISEN

Zu manchen Zeiten gab es auf den Straßen des Mittelalters dichten Verkehr. Dann waren Heerzüge, der Herrscher oder die Fürsten unterwegs. Der Kaiser regierte nicht von einer Hauptstadt aus, sondern zog mit seinem Hof ständig umher. Von Konrad II. nimmt man an, daß er mit seinen Rittern pro Tag etwa 30 bis 40 Kilometer zurücklegte, so daß er zwischen den einzelnen Kaiserpfalzen meist sehr lange unterwegs war. Ging es nach Italien, war der Zeitaufwand noch viel größer, und es wurde auch gefährlich, weil die unwegsamen Alpen auf sehr schwierigen Pässen überquert werden mußten. Edle Herren krochen deshalb manchmal auf allen vieren steile Hänge hinunter. Um es den Damen etwas leichter zu machen, wurden sie zum besseren Rutschen auf Ochsenhäute gesetzt.

> Richard Löwenherz *reiste als Mönch verkleidet durch Deutschland.*

KEIN VERGNÜGEN AUF DEN STRASSEN

Ritter reisten stets zu Pferde und fast immer mit Gefolge. Um das edle Streitroß zu schonen, wurde es bei längeren Reisen meist nicht geritten, sondern lief nur mit. Der Ritter selbst saß auf seinem Reitpferd. Packpferde trugen reichlich Proviant und Ausrüstungen. Knappen und Knechte begleiteten jeden Ritter, der an seinem Wappen zu identifizieren war. Ritter waren stets sehr farbenprächtig gekleidet und fielen deshalb schon aus der Ferne auf. Die vielen Menschen, die zu Fuß auf den Straßen unterwegs waren, wichen den Rittertrupps sofort aus, denn es war bekannt, daß einige von ihnen rücksichtslos alles niederritten. Gewöhnliche Räuber versteckten sich sofort, denn gegen einen Ritter kamen sie in der Regel nicht an. Bettler und Pilger, aber auch entlaufene Nonnen und Mönche hielten nicht selten Rittertrupps an, um nach Hilfe zu fragen oder um über eine kurze Strecke auf den Packpferden mitgenommen zu werden. Junge Ritter reagierten in solchen Fällen oft nicht so streng wie die älteren. Kaufmänner hielten aus Erfahrung lieber ihre Wagenkolonnen an, um Ritter vorbeizulassen. Nur hin und wieder tauchten Wagen mit einer Federung oder Sänften auf, die von Kriegsknechten und Rittern begleitet wurden. Dann war eine Edelfrau unterwegs, die sofort ehrerbietig begrüßt wurde. Die edlen Herren selbst reisten stets zu Pferd, auch wenn sie schon recht alt waren. Kranke wurden auf Tragen transportiert, die zwischen zwei hintereinanderlaufenden Pferden an Sätteln angeschnallt waren. Ein Transport mit einem Wagen hätte sie wegen der schlechten Straßenverhältnisse noch kränker gemacht. Nicht immer war den Rittertrupps anzusehen, ob sie in lauterer Absicht unterwegs waren. Manche eilten zu einer Fehde und waren voller Kampfeslust, andere wieder kamen von einem Turnier zurück und hatten ihr Mütchen bereits gekühlt. Nur manchmal war ein Ritter allein unterwegs, dann kam er meist gerade von seiner Geliebten zurück oder war noch zu ihr unterwegs.

Raubritter griffen manchmal wehrlose Menschen an, um einen noch jungen Ritter, der zufällig in der Nähe war, zum Kampf anzustacheln. Ihm war der Schwur, jedem Schwachen zu helfen, noch frisch im Gedächtnis, und er griff meist ein. In diesem Augenblick stürzten sich weitere Raubritter aus dem Hinterhalt auf ihn, und er verlor aufgrund der Überzahl häufig den Kampf. Damit fiel seine gesamte Ausrüstung den Siegern zu, die den toten Ritter noch nicht einmal begruben. Sie ließen die geplünderte Leiche liegen und verschwanden. Fand ein anderer Ritter die Leiche, zog er mit dem Schwert einen Kreis um den Toten, um den Boden bis zur Bestattung für heilig zu erklären. Meist wurde der tote Ritter auf dem nächstbesten Friedhof begraben, und Reste seiner Rüstung, falls sie noch vorhanden waren, an Bäumen in der Nähe des Grabes aufgehängt.

Zur Übernachtung suchte sich der Ritter mit seinem Gefolge entweder eine Burg oder ein Kloster, wo sie sofort aufgenommen und auch verköstigt wurden. Besuchte ein Ritter ein Turnier, führte er allerdings meist noch Zelte mit sich, die auch unterwegs aufgeschlagen wurden. Nur wenn es keine andere Lösung gab, wählte ein Ritter für die Nacht eine gewöhnliche Herberge, wo es nicht selten drunter und drüber ging. Von zahlreichen Kaufleuten gibt es Berichte, was sich in solchen Häusern alles abspielen konnte. Läuse und Flöhe waren stets eine kostenlose Erinnerungsgabe, und jedermann war froh, wenn er nicht bestohlen worden war.

Ein Kaufmann beschrieb, wie er mit seinen Leuten in einen großen Saal geführt wurde, wo es an langen Tischen und Bänken zunächst schlechtes Essen gab. Danach wurden Tische und Bänke hinausgetragen, und die Essensreste auf dem Boden dürftig zusammengekehrt. Jetzt brachten Helfer schmutzige Wolldecken und legten sie aus. Männer und Frauen begannen sich nun gemeinsam auszuziehen und verkrochen sich in den Decken. Waschgelegenheiten gab es keine, so daß die Luft zum Schneiden dick war und es alles andere als angenehm roch. Statt zur Toilette stolperten die Leute zu einem Donnerbalken im Freien und fanden in der Dunkelheit nicht mehr richtig zurück. Nachts versuchten außerdem nackte und stinkende Huren bei den Männern unter die Decke zu kriechen, und es gab Geschrei, wenn ein Mann nicht wollte. Am nächsten Tag wurde für die Übernachtung kassiert. Der Kaufmann vermerkte nun, daß der Wirt einem Gast, der wegen der schlechten Leistung nicht alles bezahlen wollte, einfach ein Rechenbrett mit voller Wucht auf den Kopf schlug, so daß dieser in die Knie ging. Danach nahm er unter Zeugen das geforderte Geld aus dessen Börse und warf den bewußtlosen Gast vor die Tür.

Ritter traten in einer solchen Herberge selbstbewußter als Kaufmänner auf und warfen den Wirt, wenn es in der Herberge keine freie Zimmer mehr gab, notfalls aus der eigenen Schlafkammer. Außerdem hatte ein Ritter das Recht, daß ihm nach dem Essen die Hände gewaschen wurden.

FAHRENDE RITTER

Ritter, die das Abenteuer suchten und für die es keine Möglichkeit gab, in absehbarer Zeit Burgherr zu werden, waren häufig als fahrende Ritter unterwegs. Allein oder mit nur einigen Knappen reisten sie dann in Europa umher, um zahlreiche Abenteuer zu bestehen und bei Kriegen mitzukämpfen. Ruhm und Ehre wurden grenzübergreifend erworben. Besaßen sie bald einen guten Ruf, konnte sie durchaus von einem Fürsten in das Gefolge aufgenommen werden. Mit fahrenden Rittern beschäftigen sich viele Geschichten der Ritterliteratur. Die einsamen Helden tauchen in den Geschichten plötzlich auf und lösen die Probleme. Da fahrende Ritter oft recht arm waren, versuchten sie es mit der hohen Minne. Sie verehrten eine oder mehrere reiche Edelfrauen, die ihnen Geschenke machten und weiterhalfen. Andere Ritter unterstützten sie gegen kleinere Dienste, so daß sie ihren ritterlichen Standard und Lebensstil wahren konnten. Als fahrende Ritter konnten tüchtige Kämpfer aus sonst unbedeutenden Familien Karriere machen und auch bei fremden Königen Anerkennung finden. Allerdings war ihr Leben nicht leicht, fahrende Ritter lebten nicht nur ohne Familienbindung, sondern auch gefährlich, und nicht alle kehrten in die Heimat zurück.

VON SCHWABEN IN DIE WELT

Ritter Georg von Ehingen in Schwaben beschrieb im Alter seine Abenteuer als fahrender Ritter, die er während seiner Jugendjahre erlebt hatte. Nach dem Ritterschlag in der Heimat trat er zuerst in den Dienst eines österreichischen Herzogs. Dort wollte er aber nicht bleiben und landete bald auf der griechischen Insel Rhodos, um gegen die Heiden zu kämpfen. Sein Weg führte ihn nun in das Heilige Land, wo er es allerdings auch nicht lange aushielt. Er kehrte zur Burg des Vaters zurück und ging dann erneut nach Österreich. Zusammen mit einem anderen Ritter und ausgestattet mit reichlich Geld und Empfehlungen zog er dann zum französischen König nach Paris. Dort wollte er tüchtig an Turnieren teilnehmen und Ruhm sammeln. Doch der König war bereits alt und wollte nicht ständig Turniere organisieren lassen. Da kam der Ruf des Königs von Kastilien gerade recht. Dieser fragte beim französischen König nach Rittern für einen Feldzug gegen die heidnischen Mauren an. Ritter Georg war begeistert und erhielt nun vom französischen König Geld und Ausrüstung sowie eine Botschaft für den König von Kastilien. Kaum war er mit seinem Ritterfreund in Spanien, da wurde der geplante Feldzug abgeblasen. Die beiden hatten aber dennoch eine gute Zeit, nahmen an Turnieren teil und machten Wallfahrten. Bald verehrten die Edelfrauen Ritter Georg ganz besonders. Schließlich ging es weiter nach Lissabon zum Hof des Königs von Portugal. Hier gefiel es im auch gut, und er zog mit dem portugiesischen König zu einem Feldzug nach Nordafrika. Dort besiegte er einen Fürsten der Heiden im Zweikampf und erlangte weiteren großen Ruhm. Der König von Kastilien suchte nun wieder neue Truppen, um erneut gegen die Mauren nach Granada zu ziehen. Aufgrund seines Ruhms erhielt Ritter Georg das Angebot, die Fahne des Königs in diesem Kampf zu beschützen. Der König von Portugal gab ihm reiche Geschenke und edle Streitrösser. Erst nach vielen Jahren kehrte er wieder nach Schwaben zurück, und alle kamen, um seinen Erzählungen zu lauschen. Im Mittelalter war Europa zumindest unter den Rittern vereint und ohne Grenzen.

> Ein Fürst *zog mit einem Heerzug von Rittern durch das Land.*

FEHDEN

Trotz der Rittergenossenschaften und einem verbindlichen Ehrenkodex kam es zwischen Rittern immer wieder zu Streitigkeiten. Es waren Privatkriege, die einfach ausgefochten werden mußten. Die Ursachen dieser privaten Kämpfe waren oft belanglos, häufig suchte jemand einfach nur Streit, und der Erhalt der eigenen Ehre erzwang dann Reaktionen. Abneigungen, Haß, Frauengeschichten und Eifersüchteleien haben zu allen Zeiten zu Streitigkeiten geführt, doch die Ritter zogen damals gleich ihre Schwerter. Ein weiterer Grund für Fehden ergab sich aus Nachbarschaftsstreitigkeiten oder einfach aus Profitgier. Ritter wollten ihre Gebiete vergrößern und warteten auf günstige Gelegenheiten. In andere Streitigkeiten wurden Ritter mit hineingezogen, oder sie waren einfach eine Art Erbschaft aus der Vergangenheit der Sippe. Raubritter provozierten gern eine Fehde, indem sie einen Schwachen überfielen. Der ehrbare Ritter mußte dann eingreifen, und schon war die Grundlage für einen Dauerstreit gelegt, bei dem auch tüchtig geplündert werden konnte.

Durch die Fehde wurde ein tatsächliches oder auch nur angenommenes privates Unrecht im Kampf wieder gutgemacht. Zuständig waren der einzelne oder die gesamte Sippe. Fehdeberechtigt waren allerdings nur Freie, keine Erlaubnis zur Fehde hatten Unfreie, Kleriker, Juden und Frauen. Manche Fehden wurden fanatisch durchgezogen und entvölkerten Landstriche. Aus dem Jahr 1015 berichtete ein Geschichtsschreiber, daß bei Privatkriegen Dörfer niedergebrannt und Felder verwüstet wurden. Im Spätmittelalter wurden Fehden immer stärker ausgeweitet. Jetzt gerieten sich Fürsten, Bischöfe und ganze Städte mit kriegsähnlichen Zuständen in die Haare. Manche Ritter kämpften solange gegeneinander, bis sie und ihre Sippe ruiniert waren. Aus Wut wurden sie dann oft noch Raubritter. Bei Städten war nach einer Fehde der Haushalt oft über Jahrzehnte zerrüttet.

Es wurde deshalb schon früh versucht, ein verbindliches Fehderecht durchzusetzen. Oft reiste der Kaiser im Reich umher, um bei den Streithähnen mäßigend einzugreifen. Bischof Heinrich von Lüttich führte 1081 einen »Gottesfrieden« ein, der verbot, von Freitag bis Sonntag, an allen hohen Festen und während der Fasten- und Adventzeit eine Fehde durchzuführen; als Strafe wurde mit der Exkommunikation gedroht; 1083 folgte Bischof Sifiwin von Köln diesem Beispiel. Doch die Fehdelust ließ sich nicht eindämmen. Schließlich gab es eine einigermaßen akzeptierte Einigung: Während einer Fehde durfte der Gegner nicht getötet werden, und es wurde zur Pflicht, den Beginn einer Fehde vorher mitzuteilen. Überfälle aus des Hinterhalt galten als unritterlich, und es mußte nach ritterlichen Regeln gekämpft werden. Außerdem sollte ein stichhaltiger

Fehdegrund vorliegen, was allerdings kein Problem war; er wurde notfalls konstruiert.

Etwa drei Tage vor dem Termin wurde eine Fehde dem Gegner angekündigt. Ein Bote erschien mit einem gezogenen Schwert vor der Burg und drohte, oder es wurde ein förmlicher Fehdebrief überreicht. Der Ritter riet dann seinen Bauern, sich in den nächsten Tagen besser zu verstecken, und ließ Waffen austeilen, seine Burg wurde gesichert und befestigt. Danach kam es zu einem kleinen Feldzug, bei dem dem Gegnern ein möglichst hoher wirtschaftlicher Schaden zugefügt werden sollte. Dörfer wurden niedergebrannt, die Ernte vernichtet, das Vieh gestohlen und möglichst viele Bauern totgeschlagen. Gelang es, hochstehende Geiseln zu nehmen, waren außerdem Lösegeldforderungen möglich. Bei Fehden gegen Städte wurden der gesamte Handelsverkehr und die Lebensmittelversorgung unterbrochen. War die Wut besonders groß, wurden auch Burgen belagert und keine Kosten gescheut, um eigene Rachegelüste auszutoben. Am Ende des Kampfes mußte der Verlierer ein Dokument unterzeichnen und auf weitere Rache verzichten, während der Sieger zu feiern begann. Doch da Rache süß war, wurde auch nach einer Niederlage ständig nach einer Revanche gesucht. Ging es zuletzt überhaupt nicht mehr weiter, wurden von beiden Seiten akzeptierte Vermittler vorgeschickt und Sühne- sowie Ausgleichsleistungen ausgehandelt; für jeden der totgeschlagenen Bauern zum Beispiel eine bestimmte Anzahl von Schafen oder anderen Tieren.

Die Lust eines Ritters zur Fehde hing, wenn er nicht besonders fanatisch war, oft von seiner finanziellen Situation ab, denn eine Fehde konnte sehr teuer werden. Das Fehdeunwesen wurde erst 1495 von Kaiser Maximilian I. durch seine Richtlinien zum »Ewigen Landfrieden« eingedämmt. Es ist bezeichnend, daß Kaiser Maximilian I., der auch als der »letzte Ritter« bezeichnet wird, den so rittertypischen Fehden, den privaten Kriegen der Ritter untereinander, den Boden entzog.

Wer seine Streitigkeiten ohne Gewalt lösen wollte, mußte vor Gericht gehen. Gerichtsherr war normalerweise der Lehnsherr, also für den Bauern der Ritter, für den Ritter der Fürst und für den Fürsten der König. Die Gerichtshoheit war ein Teil der Gewalt eines Herrschers. Er gab sie in Teilen auch an seine Vasallen weiter. Dabei wurde das eigentliche Urteil nicht vom Richter gefällt, sondern von den Schöffen. Die Schöffen stammten aus dem gleichen Stand wie der Beklagte und fällten nach der Verhandlung das Urteil. Aufgabe des Richters war es, die Verhandlung zu führen und das Urteil durchzusetzen, also dafür zu sorgen, daß Schadenersatz gezahlt oder eine Strafe auch wirklich vollzogen wurde. Grundsätzlich konnte jeder Freie auch ohne ein Gericht seine Rechte durchsetzen. Ritter übertrieben dies mit ihren Fehden und führten untereinander einen ständigen Kleinkrieg, bei dem stets der Stärkere im Recht war. Da Unfreie keine Waffen tragen durften, konnten sie kaum ihre Rechte durchzusetzen. Dem Adel fiel deshalb das Privileg zu, Recht zu sprechen

> Einzelkämpfe *mit dem Schwert.*

und auch durchzusetzen. Allerdings durfte kein Kläger ranghöher sein als der Richter.

Das wichtigste Beweismittel war der Eid, bei dem in einem feierlichen Ritual Gott angerufen wurde und sich der Schwörende selbst verfluchen mußte, falls er lügen sollte. Wurde jemand ein Meineid nachgewiesen, wurde deshalb auch sofort die Schwurhand abgehackt. Eidhelfer waren Be- und Entlastungszeugen für die Glaubwürdigkeit des Schwörenden, Zeugen der Tat waren sie nicht. Nach Indizien wurde nicht geurteilt, es mußten Aussagen vorliegen. Bis ins 12. Jahrhundert gab es auch verschiedene Formen des Gottesurteils, das aber danach von der Kirche verboten wurde, da sich die Ansicht durchsetzte, daß man Gott nicht durch solche Aktionen auf die Probe stellen sollte. Einzig der Zweikampf überlebte als Einrichtung und wurde von den Rittern besonders gepflegt. Um einem Verdächtigen ein Geständnis zu entlocken, gab es vor allem seit dem Verbot des Gottesurteils im Hochmittelalter die Folter. Sadistische Folterknechte konnten aus jeden Verdächtigen nahezu jedes Geständnis herausholen.

Gefürchtet waren Feme-Gerichte, die völlig geheim tagten und sich auch mit einer geheimnisvollen Aura umgaben. Donnerte es plötzlich nachts dreimal an einem Burgtor und stand dennoch kein Bote davor, konnte der Burgherr manchmal eine am Tor angenagelte Ladung zu einem Feme-Gericht finden. Der Ladung zu folgen bedeutete allerdings ein Risiko. Das Feme-Gericht tagte meist um Mitternacht in einem tiefen Wald oder vor einer Ruine. Alle Mitglieder des

> Zweikämpfe *wurde gerichtlich angeordnet, um Fehden zu entscheiden.*

Gerichts waren schwarz gekleidet und total vermummt, niemand konnte sie erkennen. Richter war ein »Freigraf«, der als Zeichen seiner Macht ein Schwert und einen Strick vor sich liegen hatte. War der Angeklagte schuldig, wurde er durch einen ebenfalls anwesenden Henker noch an Ort und Stelle hingerichtet; er erlebte dann die Morgensonne nicht mehr. Erschien der Geladene nicht vor dem Gericht, wurde in seiner Abwesenheit verhandelt, und er wurde bei einem Schuldspruch »verfemt«. Das Urteil wurde dann ebenfalls nachts an das Burgtor genagelt. Von nun an konnte der Angeklagte getötet werden. Er wußte allerdings zu keinem Zeitpunkt, wer gegen ihn geklagt hatte, wer ihn töten sollte und wer über die Verhandlung überhaupt informiert gewesen war. Es wurden Mißtrauen und Verdächtigungen gesät, jeder Unbekannte konnte jetzt ein Vollstrecker des Urteils sein. Die Vollstreckung glich einem Meuchelmord durch einen anonymen Täter und konnte sogar noch Jahre später erfolgen. Neben der Leiche wurde ein besonders markierter Dolch gelegt, der den Vollzug eines Feme-Urteils belegte. Das Feme-Gericht hatte die Aufgabe, ein Urteil ohne Rücksicht auf Reichtum und Herkunft des Angeklagten zu fällen. Freie und auch Unfreie konnten geladen und später gemeuchelt werden.

ZWEIKÄMPFE

Für den Ritter war als Gottesurteil nur der Zweikampf standesgemäß, er mußte keine andere Entscheidung akzeptieren. Der Richter verordnete den Zweikampf nur, wenn es bei einem Schuldspruch zur Todesstrafe gekommen wäre, der Kampf ging deshalb stets auf Leben und Tod. Gott griff nach Meinung des Gerichts in den Kampf ein und half dem Gerechten beim Sieg. Vor dem Richter warf der Kläger dem Beklagten einen Handschuh vor die Füße und forderte ihn damit zum Kampf auf. Der Beklagte hob den Handschuh auf und reichte einen eigenen Handschuh dem Kläger. Damit war der Kampf akzeptiert. Zeugen und Bürgen bestätigten auf beiden Seiten, daß der Kampf nun verabredet werden konnte. Nur Geistliche, Frauen aus ritterlichem Hause sowie Männer unter 20 und über 60 Jahren durften bei einem gerichtlich verordneten Zweikampf einen Vertreter schicken. Ritter kämpften in ihrer vollen Rüstung, freie Bauern und Leibeigene mit Messer und Stock. Vertrat ein Ritter einen ihm nahestehenden Leibeigenen beim Kampf, mußte er ebenfalls mit Messer und Stock antreten. Der Kampfplatz wurde mit Schranken eingezäunt, und die Kampfrichter erhielten Tribünen, um den ritterlichen Verlauf des Kampfes zu beobachten. Sie konnten bei einem Fehlverhalten sofort einschreiten. Grießwarte sorgten als Schiedsrichter dafür, daß sich keine Angehörige der beiden Parteien einmischten.

Die beiden Ritter erschienen meist nach Sonnenaufgang in Kampfausrüstung und zu Pferd auf dem Kampfplatz. Kampfrichter achteten darauf, daß keiner durch Wind oder Sonne benachteiligt wurde. Fiel ein Ritter beim Kampf vom Pferd, stieg der Gegner ebenfalls ab, und es wurde zu Fuß weitergekämpft. Für den Kampf gab es keine zeitliche Begrenzung. Er war erst beendet, wenn ein Ritter erschöpft am Boden lag. Der Sieger durfte ihn nun töten. Verzichtete er auf dieses Recht, führte ein Henker den tödlichen Schlag aus. Erschien ein Beklagter ohne Entschuldigung nicht zum Kampf, wurde bis zur Mittagszeit gewartet. Danach stach der wartende Ritter dreimal in den Wind; er hatte damit gewonnen. Der nicht erschienene Ritter wurde anschließend vor Zeugen zum Feigling erklärt und konnte von jedem ehrbaren Ritter getötet werden.

Um die Zahl der Zweikämpfe einzuschränken, durften nach der Ordnung zum Landfrieden von 1156 nur noch Adelige und ihre Nachkommen gerichtlich angeordnete Kämpfe ausfechten. Im 16. Jahrhundert verschwand der Zweikampf als Rechtsmittel. Nur bei privaten Ehrensachen hielt er sich als Duell, das zuletzt mit Pistolen durchgeführt wurde, bis ins 19. Jahrhundert.

FELDZÜGE UND SCHLACHTEN

Während sich Kriege in der Neuzeit von vornherein auf Schlachten konzentrierten, war im Mittelalter die Schlacht die letzte aller Möglichkeiten, denn sie sollte die Entscheidung bringen. Vor einem Feldzug hatte es deshalb bereits Serien von kleineren Streitereien gegeben. Kriege des Mittelalters waren nicht auf die Vernichtung des Gegners angelegt, sondern der Gegner sollte besiegt werden und durch die Niederlage die Forderungen des Siegers akzeptieren. Die Zahl der Opfer der mittelalterlichen Kriege war deshalb im Vergleich zu den Kriegen der späteren Jahrhunderte wie etwa dem Dreißigjährigen Krieg oder gar den Weltkriegen im 20. Jahrhundert gering.

Wurde nach Beratung mit den Fürsten vom König ein Feldzug beschlossen, wurden rasch Boten ausgeschickt, um die Truppen zu sammeln. Herolde überwachten diese Aktivitäten. Am Sammelplatz wurden die Truppen gemustert, die Führungsaufgaben verteilt und der Nachschub organisiert. Weigerten sich Vasallen, an dem Feldzug teilzunehmen, wurde ihnen das Lehen entzogen, und sie hatten mächtige Feinde. Heereszüge legten deshalb unterwegs Pausen ein, um vorher zaghafte Nachkömmlinge noch aufzunehmen. Das Heer bestand in der Regel aus Fußtruppen und Rittern. Ritter hatten ihre eigenen Waffen und Ausrüstung, während die anderen von den Fürsten ausgestattet wurden. Fußtruppen waren durch ihre jeweiligen Herren recht einheitlich gekleidet und die Ritter so, wie es ihnen gerade paßte. Untereinander konnten sie sich an den Wappen und am Helmschmuck erkennen. Auch Söldner wurden angeworben, da diese als professionell und gut trainiert galten. Insbesondere junge Ritter kamen gerne. Sie hatten noch kein Erbe zu erwarten, und wenn sie beim Feldzug erfolgreich waren, konnte es als Belohnung sogar ein eigenes Lehen geben. Knappen konnten nach einem Feldzug bei großer Tapferkeit besonders schnell Ritter werden.

Der Ort und der Tag der Schlacht wurden verabredet, so daß die Zivilbevölkerung in einer relativen Sicherheit blieb und nur wenigen Verfolgungen ausgesetzt war; der Krieg begrenzte sich auf die militärische Auseinandersetzung und versuchte, zivile Bereiche soweit wie möglich zu schonen. Es entsprach nicht der Ritterehre, gegen Frauen und Kinder zu kämpfen.

Dem Ethos der Ritter entsprach der harte, aber faire Kampf. Eine Schlacht war wie ein Duell. Zwei Heeresgruppe stießen aufeinander, und wer zuletzt noch stand, hatte ohne Wenn und Aber gewonnen. Strategische Tricks und auch Fallen waren verpönt, der Kampf sollte offen sein. Beim Angriff prallten zwei Wände aus Eisen und Lanzen aufeinander, denn es wurde so eng wie möglich geritten. Heerführer verkrochen sich nicht wie in späteren Kriegen in sicheren Bunkern, sondern kämpften mit. Die Zivilbevölkerung blieb in den meisten

Fällen verschont. Beim Vorrücken oder auf dem Rückzug gab es trotz gelegentlicher Plünderungen nicht die Strategie der »verbrannten Erde«.

HEERESZUG UND HEERESLAGER

Die Truppen waren bei ihrem Vormarsch gegliedert. Es gab eine Vorhut mit Schutztruppen, die sich um den Zustand der Wege kümmerten, das Pflanzendickicht freischlugen und sogar kleine Brücken bauen konnten. Außerdem sorgten Kundschafter für eine Fernaufklärung und für eine Deckung zur Seite und nach hinten. Die Führer der Kundschafter kannten die Landschaft und die Wege, teils hatten sie sogar Skizzen und Beschreibungen des Geländes. Sie standen ständig mit der Heeresleitung in Kontakt.

Etwa zwei Kilometer hinter der Vorhut folgten die Kolonnen der Ritter zu Pferd. Stand die Schlacht nicht unmittelbar bevor, hatten sie noch keine Rüstung angelegt. Begleitet

> Heerlager *vor einer Stadt.*

wurden sie von den Knappen sowie den Schildknechten und Buben, die das persönliche Gepäck jedes Ritters bewachten. Den Rittern folgten die langen Kolonnen der Fußtruppen. Ihre Anzahl lag mindestens zehnfach über der Zahl der Ritter. Im Zentrum des Zuges fuhren gut geschützt die Fahnenwagen. Den Abschluß bildeten bewachte und von Truppen begleitete Proviantwagen

> In der Schlacht *verkeilten sich die Ritter schnell im Nahkampf.*

sowie Packpferde. Es gab Küchen und alle anderen Einrichtungen zur Versorgung einer großen Zahl von Menschen. Belagerungsgeräte und andere Maschinen wurden zerlegt mitgeführt, und es gab eigene Gruppen von Kriegstechnikern und Handwerkern für Reparaturarbeiten. Fürsten ließen sich auf Wagen die Annehmlichkeiten ihres Hofes wie etwa feines Tischgeschirr oder edle Weine transportieren, auch ihre Köche und die Dienerschaft waren mit dabei. Im eigenen Land wurden regelmäßig Lebensmittel zugekauft. Im Feindesland jedoch wurde geplündert, um Vorräte zu ergänzen. Eine sehr bewegliche Nachhut deckte die Heereskolonnen vor Angriffen ab. Das Umfeld des Heereszuges wurde ständig nach Spähern des Feindes überprüft.

Zu den Besonderheiten eines mittelalterlichen Heereszuges gehörten auch Zivilpersonen, die sich selbständig und auf eigenes Risiko den Kolonnen angeschlossen hatten. Es waren Händler mit eigenen Waren und Aufkäufer, die auf die Übernahme von Beutegut warteten, dazu kamen noch verwegene Gesellen, die auf Vorteile hofften, und vor allen Dingen große Scharen von Huren, mit denen sich die

Krieger vergnügten. Huren zogen sogar mit den Kreuzzügen in das Heilige Land.

Bei Zwischenstationen wurde ein Zeltlager aufgebaut, das bei großen Heeren mehr einer Zeltstadt glich. Alle Zelte waren in Gassen und um Plätze angeordnet. Die prachtvollen Zelte der Fürsten hoben sich wie Paläste hervor. Händler, die den Heereszug begleitet hatten, begannen nun, ihre Waren zu verkaufen. Schankwirte stellten auf ihren Karren Fässer auf und verkauften Wein und Bier. Um Streitigkeiten zu vermeiden, gab es in den Lagern strenge Verhaltensregeln. Kaiser Friedrich I. erließ im Jahre 1154 strenge Gesetze, um das Lagerleben zu reglementieren und die Disziplin zu wahren, dabei gab es auch für Ritter keine Ausnahmen. Eine Ritter, der Streit begann, konnte seine Ausrüstung verlieren, und jeder, der das Schwert gegen Kameraden zog, eine Hand oder sogar den Kopf. Der Versuch, die Huren aus dem Lager zu verjagen, blieb allerdings vergeblich. Zur Bewachung der Zeltstadt gab es eine eigene Schildwache, die Fremde nur gegen eine ständig wechselnde Losung einließ.

AM TAG DER SCHLACHT

Der Ort der Schlacht wurde nach Möglichkeit mit dem Gegner abgesprochen, wobei jede Seite bedacht war, daß der Gegner keine geographischen Vorteile bekam und daß auch der Stand der Sonne nicht zu sehr störte. Bevorzugt wurde ebenes Gelände mit wenig Buschwerk und wenigen Bäumen. Große Überraschungsangriffe waren verpönt, denn der Kampf sollte ritterlich erfolgen. Zum Tag der Schlacht gab es zuerst eine Messe, und danach sammelten sich die Truppen in Linien, wobei es seit der Zeit der Kreuzzüge Aufzeichnungen zur Aufstellung der Ritter und der Fußsoldaten gab. Die Ritter waren in der Regel zentral plaziert und von Fußtruppen umgeben. Verstärkte Fußtruppen und Bogenschützen deckten auch die Flanken ab. Um dem Gegner einen Durchbruch zu erschweren, waren die Kämpfer in mehreren Reihen im Raum gestaffelt. Besonders tapfere Ritter gruppierten sich um die Fahnen, die bis zuletzt verteidigt werden mußten. Mit Schlachtgesängen stimmten sich die Truppen auf den Kampf ein. Die Schlacht wurde innerlich wie ein Gottesdienst vorbereitet. Viele Ritter schätzten es, wenn nun die Streßhormone so richtig in die Blutbahn schossen; manche waren sogar süchtig danach.

Berühmt war die Tollkühnheit des englischen Königs Richard Löwenherz in der Schlacht; er soll immer der erste beim Angriff, der letzte beim Rückzug gewesen sein. Sogar Bischöfe ritten manchmal in die Schlacht. Da es Kirchenmännern offiziell verboten war, Blut fließen zu lassen, schlug zum Beispiel der Mainzer Erzbischof Christian mit einem riesigen Knüppel um sich.

Nach Trompeten- und Trommelsignalen eröffneten meist die Fußtruppen die Schlacht. Sie sollten den Gegner aus der Deckung locken, damit die Ritter im nächsten Schritt mit einer Angriffsreihe die Schlacht sofort zum Kochen brachten. Sie ritten mit gesenkter Lanze zunächst langsam und gingen dann in eine scharfe Attacke über. Der Abstand zwischen zwei Pferden wurde so gering wie möglich gehalten, denn alles sollte niedergetrampelt werden. Da auch die Pferde gepanzert waren, sah der Gegner eine immer schneller werdende Eisenwand mit Lanzen auf sich zukommen, was von großer psychologischer Wirkung war. Dramatisch war es, wenn zwei Angriffswellen im vollen Galopp aufeinander prallten. Es wurde mit Kriegsgeschrei angegriffen. Die Kreuzritter riefen zum Beispiel: »Hilf uns, heiliges Grab!«

Ritter waren sehr geübte Reiter. Nach jedem Angriff sammelten sie sich rasch zu einer neuen Linie, um eine erneute Attacke zu reiten, so lange bis die Linien des Gegners in Auflösung übergingen. Schnell verkeilten sich Gruppen in Nahkämpfe mit dem Schwert. Ritter waren geübt, beim Sammeln auch blitzschnell die Pferde zu wechseln und Waffen auszutauschen. Knappen hielten dann neue Lanzen bereit. Herzog Karl der Kühne von Burgund verlor einmal eine Schlacht, weil seiner Reiterei nach einer scharfen Attacke die Pferde durchgingen und nicht mehr rechtzeitig gesammelt werden konnten. Die Tiere waren einfach nicht mehr zu bremsen.

Für Ritter war es im Kampf überlebenswichtig, unter allen Umständen im Sattel zu bleiben und nicht vom Pferd zu fallen. Ein Ritter zu Fuß war unbeweglich und konnte kaum einem Lanzenstoß ausweichen. Vor großen Schlachten haben sich deshalb viele Ritter an ihren Pferden festgebunden. Dabei konnte es passieren, daß Pferde mit toten Rittern bei den Kämpfen mitliefen und sich anderen Pferden anschlossen. In der Schlacht von Göllheim ritt im Jahre 1298 der tote Bannerträger des Albrecht von Habsburg mit wehender Fahne bis zum Ende der Kämpfe alle Angriffe mit. Der Ritter war bereits am Anfang der Schlacht getötet worden, aber nicht vom Pferd gefallen; die Leiche saß aufrecht im hohen Sattel und hielt das Banner umkrampft, das am Sattel befestigt war. Erst am Ende der Schlacht wurde deutlich, daß es einen »Geister-Ritter« gab. Das Pferd mit dem toten Ritter und der wehenden Fahne lief noch längere Zeit auf dem Schlachtfeld hin und her und mußte zuletzt von Knappen eingefangen werden.

Fußsoldaten versuchten, die Ritter zu vereinzeln, um sie dann von den Pferden zu holen, oder sie standen im Nahkampf mit den Fußsoldaten des Gegners. Am Boden waren Ritter zwar durch die schwere Rüstung unbeweglich, durch ihr Schwert aber dennoch gefährliche Gegner. Allgemein galt die Regel, daß es ein guter Ritter zu Pferd mit zehn Fußsoldaten aufnehmen kann. Die einzelnen Heeresgruppen versuchten, im Schlachtgetümmel stets in der Nähe der eigenen Fahne zu bleiben, und wurden durch Hörner, Trompeten und Trommelsignale geführt. Durch den Schlachtenlärm und das Geschrei war keine andere Verständigung möglich. Die Bewegungen der Fahnen bestimmten die Richtungen des Kampfgeschehens, ob es vorwärts ging oder zurück. Beim Verlust der Fahnen war es nicht

> Die Ritter *wurden von Fußtruppen begleitet.*

mehr möglich, die Schlacht zu dirigieren. Sie wurden deshalb mit äußerster Härte verteidigt. Im Bereich der Fahnen kämpften auch die Heeresführer, die den Überblick bewahren mußten. Wenn der Gegner bis in diesen Bereich vorgedrungen war, hatte er damit oft die Schlacht für sich entschieden.

Lösten sich die gegnerischen Linien auf, war die Schlacht gewonnen. Scheinrückzüge, um den Gegner in eine Falle zu locken, gab es in der Regel nicht. Gab der Gegner auf, wurde er nicht vernichtet, sondern durfte normalerweise ehrenvoll abziehen. Bei gut geführten Heeren der Ritterzeit waren im Vergleich zu Schlachten in modernen Kriegen die Verluste noch nicht einmal groß.

Den Untergang der Ritterheere leiteten die englischen Langbogen und die Schweizer Gewalthaufen ein. Endgültig vorbei war es mit den Ritterheeren dann nach der Verbrei-

> Eine biblische Szene *zeigt das Vorgehen nach der Schlacht (rechts unten).*

tung der Feuerwaffen. Vor der Schlacht von Crécy im Jahre 1346 galt es für Fußtruppen als praktisch unmöglich, ein Ritterheer zu besiegen. Damals setzten englische Truppen gegen ein französisches Ritterheer erstmals den Langbogen ein und siegten. Die Langbögen hatten die Größe eines Menschen und mußten mit einer Kraft von etwa 50 Kilogramm gespannt werden. Auf 200

Meter Entfernung drangen die Pfeile noch durch ein knapp drei Zentimeter dickes Eichenbrett hindurch. Mit diesen Kräften konnten die Pfeile auch eine Rüstung durchschlagen. Geübte Bogenschütze konnten in einer Minute fünf Pfeile abfeuern. Auf diese Weise sollen in der Schlacht von Crécy die zahlenmäßig weit unterlegenen Engländer um die 1500 französische Ritter getötet haben, bei nur geringen eigenen Verlusten.

Die Schweizer Gewalthaufen schließlich glichen einem Igel. Die Fußkämpfer besaßen riesig lange Pieken und Hellebarden, die sie bei der Attacke dichtgedrängt nebeneinander in den Boden steckten, so daß keine Angriffswelle durchkam, weil sich die Pferde trotz eigener Rüstung an der ungeschützten Bauchunterseite zu sehr verletzten. Der Kampf ging zunehmend mehr gegen die Pferde als gegen die Ritter. Außerdem wurde nun immer mehr die Armbrust eingesetzt, deren Bolzen ebenfalls eine Rüstung durchschlagen konnten. Diese Waffe wurde als heimtückisch angesehen und kam im Jahre 1139 sogar unter den Kirchenbann. Doch Waffenentwicklungen hatte die Kirche zu keinem Zeitpunkt anhalten können. Die Kriege des Spätmittelalters wurden immer weniger ritterlich geführt. Es wurde wie in den modernen Kriegen mit jeder nur denkbaren Heimtücke geplant, und die Zahl der Opfer nahm seitdem kontinuierlich zu.

NACH DER SCHLACHT

Der Sieger blieb meist auf dem Schlachtfeld, während sich der Verlierer zurückzog. Nun wurden Hornsignale zum Sammeln geblasen, und die Ritter zählten, wer noch anwesend war. Einzelne Heeresgruppen sangen Lobgesänge an Gott. Anschließend wurde sofort nach vermißten Freunden gesucht. Verwundete wurden zu Sammelplätzen gebracht und versorgt. Den Sterbenden stand man bei und gab ihnen anstelle der Kommunion symbolisch Gras oder Laub. Vor toten Freunden wurde bis zur Siegesfeier eine Ehrenwache gehalten. Manche Ritter waren erstickt. Sie waren vom Pferd auf das Gesicht gefallen und konnten wegen der schweren Rüstung nicht alleine aufstehen. Die Beute wurde zu Sammelstellen gebracht, häufig gelang es noch, das gegnerische Feldlager zu erobern und auszurauben. Die Leichen der gefallenen Gegner wurden geplündert und oft aller Kleidung beraubt, Leichenschändungen blieben allerdings eine Ausnahme. Die eigenen Toten wurden auf Friedhöfen beerdigt, die toten Feinde verbrannt. Oft wurde auf dem Schlachtfeld ein Denkmal errichtet oder bei sehr bedeutenden Schlachten ein Kloster.

Bei der Behandlung der Kriegsgefangenen spielten die Launen der Sieger eine große Rolle. Richard Löwenherz ließ angeblich einmal aus Rache 14 gefangene französische Ritter blenden, einem fünfzehnten ließ er nur ein Auge ausstechen und gestattete ihm, die vierzehn nach Hause zu führen. Gefangene Edelmänner kamen meist erst nach Lösegeldzahlungen frei oder wurden gegen Gefangene des

Feindes ausgetauscht. Einfache Fußsoldaten wurden nach Bedarf als Arbeitssklaven verkauft oder laufengelassen.

Der geflohene, unterlegene Feind suchte später nach Sündenböcken, für die Niederlage. Rittern wurde unterstellt, sie hätten nicht ehrenvoll bis zum Tode gekämpft, sondern wären feige gewesen. Feigheit war für einen Ritter ein schlimmes Schimpfwort und bedeutete seinen Tod. Ein französischer Ritter hatte zum Beispiel im Jahre 1523 den Spaniern eine Burg übergeben, obwohl er noch unter Waffen gestanden hatte. Die Ritterehre aber verlangte, bis zum Tod zu kämpfen oder bis alle eigenen Waffen unbrauchbar waren. Vor einem Rittergericht wurden ihm deshalb zunächst von anderen Rittern die Sporen abgeschlagen, danach wurde sein Schild an ein Ackerpferd gebunden und durch den Dreck gezogen, seinem eigenen Streitroß wurde der Schwanz abgeschnitten. Anschließend mußte er zusehen, wie seine Rüstung Stück für Stück zerstört und vor ihn auf den Boden geworfen wurde. Ein Wappenherold rief dreimal seinen Namen, worauf die Ritter antworteten: »Kennen wir nicht!«. Zuletzt schüttete man ihm einige Eimer Wasser über den Kopf und schleppte ihn gefesselt in eine Kirche. Nun wurden für ihn laut die Totengebete gesprochen. Anschließend wurde er wieder herausgeholt und hingerichtet. War das Leben eines Ritters trotz der Feigheit einigermaßen ehrenvoll gewesen, hatte er das Recht, von einem anderen Ritter geköpft zu werden. Ansonsten aber wurde er schmachvoll gehängt, und die Leiche blieb hängen, bis sie verfaulte. Verräter wurden von Pferden zerrissen und anschließend verbrannt.

DIE BURG IM KRIEG UND BEI BELAGERUNGEN

Zogen feindliche Heere durch das Gebiet eines Ritters, dann bot die Burg auch für die leibeigenen Bauern und deren Familien Schutz. Die Bauern erhielten Waffen und halfen bei der Abwehr der Feinde. Allerdings durften nicht zu viele Menschen in die Burg aufgenommen werden. Die eingelagerten Vorräte mußten auch für eine längere Belagerung ausreichen, und jeder sollte zur Verteidigung beitragen können. Richtete sich der feindliche Heereszug gegen den Lehnsherrn des Ritters, war die Wahrscheinlichkeit groß, daß die Burg eines Vasallen zunächst von einer Belagerung verschont blieb. Dennoch befand sich der Ritter im Krieg, denn er mußte dem Lehnsherrn helfen und eventuell auch gegnerische Kräfte binden. Bei einer Fehde dagegen konnte sich der Angriff direkt gegen die eigene Burg richten. Insbesondere mit den Städten hatten Ritter manches Hühnchen zu rupfen. Zwischen den Jahren 1381 und 1425 lagen nicht weniger als 108 Ritter mit der Stadt Frankfurt in Fehde. Noch streitbarer waren die Ritter gegenüber der Stadt Köln. Die Archive von Köln besitzen noch heute über 700 Fehdebriefe, die auf die Zeit zwischen den Jahren 1330 und 1360 datiert sind.

Für den Angreifer war die Belagerung einer Burg ein sehr mühsames Geschäft. Denn allein aufgrund der Architektur seiner eigenen Burg wußte jeder Angreifer, daß Burgen für den Verteidigungsfall konstruiert waren. Bereits ihre Lage und alle Wehrbauten sollten abschrecken. Um eine Höhenburg zu belagern, mußten alle Waffen und Belagerungsgeräte erst mühsam herangeschafft werden, und auch der lückenlose Nachschub war zu organisieren. Nur selten gab es vor einer Höhenburg genügend Platz, um Truppen und Gerät für einen erfolgversprechenden Angriff aufzustellen. Auf jeden Fall mußten Belagerer gegenüber der Besatzung einer Burg in einer großen Überzahl sein, dennoch war ihr Erfolg nicht garantiert. Einzelne Ritter hatten meist nicht die Kräfte, um eine Burg erfolgreich zu belagern. Auch lag eine Belagerung nicht im Sinn eines Ritters, der mehr den offenen Kampf und die Schlacht schätzte. Die Eroberung einer Burg war deshalb mehr Sache der Fußsoldaten und verbreitete sich eigentlich erst seit den Kreuzzügen als Taktik. Meist mußten sich zahlreiche Verbündete zusammenschließen, um zum Angriff auf eine Burg die nötige Übermacht zu erreichen. Manche Belagerung konnte ein Jahr oder sogar noch länger dauern und führte zuletzt trotzdem nicht zum Ziel. Waren die Mauern auf den unerreichbaren Abrißkanten von Felsen errichtet und lagen gleichzeitig außerhalb der Reichweite von Wurfmaschinen, konnte praktisch keine erfolgversprechende Belagerung durchgeführt werden. Manche Burgen wurden deshalb nie belagert und auch nie eingenommen.

Erst nach der Erfindung der Feuerwaffen änderte sich das. Für die meist versteckten Felsenburgen der Raubritter kam deshalb im Spätmittelalter das Ende. Kaiser Maximilian I. konnte im Jahr 1504 das Raubritternest Kufstein, das früher durch seine günstige Lage kaum zu belagern gewesen war, mit

Wurfmaschinen im Mittelalter

Vor der Erfindung der Feuerwaffen waren Burgmauern für Angreifer ein gefährliches Hindernis. Setzten sie bei ihren Angriffen Leitern oder Rammen ein, waren sie direkt den Abwehrmaßnahmen der Verteidiger ausgesetzt und erlitten oft schwere Verluste. Bereits in der Antike wurden deshalb Wurfmaschinen entwickelt. Die Kraft eines Katapultes ergab sich entweder ähnlich wie bei einer Armbrust aus elastischen Bogenarmen oder aus starren Hebeln um eine Drehachse; auch mit verdrillten Seilen, die wie eine Feder wirkten, wurde gearbeitet. Die wenigsten Katapulte erreichten allerdings die nötige Durchschlagskraft, um von sicheren Entfernungen aus eingesetzt zu werden. Im Durchschnitt konnten nur Steine mit einem Gewicht von bis zu 20 Kilogramm verschossen werden. Es war nicht möglich, eine dicke Festungsmauer aus einer Entfernung von mehr als 150 Meter ernsthaft zu gefährden.

Der große Durchbruch in der Entwicklung der Wurfmaschinen gelang vermutlich zuerst den Chinesen in der Zeit um das 5. bis 3. Jahrhundert v. Chr. Sie erfanden das Trebuchet, auch Bilde oder Tribock genannt, eine sehr effektive Art von Katapult. Im 1. Jahrhundert n. Chr. gelangte das Konstruktionsprinzip des Trebuchet in den Mittelmeerraum und wurde dort weiterentwickelt. Es war bis zum Durchbruch der Feuerwaffen die erfolgreichste Wurfmaschine des Mittelalters.

In seiner einfachsten Form war das Trebuchet eine Zugkraftmaschine für Menschen. Es bestand aus einer großen Wippe, die sich um einen Hebelpunkt bewegte. Am kurzen Kraftarm der Wippe waren Seile angebracht, und eine Bedienungsmannschaft mußte auf Kommando gleichzeitig kräftig ziehen.

Der lange Lastarm schnellte dann hoch und schleuderte das Gewicht nach vorne. Bei manchen Trebuchets konnten mehr als 200 Mann auf ein Kommando hin den Kraftarm bewegen.
Die nächsten Entwicklungsschritte des Trebuchet führten zu einer Verlängerung des Lastarms, während gleichzeitig am Kraftarm ein schweres Gewicht fest installiert wurde. Die Mannschaft zog nun das Gegengewicht hoch, das beim Herunterfallen auf der anderen Seite des Hebels das Wurfgeschoß emporschnellen ließ. Dabei nahmen die Wurfmaschinen in ihrer Größe erheblich zu. Die beiden Hebel der Wippe konnten zusammen eine Länge von mehr als 20 Meter erreichen, und der Behälter für das Gegengewicht war so groß wie eine kleine Hütte. Solche Wurfmaschinen schleuderten Geschosse von vielen hundert Kilogramm Gewicht und konnten Festungsmauern ernsthaft gefährden. In England wurde einmal ein mittelalterliches Trebuchet nachgebaut, das bei einem Gegengewicht von 30 Tonnen ein 476 Kilogramm schweres Auto 80 Meter weit schleudern konnte. Den letzten Kriegseinsatz erlebte das Trebuchet bei der Belagerung von Tenochtitlan (heute Mexiko City) durch die Spanier im Jahre 1521. Den Conquistatoren unter dem Kommando von Cortés drohte das Schießpulver auszugehen, und sie beschlossen, ein Trebuchet zu bauen. Die Wurfmaschine war allerdings falsch konstruiert. Der erste geschleuderte Stein stieg in einem falschen Winkel auf. Er ging senkrecht nach oben und nahm anschließend den gleichen Weg zurück. Zuletzt hatten die Spanier ihre Wurfmaschine mit dem eigenen Geschoß zertrümmert

schwerer Artillerie innerhalb von nur drei Tagen sturmreif schießen. Manche Raubritter setzten sich über geheime Gänge ab, wenn die Kanonenkugeln einschlugen. Bevor Kanonen eingesetzt wurden,

> Das Trebuchet *war die wichtigste Belagerungsmaschine.*

> Eroberung *einer Burg.*

gab es bei den Burgen weit mehr abgebrochene und nicht erfolgreiche als erfolgreiche Belagerungen.

Jeder Angreifer wußte, daß bei den guten Verteidigungsmöglichkeiten einer sorgfältig geplanten Burg eine Belagerung sehr verlustreich werden konnte. Vorher wurde deshalb nach Alternativen ohne Kampf gesucht, und auch der Verrat war eine willkommene Strategie. Zuerst versuchten die Belagerer, die Burgbesatzung durch Durst oder Hunger zu bezwingen, und erst anschließend folgte der Kampf. Sobald eine Burg eingekreist war, wurde deshalb nach ihrer Wasserversorgung gesucht. Denn diese zu unterbrechen hatte meist einen größeren Erfolg als der Sturm auf die Mauerringe. Hatte die Burg einen eigenen Brunnen, was meist der Fall war, erwies sich dieser Weg zwar als nicht sehr aussichtsreich, konnte aber dennoch seine Wirkung zeigen. In einer Burg hielten sich während einer Belagerung meist mehr Menschen auf als in Friedenszeiten, so daß auch der Wasserbedarf erhöht war und das vorhandene Brunnenwasser möglicherweise nicht ausreichte. Jeder Burgherr kannte solche Schwächen. Er wandte für den Bau seines Burgbrunnens viel Sorgfalt auf und ließ ihn geschützt im Burghof oder in einer besonders befestigten Vorburg graben. Bei Höhenburgen waren die Brunnen zwangsläufig sehr tief, und es mußte häufig hartes Gestein durchdrungen werden. Im Durchschnitt waren Brunnen 20 bis 40 Meter tief und nicht selten sogar über 70 Meter. Zum Bau solcher Brunnen wurden oft Jahre benötigt. Einen extrem tiefen Brunnen von über 140 Meter gibt es noch heute auf der Burg Kyffhäuser in Thüringen und auf der Burg Königstein in Sachsen.

Neben dem Brunnen benötigten viele Burgen noch eine zusätzliche externe Wasserversorgung, die über eine versteckte Wasserleitung aus Holz oder Tonröhren erfolgte. Dieses zusätzliche Wasser wurde zusammen mit dem Regenwasser von den Dachflächen in Zisternen gesammelt und vor dem Verbrauch über Kies- und Sandschichten gefiltert. Auf den Burgen der Kreuzritter im Heiligen Land waren die unterirdischen Zisternen so groß wie Hallen.

VORBEREITUNG DER BELAGERUNG

Für jeden Belagerer war es wichtig, eine Burg zunächst einzukesseln und alle Kontakte zur Umgebung zu unterbrechen. Es durften weder Güter in die Burg hinein- noch hinauskommen. Anschließend wurde nach einer versteckten Wasserversorgung gesucht. Dazu erhielten Pferde für einige Zeit nur Heu, aber kein Wasser, und wurden anschließend laufen gelassen. Sie rannten dann auf der Suche nach Wasser umher und halfen den Belagerern, verdeckte Quellen zu finden. Benötigten die Belagerer das gefundene Wasser nicht für sich selbst, wurden die Quellen mit Tierkadavern vergiftet oder der Abfluß umgeleitet. Gelang es den Belagerern, Bauern des Burgherrn aufzugreifen, wurden sie zusammengeschlagen oder verletzt und dann in die Burg hineingelassen. Sie benötigten nun Nahrungsmittel und Pflege, ohne bei der Verteidigung helfen zu können. Sobald eine Belagerung erkennbar war, nahmen deshalb viele Burgen keine Flüchtlinge mehr auf. Vor einer Belagerung wurde außerdem versucht, unter der Burgbesatzung gegen viel Geld Spione zu finden, die den Angreifern geheime Signale gaben und auf Schwächen in der Verteidigung hinwiesen. Als Adolf von Nassau im Jahre 1295 die Kreuzburg in Thüringen erobern wollte, errichte er gegenüber dieser Burg eine zweite und schoß sie von dort aus sturmreif.

Erst nachdem die Burg lückenlos umschlossen war, begannen die Belagerer ein eigenes befestigtes Lager zu errichten, um sich vor Ausfällen der Burgbesatzung zu schützen, denn gerade am Beginn einer Belagerung konnten überraschende Gegenangriffe sehr erfolgreich sein. In der gesamten Umgebung wurden die Bäume abgeholzt, um das sogenannte Antwerk zu errichten. Planung und Bau des Antwerks leiteten die Antwerkmeister. Es waren gefragte Spezialisten, die sich nur reiche Fürsten mit großen Heeren leisten konnten. Zum Antwerk gehörten alle technischen Einrichtungen, die eine Belagerung erst ermöglichten, beispielsweise große Angriffstürme oder andere Geräte, um die Mauern und Tore zu brechen. Dem Erfindungsreichtum der Antwerkmeister waren hier keine Grenzen gesetzt. Manche dieser Holztürme waren bis zu 30 Meter hoch und standen auf Rädern. Sie benötigten für die Bedienung zahlreiche Kriegsknechte. Viele hundert Männer mußten schieben und ziehen, bis ein Angriffsturm mit Falltür an der Burgmauer stand. Dann nahmen Bogen- oder Armbrustschützen Stellung, die erstmals von oben die Burgmauer mit Pfeilen überschütten konnten. Daneben gab es Vorrichtungen zum Durchbrechen der Mauern, die ebenfalls zuerst gebaut werden mußten. Ein »Widder« war zum Beispiel eine massive, aber dennoch leicht bewegliche Holzhütte mit einem stabilen Dach, das wegen der Feuerangriffe von oben ständig mit nassen Fellen belegt wurde. Im Schutz und mit Hilfe dieses Widders wurde versucht, Tore oder Mauern mit einem eisenbeschlagenen Balken einzustoßen. Der »Kater« war eine schmale und lange Holzhütte mit einem massiven Dach, die ebenfalls direkt an die Burgmauer herangeschoben wurde, damit sich die Mauer untergraben ließ und dadurch ihre Stabilität verlor. War das Loch unter der Burgmauer entsprechend groß, konnte sie durch ihr Eigengewicht in Teilen abrutschen und einstürzen. Dem Kater sehr ähnlich war der »Maulwurf«, in dessen Schutz zahlreiche Bogenschützen die Burg mit Pfeilen abdeckten. Die »Mäuschen« waren kleinere, verschiebbare Gebäude, in denen Kriegsknechte Deckung suchten, wenn sie Angriffswaffen nach vorne zu transportieren hatten.

Wurfmaschinen ließen sich wegen ihrer komplexen Konstruktion meist nicht vor Ort herstellen. Sie wurden beim Anmarsch auf Lastpferden oder Wagen zerlegt mitgeführt und mußten vor dem Beginn des Beschusses erst wieder zusammengesetzt werden. Es gab sie in verschiedenen Ausfertigungen. Sie glichen großen Katapulten oder riesigen Armbrüsten. Manche Wurfmaschinen waren über 10 Meter hoch und schleuderten schwere Steine einige hundert Meter weit. In einem Bericht zur Belagerung einer Burg schreibt der Chronist, daß ständig fast 400 Wagen unterwegs waren, um die Angreifer zu versorgen und Steine für die Wurfmaschinen heranzuschaffen. Meist wurden Lebensmittel für die Belagerer direkt aus der Umgebung bezogen, so daß das Land rasch ausgeplündert war und lange Transportwege notwendig wurden. Rückten feindliche Heere an, ließ der Burgherr alle verfügbaren Lebensmittel auf seine Burg schaffen, und die Ernte, die noch nicht abgeschlossen war, wurde in einem weiten Umkreis niedergebrannt. Wichtig war, daß ein Feind keine oder nur wenige Lebensmittel finden konnte. Eine Belagerung mußte bald zu einem Erfolg führen, denn sonst gerieten auch die Angreifer in Versorgungsschwierigkeiten. Nicht selten brachen unter den Angreifern wegen schlechter Hygiene und Versorgung auch Seuchen aus, und sie mußten sich zurückziehen.

Im Vorfeld der Burg mußte für das Antwerk zuerst der Boden geebnet werden. Alles Material, das dabei anfiel, wurde in den Burggraben geworfen, um ihn nach und nach an den Angriffsseiten der Burg aufzufüllen. Der beste Belagerungsturm half nichts, wenn er nicht an die Burgmauer herangeschoben werden konnte. Er mußte so dicht an der Burg stehen, daß Falltüren direkt auf die Zinnen fielen, und die Angreifer sofort auf die Mauer springen konnten. Außerdem mußten Leitern mit Haken und Rädern an der Burgmauer angestellt und auch verschoben werden können. Strickleitern wurden von außen mit langen Stangen an den Zinnen aufgehängt. Ziel war, möglichst viele Leitern mit Klemmen an den Zinnen zu verankern. Sobald Belagerungstürme standen und nicht mehr umgeworfen oder abgebrannt werden konnten, stiegen die Chancen, eine Burg zu erobern. Wasser im Burggraben wurde abgelassen oder mit großem Aufwand abgepumpt.

Insbesondere bei der Belagerung von Städten wurden bei einem geeigneten Boden auch unterirdische Gänge gegraben, die bis unterhalb der Verteidigungsmauer führten. Gab es um die Verteidigungsanlagen noch einen Wassergraben, mußten die Gänge sehr tief gegraben und abgedichtet werden. Sie wurden mit bergmännischen Techniken als Stollen angelegt, denn keinem Verteidiger durfte auffallen, was unter der Erde geschah. In diese Gänge, die auch Minen genannt wurden, brachten die Angreifer Holz und anderes brennbares Material, das sie zuletzt anzündeten, so daß alle Abstützungen wegbrannten und durch die Hitze die Steine der darüberliegenden Mauer gesprengt oder gelockert wurden. Ob ein solches Vorhaben immer gelang, ist fraglich, denn in den Minengängen gab es selten genügend Luft, damit das Feuer seine ganze Hitze entfalten konnte. Meist qualmte es nur, und die Verteidiger wußten, daß es

> Mit Pfeilen und Wurfgeschossen *hoffte man die Burg einzunehmen.*

geheime Gänge gab. Oft gruben die Verteidiger selbst Gänge für einen überraschenden Ausfall, um das Lager, die Angriffsmaschinen oder die Vorräte der Angreifer anzuzünden. Manchmal trafen sich die Minengänge der Angreifer und der Verteidiger, und es kam zu Nahkämpfen unter der Erde. Auf der Burg Dilsberg bei Heidelberg gibt es noch heute einen 82 Meter langen geheimen Gang, der im Burgbrunnen in 10 Meter Tiefe beginnt und hinter Felsen versteckt in einem Wald endet. Über solche Gänge konnten Ausfälle oder die Flucht geplant werden.

DIE BELAGERUNG BEGINNT

Auf der Burg wurden natürlich ebenfalls Maßnahmen getroffen, die das umgekehrte Ziel der Angreifer verfolgten. Sie sollten den Erfolg der Belagerung verhindern. Auf den heute erhaltenen Burgen sind solche Zusatzvorrichtungen zur Abwehr von Angreifern nicht mehr erhalten, denn sie waren aus Holz. Die Wehrgänge waren mit leichten, aber hohen Holzkonstruktionen überdacht, um Pfeile abzufangen. Falls Brandpfeile abgeschossen wurden, standen überall Wassereimer, um sofort zu löschen. Die Zinnen waren so hoch wie ein Mann, der gut hinter ihnen Deckung finden konnte und trotzdem in der Lage war, das Vorfeld der Burg zu beobachten. Zwischen den Zinnen war er allerdings Pfeilschüssen ausgesetzt. Deshalb wurden zwischen den Zinnen schräg gestellte Bretter eingesetzt, die einen Blick nach unter erlaubten, gleichzeitig aber von oben kommende Pfeile abhielten. An den Zinnen gab es außerdem Ketten mit breiten Balken, die hochgezogen werden konnten, um eine Leiter umzuwerfen. Lange Balken lagen bereit, um Angriffstürme von der Mauerkrone fernzuhalten. Die Außenmauer der Burg bestand am oberen Ende meist aus unregelmäßigen Buckelquadern, was den Vorteil hatte, daß keine Sturmleiter sicher angelegt werden konnte. Die Oberfläche war völlig uneben, und eine Leiter verrutschte schnell. Hinter dem Burgtor gab es oft Falltüren aus massiven Holzbohlen, die bei einer Belagerung geöffnet wurden. Hatten Belagerer das Burgtor zerstört und setzten zum Sturm an, fielen sie zunächst in ein Loch. Außerdem wurden noch während der Belagerung an allen Schwachstellen im Verteidigungssystem Holzverschläge errichtet, von denen aus nach einem Fall der Mauer der Gegner weiter bekämpft werden konnte. Hinter allen Schießscharten, die häufig versteckt in die Mauern eingelassen waren, standen Armbrustschützen, die nicht nur nach vorne, sondern auch nach links und rechts schießen konnten. Die Armbrust wurde in Mitteleuropa erst nach den Kreuzzügen allgemein bekannt, vorher wurde mit dem Bogen geschossen. Hinter den Pechnasen wurde heißes Öl oder brennendes Pech vorbereitet, um es bei einem Sturm auf die Angreifer zu schütten. Bei einem direkten Angriff über Leitern wurde auch ungelöschter Kalk über die Mauer geschaufelt. Der Kalkstaub verteilte sich im Fallen und löste auf der Haut und in den Augen schwere Verätzungen aus. Angreifer sprangen dann oft vor Schmerzen von den Leitern.

Auf Türmen und breiten Mauerkronen standen eigene Wurfmaschinen, um das Antwerk der Angreifer zu beschießen. Kleine Ballisten waren recht zielgenau und schleuderten etwa faustgroße Steine. Meist wurden aber Feuertöpfe verschossen; Tonbehälter, die mit brennendem Pech gefüllt waren und beim Aufschlagen in zahlreiche flammende Pechklumpen zerplatzten. Daneben gab es hauptsächlich im Spätmittelalter noch große Armbrüste, um Feuerpfeile zu verschießen. Alle Angriffsmaschinen und Hilfsmittel der Belagerer bestanden aus Holz und konnten deshalb schnell in Brand gesetzt werden. Sein eigentliches Lager mußte der Angreifer außerhalb der Reichweite der gegnerischen Fernwaffen errichten. Von manchen Turmarmbrüsten ist bekannt, daß sie Steine von etwa einem Kilogramm Gewicht über 500 Meter weit schießen konnten.

Die Belagerer begannen ihren Angriff in der Regel mit den großen Wurfmaschinen, die Steine von rund 100 Kilogramm und mehr Gewicht in die Burg schleudern konnten. Allerdings waren sie nicht sehr zielgenau, so daß nicht konzentriert ein bestimmtes Mauerstück bis zur Zerstörung getroffen werden konnte. Mit den kleineren Wurfmaschinen konnte besser gezielt werden, und alle Erreichbaren Fenster oder Aborterker wurden unter Beschuß genommen. Abwechselnd wurden schwere Steine, brennendes Pech, Bienenstöcke und auch tote, in der Verwesung bereits fortgeschrittene Kühe oder andere Tiere in die Burg geschleudert. Als die Hussiten im 15. Jahrhundert die Burg Karlstein bei Prag belagerten, schleuderten sie mehr als 1800 große Fässer mit Kot auf die Burg. Die Burg sollte sturmreif geschossen und die Besatzung einem großen psychischen Druck ausgesetzt werden. Als beispielsweise die Wasserburg Schwanau im Elsaß fiel, stank sie buchstäblich bis zum Himmel. Die Soldaten der Stadt Straßburg hatten den Kot aus Kloaken in Gefäße gefüllt und viele Tage lang in die Burg geschossen. Der Gestank sollte die Kampfmoral der Burgbesatzung brechen. Verstarben unter den Angreifern Soldaten an ansteckenden Krankheiten, schreckte man nicht davor zurück, auch menschliche Leichen auf eine Burg zu schleudern. Als die Tataren im Jahre 1347 die von Truppen der Stadt Genua gehaltene Festung Caffa auf der Krim belagerten, schleuderten sie solange Pestleichen in die Stadt, bis unter der Besatzung die Seuche ausbrach. Die Genueser flüchteten schließlich und brachten im Jahre 1348 die Pest mit nach Europa, wo die Infektion dann grauenhaft wütete und ganze Landstriche entvölkerte.

Es war immer ein großes Risiko für Belagerer, eine Burgmauer zu erklimmen. Denn von oben prasselten Steine, Feuer und vieles andere mehr auf die Angreifer nieder. Die ersten, zweiten und dritten, die über Sturmleitern oder Angriffstürme die Mauerkronen erreichten, erhielten deshalb, wenn sie überlebten, eine besondere

Belohnung. War die Besatzung an dieser Stelle niedergekämpft, konnten rasch andere Angreifer folgen und sich in der Burg festsetzen. Bei den Kämpfen auf der Mauerkrone wurden außerdem viele Männer der Burgbesatzung gebunden, und an anderen Stellen konnte deshalb die Burgmauer um so schneller überwunden werden.

Städte waren leichter zu belagern als Burgen. Einerseits war bei ihnen die Mauerfront recht lang und bot entsprechend viele Schwachpunkte, andererseits gab es für die Stadtbewohner schnell Versorgungsprobleme. Städte wurden deshalb meist eingeschlossen und ausgehungert. Über die Belagerung der oberitalienischen Städte durch Kaiser Friedrich I. Barbarossa sind verschiedene Berichte bekannt. Dabei wurde mit allen Tricks der psychologischen Kriegsführung gearbeitet. Der Kaiser ließ beispielsweise Gefangene in Käfigen an den Belagerungsturm hängen und dann an die Stadtmauer heranschieben, so daß die Verteidiger ihre eigenen Leute erschossen. Regelmäßig wurden vor den Mauern Gefangene aufgehängt, um die Kampfmoral der Verteidiger zu brechen. Besonders brutale Kriegsknechte warfen sogar mit Köpfen von hingerichteten Gefangenen.

Vor Hunger waren die Bürger von belagerten Städten zu allem bereit. Frauen der Stadt Crema schlichen nachts heimlich aus der Stadt, um gegen eine Mahlzeit als Huren tätig zu werden. Der Kaiser ließ sie gefangennehmen und für den Rest ihres Lebens in Bordelle stecken. Als schließlich die Städte fielen, wütete das kaiserliche Heer. Wurden Städte erobert, kam es in der Regel zu einem Blutbad. Stadtbewohner konnten sich glücklich schätzen, wenn sie nach einer Niederlage freien Abzug erhielten, ihr Hab und Gut war auf jeden Fall verloren. Plünderungen waren nach einer erfolgreichen Belagerung üblich.

DIE BURG IST EROBERT

Nach jeder Eroberung brachte der Sieger zunächst seine Fahne am höchsten Turm der Burg an, um jedem seinen Sieg anzuzeigen. Für den Burgherr war die Burg verloren, denn sie gehörte nun dem Sieger und wurde geplündert. Häufig wurde sie zuletzt noch niedergebrannt und alle Andenken an den alten Besitzer vernichtet. In die Türme wurde Holz gefüllt und angezündet, damit die Mauern durch die Hitze Risse erhielten und einstürzten. War der Burgherr nicht gefallen oder geflohen, wurde er hingerichtet. Nur manchmal konnten sich Verlierer durch große Geldsummen freikaufen und danach das Land verlassen. Gab der unterlegene Burgbesitzer allerdings noch während der Belagerung auf, konnte er Friedensbedingungen stellen und meist sein Leben retten.

Raubritter, deren Burgen meist erst nach der Einführung der Feuerwaffen erobert werden konnten, erwartete nach der Gefangennahme der Tod. Sie kämpften deshalb meist tapfer bis zum Untergang und gewannen Respekt. Kaiser Maximilian eroberte im Jahre 1504 die Raubritterburg Kufstein nach massivem Artilleriebeschuß. Einige Raubritter wurden gefangengenommen und sollten später hingerichtet werden. Da sie gut gekämpft hatten, durften sie wie Ritter sterben und wurden geköpft. Vor dem Tod stand ihnen noch die Ehre zu, mit dem Henker ein Gläschen zu trinken. Der Kaiser und andere Fürsten schauten ungerührt den Hinrichtungen zu. Die ersten Raubritter wurden noch ordnungsgemäß geköpft, und die Fürsten applaudierten für die gute Henkersarbeit. Doch bald war der Henker nach dem vielen Zuprosten sturzbetrunken und konnte nicht mehr ordnungsgemäß köpfen. Er richtete ein Gemetzel an, und die Todeskandidaten waren nicht immer sofort tot. Ein böhmischer Raubritter nutzte die Gelegenheit und stürzte sich, obwohl er gefesselt war, auf den Henker, um mit ihm zu kämpfen. Jetzt sprang der Herzog Erich von Braunschweig auf und forderten vom Kaiser, die noch lebenden Raubritter zu begnadigen. Er vertrat die These, daß tapfere Männer das Recht hätten, ehrenvoll zu sterben, wenn dieses Recht nicht mehr zu gewährleistet sei, müßten sie begnadigt werden. Der Kaiser hob schließlich alle noch nicht vollstreckten Todesurteile auf, und der betrunkene Henker wurde weggeschickt.

DAS ENDE DER BURGEN

Das Ende der Burgen kam mit den Feuerwaffen. Es war ein schleichendes Ende, das in Europa erstaunlich früh begann, aber lange nicht wahrgenommen wurde. Der Begriff »Kanone« geht auf das griechische Wort »Kanōn« oder das lateinische »*canna*« zurück, beides bedeutet Röhre oder Tube. Kanonen sind somit schießende Röhren. Die ersten europäischen Pulvergeschütze gab es im Jahre 1326 in Florenz, und bereits 1327 waren sie in England bekannt. Ein florentinisches Dokument vom 11. Februar 1326 zählt Rüstungsaufträge des Rates der Stadt auf. Zu diesen Aufträgen gehörte auch die Herstellung von »Canones de metallo«, von Kanonen. Die ersten Kanonen wurden noch geschmiedet, und sie waren höchst gefährlich. Nicht selten ging beim Zünden kein Schuß los, sondern die ganze Kanone explodierte. Erst als die Kanonen ähnlich wie Glocken gegossen wurden, waren sie sicherer. Zuerst wurden Brandpfeile verschossen. Die eigentlichen Erfinder der Kanonen waren allerdings die Chinesen. Sie hatten bereits einige Jahrhunderte früher ebenfalls Brandpfeile konstruiert, die mit Hilfe von Schießpulver verschossen wurden. Diese Brandpfeile halfen ihren Feldherrn, eine wichtige Schlacht gegen die Mongolen zu gewinnen.

Nach frühen Abbildungen glichen die Kanonen einem vasenartigen Gebilde aus Eisen, das horizontal mit einer Bank aus Holz verbunden war. Die »Metallvase«, die an der Seite ein kleines Loch hatte, wurde zunächst mit Schwarzpulver gefüllt. Anschließend wurde mit großer Kraft in die enge Vasenöffnung ein breiter Pfeil mit einer Brandladung eingedrückt. Zuletzt wurden die Brandladung und das Schwarzpulver in der Vase mit dem Loch gezündet. Der Schuß ging los, und der Brandpfeil flog weiter, als jede Armbrust schießen konnte. Genau zu zielen war dagegen unmöglich. Dennoch war der Erfolg gewiß, es war die psychologische Wirkung der Denotation und die beachtliche Entfernung, aus der das Geschoß geflogen kam.

Eine Burgbesatzung war gegen Kanonen machtlos, denn die eigenen Fernwaffen reichten nicht soweit. Es wurde möglich, ohne Gefahren für die Angreifer aus sicherer Entfernung eine Burg einfach sturmreif zu schießen. Viele Feldherren erkannten rasch den enorme Bedeutung der neuen Feuerwaffen, und bald wurde klar, daß sich die gesamte Kriegsführung verändern würde. Die Kriege der Ritter und auch ihre Burgen hatten von nun an keine Zukunft mehr. Früher hatte der Berg eine Burg geschützt, denn jeder Anmarsch von Feinden konnte schnell erkannt werden, und beim Aufstellen der zahlreichen Belagerungsmaschinen gab es schlicht Platzprobleme. Den Feuerwaffen gegenüber präsentierte sich jedoch die Burg geradezu, und einstige Vorteile wurden zu Nachteilen. Man brauchte die Burg nur einzuschließen, um sie anschließend zusammenzuschießen. Der Kampf war zwar alles andere als ritterlich, aber er war erfolgreich.

Schlachten, wie sie die Ritter führten, bestanden aus Nahkämpfen. Es wurde Mann gegen Mann gekämpft, und es ging höchst grausam zu. Dennoch war die Zahl der Opfer bei Ritterschlachten im Vergleich zu den späteren Schlachten relativ gering. Meist waren einige hundert Tote zu beklagen, nur wenn die Schlachten besonders blutig waren, vielleicht um die 1000 Tote. Solche vernichtenden Schlachten gab es während des Hundertjährigen Krieges zwischen Frankreich und England. Die Schlachten der späteren Zeiten jedoch wurden aufgrund der Feuerwaffen häufiger über die Entfernung geführt, und die Zahl der Opfer wuchs rasch in die Zehntausende. Während Ritter einen Krieg noch unter sich ausmachen konnten, führten die Feuerwaffen zur Entwicklung von Massenheeren, die das Land verwüsteten und unter der Zivilbevölkerung weit mehr Opfer forderten als alle Kriege der mittelalterlichen Ritter zusammen.

In Mitteleuropa kamen Kanonen in der ersten Hälfte des 14. Jahrhunderts zum Einsatz. Umstritten ist, ob im Jahre 1324 erstmals mit einer Kanone auf die Stadt Metz geschossen wurde. Durch Dokumente sicher belegt ist allerdings, daß im Jahre 1331 zwei deutsche Ritter erstmals Feuerwaffen bei der Belagerung der Burg Cividale in Friaul verwendeten. In dieser Zeit stand das Rittertum noch in seiner vollen Blüte.

In Deutschland wurden Feuerwaffen erstmals bei der Belagerung der Stadt Meersburg am Bodensee eingesetzt. Herzog Ludwig von Bayern griff im Jahre 1334 diese Stadt an und setzte die aktuellsten Entwicklung der Waffentechnik ein; er ließ Meersburg mit einer Kanone beschießen. Insbesondere die Städte schafften für ihre Soldaten schon früh Kanonen an, was ihnen wichtige militärische Vorteile brachte. Sie kauften hocheffektive Waffen, die sich finanziell kaum ein Ritter leisten konnte, und waren ihm dadurch bei Fehden überlegen. Schon im Jahre 1334 führten Rechnungen an den Rat der Stadt Aachen Lieferungen von Büchsen zum Schießen sowie von Schwarzpulver auf. Wollte ein Ritter einer Stadt den Krieg erklären, mußte er sich diese Drohung besser überlegen als vorher. Die Städte konnten jetzt kurzen Prozeß machen und seine Burg, die wie auf einem Präsentierteller auf einem Berggipfel erbaut worden war, aus sicherer Entfernung sturmreif schießen. Bei der Eroberung der Rudelsburg in Thüringen durch Truppen der Stadt Naumburg im Jahre 1348 war der Einsatz einer Kanone kriegsentscheidend. Gegen sie konnte die Burgbesatzung nichts unternehmen, und in die Burgmauern konnten bequem Breschen geschossen werden. Erfolgreicher war dagegen die Besatzung der Burg Eimbeck in Sachsen. Sie zerstörte im Jahre 1365 bei einem Ausfall die Kanone des Markgrafen von Meißen.

In den siebziger Jahren des 14. Jahrhunderts konnten die großen Kanonen bereits Kugeln von bis zu 450 Pfund Gewicht verschießen. Im Jahre 1377 wurden die Raubritterburgen Pritze und Dannenberg durch schwere Kanonenkugeln zerstört. Nur kurze Zeit später wurde im Jahre 1380 die Burg Hatzfeld durch Landgraf Herrmann von Hessen mit Kanonen sturmreif geschossen.

Im 15. Jahrhundert gab es keine uneinnehmbaren Burgen mehr. Die Geschütze waren jetzt groß und mächtig geworden. Sie führten wie die Schwerter berühmter Ritter eigene Namen. Der schmiedeeiserne »Pumhart von Steyr« ist noch heute erhalten und steht im Heeresgeschichtlichen Museum in Wien. Er wiegt 8 Tonnen und konnte eine fast 700 Kilogramm schwere Steinkugel rund 600 Meter weit schießen. Keine Burgmauer war von nun an mehr sicher. Konnten sich früher Belagerungen von Burgen über ein Jahr oder sogar noch länger hinziehen, so zeigten die Kanonen bereits nach Stunden Erfolge. Kurfürst Friedrich I. von Brandenburg ging am 8. Februar 1414 mit der Kanone »Faule Grete« gegen die Raubritterburg Friesack vor. Nur wenige Stunden nachdem die nun überhaupt nicht mehr faule »Grete« in Stellung gebracht worden war, stürzte die Raubritterburg bereits in sich zusammen. Der Raubritter und seine überlebenden Kriegsknechte konnten allerdings aus den Trümmern fliehen, da die Belagerer auf einen so schnellen Fall der Burg überhaupt nicht vorbereitet waren. Die »Faule Grete« hatte einen entscheidenden Anteil daran, daß die Mark Brandenburg frei von Raubrittern gemacht werden konnte.

BURGEN HEUTE

Am Beginn des 19. Jahrhunderts erfolgte eine Rückbesinnung auf das Leben im Mittelalter, und es kam zu einer Art Renaissance der Burgen. Der Alltag der turbulenten Ritterzeit wurde allerdings im Rückblick idealisiert. Das Lebensgefühl der zahlreichen Minnedichtungen faszinierte die Menschen in der Zeit der Romantik und führte zu einem recht einseitigen Ritterbild. Die Wirren der Napoleonischen Zeit waren gerade überwunden, Deutschland bestand aus unzähligen kleinen Staaten ohne starke Zentralgewalt, und es gab eine Rückbesinnung an des vergangene Mittelalter, als das Reich noch mächtig war und der Kaiser die Geschicke des Abendlandes bestimmte. Die von der Aufklärung als so »finster« beschriebene Zeit wurde zu einem Vorbild, und das von der frühen höfischen Dichtung gepflegte Idealbild verstand man plötzlich als tatsächliches Bild des Ritters. Die Literatur der Romantik verklärte das Leben auf den Burgen und den Alltag ihrer Bewohner.

Aus den Launen eines Sommerabends heraus schrieb der malende Poet Franz Kugler im Jahre 1826 ein Gedicht, das später zu einem Volkslied wurde: »... stehen Burgen stolz und schön, ihre Dächer sind zerfallen, und der Wind streicht durch die Hallen, Wolken ziehn darüber hin. Zwar die Ritter sind verschwunden, nimmer klingen Speer und Schild; doch dem Wandersmann erscheinen in den altbemoosten Steinen oft Gestalten zart und mild ...« Kugler saß an jenem Abend in den Ruinen der Rudelsburg an der Saale und wurde wie so viele seiner Zeitgenossen vom Zerfall der einst so mächtigen Burgen inspiriert. Die Ruinen regten die Phantasie der Dichter an. Im 19. Jahrhundert hatten die Burgen bereits eine lange Zeit des Zerfalls hinter sich. Nur noch wenige waren intakt, der Rest war der Artillerie zum Opfer gefallen, und ihre Ruinen waren Steinbrüche für die Bewohner der meist ländlichen Umgebung. Manches Bauerhaus enthielt Baumaterial aus einer Burg.

Viele Burgen wurden nun rekonstruiert. Allerdings nicht im Stil der Ritterzeit, sondern im Stil des Lebensgefühls der Romantik. In der zweiten Hälfte des 19. Jahrhunderts bauten sich manche vermögende Industrielle und auch manche reiche Adelsfamilie eine Burg als Wohnsitz wieder auf. Diese Burgen entsprachen selten dem Originalzustand. Sie waren bequem eingerichtet und hatten vor allen Dingen eine gute Heizung, ihren neuen Bewohnern boten sie einen phantastischen Blick auf die Umgebung. Belagerungen waren nicht mehr zu befürchten, und alle Zufahrten wurden gut ausgebaut. Der Baustil Historismus in der Wilhelminischen Zeit zitierte immer wieder Stilelemente von Burgen. Im Jahre 1899 wurde schließlich eine »Vereinigung zur Erhaltung deutscher Burgen« gegründet.

Heute dienen alle Burgen völlig »unmittelalterlichen« Zwecken. Sie bereichern als großartige Ruinen die Landschaft und regen die Phantasie an. Kinder spielen in ihnen Ritter und Räuber. Haben Burgen noch Dächer, beherbergen sie Ämter, Schulen, Museen, Institute oder Heime, manche müssen auch schlicht als Lagerhallen herhalten. Andere Burgen sind Jugendherbergen oder sogar Luxushotels mit allen Bequemlichkeiten der neuen Zeit. Das einst stinkende Burgverlies ist vielleicht zu einem noblen Restaurant umgebaut worden, im Rittersaal finden Kongresse statt, und das als Edelfrauen und Knappen verkleidete Personal huscht zusammen mit einem unsichtbaren sagenhaften Gespenst durch die Gänge. Sicherlich tauchen manchmal sogar »echte« Rittersleut' auf, Nachfahren von Rittern, die es tatsächlich noch gibt. Manche Ritterfamilie wohnt noch auf ihrer Burg, muß aber einen Teil wegen der enormen Kosten vermieten.

Wer heute eine Burg besucht, findet dort Spuren der Ritterzeit ebenso der Träume der Romantik und der Mittelalterbegeisterung unserer eigenen Zeit – die Burg bleibt ein beeindruckendes Zeugnis der Vergangenheit.

LITERATUR

Althoff, Gerd, Goetz, Hans-Werner, Schubert, Ernst: *Menschen im Schatten der Kathedrale. Darmstadt 1998.*

Ariès, Philippe, Duby, Georges (Hrsg.): *Geschichte des privaten Lebens. Augsburg 1999.*

Bachfischer, Margit: *Musikanten, Gaukler und Vaganten. Augsburg 1998.*

Barber, Richard, Barker, Juliet: *Die Geschichte des Turniers. Düsseldorf-Zürich 2001.*

Biller, Thomas: *Die Adelsburg in Deutschland. München 1993.*

Boockmann, Hartmut: *Das Mittelalter. Ein Lesebuch aus Texten und Zeugnissen des 6. bis 16. Jahrhunderts. München 1988.*

Borst, Arno: *Lebensformen im Mittelalter. Berlin 1987.*

Borst, Arno (Hrsg.): *Das Rittertum im Mittelalter. Darmstadt 1976.*

Borst, Otto: *Alltagsleben im Mittelalter. Frankfurt/M 1983.*

Boschke, Friedrich: *Ritter – Burgen – Waffen. Stuttgart 1985.*

Breuers, Dieter: *Ritter, Mönch und Bauersleut. Wiesbaden 2004.*

Brieskorn, Norbert: *Finsteres Mittelalter? Über das Lebensgefühl einer Epoche. Mainz 1991.*

Brochard, Phillipe, Krähenbühl, Eddy: *Burgen und Ritter. Nürnberg 1992.*

Brunner, Karl, Daim, Falko: *Ritter, Knappen, Edelfrauen: Das Rittertum im Mittelalter. Frechen 1998.*

Bühler, Johannes: *Fürsten und Ritter. Leipzig 1928.*

Bumke, Joachim: *Höfische Kultur. Literatur und Gesellschaft im hohen Mittelalter, 2 Bde. München 1987.*

Busse, Wilhelm: *Burg und Schloß als Lebensorte in Mittelalter und Renaissance. Düsseldorf 1995.*

Ennen, Edith: *Die europäische Stadt des Mittelalters. Göttingen 1987.*

Fischer-Fabian, Siegfried: *Die Deutschen im späten Mittelalter. München 1985.*

Frank, Niklas: *Raubritter. München 2002.*

Freytag, Gustav: *Bilder aus der deutschen Vergangenheit. Gütersloh-München 1998.*

Fuhrmann, Horst: *Einladung ins Mittelalter. München 1987.*

Fumagali, Vito: *Wenn der Himmel sich verdunkelt. Lebensgefühl im Mittelalter. Berlin 1988.*

Gimpel, Jean: *Die Kathedralenbauer. Holm 1996.*

Goez, Werner: *Lebensbilder aus dem Mittelalter. Darmstadt 1998.*

Hansen, Walter: *Die Ritter. Eine Reportage über das Mittelalter. Köln 2000.*

Henne am Rhyn, Otto: *Geschichte des Rittertums. Essen 1890 (Nachdruck).*

Hermann, Bernd (Hrsg.): *Mensch und Umwelt im Mittelalter. Stuttgart 1986.*

Hofrichter, Hartmut: *Die Burg – ein kulturgeschichtliches Phänomen. Stuttgart 1994.*

Holme, Bryan: *Der Glanz höfischen Lebens im Mittelalter. Freiburg 1987.*

Hotz, Walter: *Kleine Kunstgeschichte der Deutschen Burg. Darmstadt 1979.*

Irsigler, Franz: *Bettler und Gaukler, Dirnen und Henker. Köln 1984.*

Keen, Maurice: *Das Rittertum. Düsseldorf-Zürich 1999.*

Kleinpaul, Rudolf: *Das Mittelalter. Geschichte und Kultur, Menschen und Mächte. Würzburg 1998.*

Koch, Hannsjoachim W.: *Illustrierte Geschichte der Kriegszüge im Mittelalter. Augsburg 1998.*

Le Goff, Jacques (Hrsg.): *Der Mensch des Mittelalters. Frankfurt-New York 1989.*

Macaulay, David: *Es stand einst eine Burg. Zürich 1978.*

Meckseper, Cord, Schraut, Elisabeth (Hrsg.): *Mentalität und Alltag im Spätmittelalter. Göttingen 1991.*

Meyer, Werner, Lessing, Erich: *Deutsche Ritter, deutsche Burgen. München 1976.*

Meyer, Werner: *Burgen - Wie sie wurden, wie sie aussahen und wie man in ihnen lebte: München-Zürich 1982.*

Mollat, Michel: *Die Armen im Mittelalter. München 1987.*

Piper, Otto: *Burgenkunde. Würzburg 1912 (Nachdruck).*

Pleticha, Heinrich: *Ritter, Bürger, Bauersmann. Würzburg 1985.*

Propyläen Technik-Geschichte, Bd. I.–V. Berlin 1997.

Reitz, Manfred: *Auf der Fährte der Zeit. Weinheim 2003.*

Rösener, Werner: *Bauern im Mittelalter. München 1985.*

Schipperges, Heinrich: *Der Garten der Gesundheit. Medizin im Mittelalter. München 1985.*

Schreiber, Hermann: *Auf Römerstraßen durch Europa. München 1985.*

Schubert, Ernst: *Alltag im Mittelalter. Darmstadt 2002.*

Schultz, Alwin: *Das höfische Leben zur Zeit der Minnesinger, 2 Bde. Kettwig 1991.*

Wie sie damals lebten – im Europa des Mittelalters. 800–1500, Amsterdam 1997.

Willis, Shirle (Hrsg.): *Eine Burg im Mittelalter. Nürnberg 1991.*

Zeune, Joachim: *Burgen – Symbole der Macht. Regensburg 1996.*

Zeune, Joachim: *Von Ritterburgen und Minnesängern. Darmstadt 2004.*

Zierer, Otto: *Kultur- und Sittenspiegel, Bd. II. Stuttgart-Salzburg 1969.*